江西理工大学出版基金资助

认知语言学视域下二语习得研究

欧阳偶春　雷淑华　著

中南大学出版社
www.csupress.com.cn
·长沙·

图书在版编目(CIP)数据

认知语言学视域下二语习得研究 / 欧阳偶春，雷淑华著. --长沙：中南大学出版社，2024.10.

ISBN 978-7-5487-6056-6

Ⅰ. H003

中国国家版本馆 CIP 数据核字第 2024T2K812 号

认知语言学视域下二语习得研究

RENZHI YUYANXUE SHIYU XIA ERYU XIDE YANJIU

欧阳偶春　雷淑华　著

□**出 版 人**　林绵优
□**责任编辑**　谢金伶
□**责任印制**　唐　曦
□**出版发行**　中南大学出版社
社址：长沙市麓山南路　邮编：410083
发行科电话：0731-88876770　传真：0731-88710482
□**印　　装**　河北万卷印刷有限公司

□**开　　本**　710 mm×1000 mm　1/16　□**印张** 16　□**字数** 244 千字
□**版　　次**　2024 年 10 月第 1 版　□**印次** 2024 年 10 月第 1 次印刷
□**书　　号**　ISBN 978-7-5487-6056-6
□**定　　价**　98.00 元

前言

语言习得一直是语言学研究中的重要课题。在第二语言（简称“二语”）习得研究中，它的重要分支句法结构以及与句法知识相关的习得问题受到了广泛关注。这个重要分支也被称为“语言学视域下的二语习得研究”，其核心任务在于探讨学习者在二语学习过程中对于句法结构的认知和掌握，以及其对句法习得的影响。本书正是在这一背景下写作而成的。在本书中，笔者将以认知语言学理论为基础，深入研究二语习得的各种策略，为学习和教学提供新的视角和指导。

认知语言学作为一门学科，起源于20世纪80年代的西方。其与传统的语言学研究范式有所不同，强调语言与认知之间的密切关系。在认知语言学的观点中，语言并不是人类天生具有的能力，而是在运用中逐步形成、习得的，这一认识决定了人们对于语言习得过程的理解和对于语言教学基本原则的选择。在语言教学等应用领域，认知语言学主张在遵循心智和大脑一般知识的前提下，对人类语言的一般原则进行描写和阐释。随着认知语言学的核心概念日益广泛地应用于二语教学与学习，许多相关的研究范式得以衍生，既为宏观阐释语言运用中的动态变化和认知机制提供了全新的视角，又为多维度地研究语言习得提供了契机。当前，认知语言学视域下的二语习得研究正蓬勃发展，并取得了丰硕的研究成果，认知语言学相关理论对于语言习得的指导意义也日益凸显。因此，有必要系统地梳理国内外在该领域的相关研究成果，以便更好地开展相关研究。

本书对认知语言学领域的概念和理论进行了详细阐释，旨在利用丰富的例证和通俗易懂的语言，帮助读者理解这些核心知识点及其应用概貌。本书通过对相关研究范式的分析和评述，指出语言研究应当重视学习动态和学习过程，从行为和认知视角探索二语在学习者大脑中的储存、提取和使用规律，可为二语习得研究提供有益的支持和指导。本书还选用比较成熟的研究范式来阐明认知语言学研究的基本概念和理论框架，以及其与二语习得和语言教学领域之间的联系，探讨将认知语言学理论应用于二语习得研究的可行性，有助于开拓更多值得思考和研究的空间，拓展二语习得研究的广度和深度。本书将理论和实践相结合，对中国学习者的二语习得过程进行了多视角的探讨和反思，并结合有代表性的研究实例，对二语听、说、读、写能力培养环节中可能碰到的困难和应对办法进行了认知语言学视域下的分析和阐述，可为学者更好地理解二语习得的本质和复杂性提供帮助，并为未来的教学实践提供有益启示。

通过撰写本书，笔者希望能够为相关学者和教育工作者提供一个深入探讨认知语言学视域下二语习得问题的平台，同时鼓励更多的学者和教育工作者继续深入研究认知语言学在二语习得中的应用，不断拓展该领域的研究边界。由于笔者水平、精力有限，本书难免存在一些不足，敬请广大读者批评指正！

本书为江西省高等教育学会 2023 年度学会课题（外语教育专项）“课程思政视域下红色文化融入大学英语后续课程教学研究”（编号：ZX4-C-011）的阶段性成果。

欧阳偶春　雷淑华

2024 年 7 月

目录

第一章　认知语言学概述

概念理论、体验哲学和认知语言学是在哲学和语言学领域中不断演变和发展的重要理论和学派，虽代表了不同的哲学思想和研究方法，但都强调了语言与现实、认知之间的密切关系，对于我们理解人类思维和语言习得过程具有重要的启示和影响。概念理论起源于古希腊哲学家亚里士多德，经历了传统概念理论和经典概念理论两个阶段。后来，现代概念理论重要开创者之一弗雷格，将自然语言转化为形式语言的内涵逻辑，从而将数学方法应用于概念研究。概念理论强调对概念的抽象和形式化，以符号系统来描述和表示概念的结构和关系，为数学和逻辑等领域的研究提供了重要的基础，同时为人们理解语言和思维的本质提供了一种理论框架。体验哲学对经验主义和唯理主义进行批判，将概念研究引向新经验论的方向，强调人类的思维和语言是基于感知和经验的，应结合对身体感知和动作的理解来构建概念和意义。体验哲学强调了情感和形象的重要性，为人们认识语言习得和文化认知提供了一种新的视角。西方哲学的语言学转向将语言视为思维和认知的重要途径，以英美分析哲学和欧洲大陆哲学为代表，通过分析语言中的语义成分之间的关系来获得思想的结构。这种转向使得语言学成为哲学研究的重要组成部分，强调语言的逻辑结构和语义内涵及其与人类认知之间的紧密联系。西方哲学的语言学转向对于推动认知语言学的发展起到了积极的作用，同时为我们理解语言习得和概念形成提供了新的视角和方法。认知语言学在哲学取向上克服客观主义经验论和主观主义唯理论的极端观点，强调人的主观认知机制在范畴化、概念化中的积极作用，并且重视客观现实对认知的影响。认知语言学具有独特的认知取向、解释取向、语义取向和共性取向。认知语言学强调通过认知过程来理解语言现象，将语言学与认知科学相结合，对于研究语言习得、语言使用和语言理解等具有重要意义。

第一节　认知语言学的基础概念

一、认知语言学的概念

人类对世界认识的研究与科学文化、哲学思想的发展密切相关，并受到内在动因和规律的驱动。在 19 世纪，科学思想以探索客观实体背后的规律性为特征，研究由本体论转向认识论。而 20 世纪的科学思想认为语言行为中蕴藏着人类自身最重大的奥秘，并提出了聚焦通信和交往的中介符号系统，引领了研究重心的语言学转向。在这一背景下，认知语言学综合生成语法和功能主义学派的语言观、认知观，并将语言看作理解人类心灵和文化的关键，一跃成为现代语言学的新兴学派，获得了迅猛的发展。[①]

作为语言学研究范式，认知语言学之所以获得如此青睐，是因为其突破了传统语言学对语言的形式化和结构化描述，转而关注语言与认知、心理活动的紧密联系。[②] 认知语言学认为语言不仅是信息传递的工具，更是反映人类思维、认知过程和文化背景的重要表现形式。认知语言学研究人类如何通过语言来理解世界、表达情感、构建概念等，为人们揭示了语言与人类认知之间复杂的互动关系。[③] 在思考认知语言学与其他认知科学之间的关系时，首先需要考察认知语言学的定义及其理论基础。虽然认知研究在人类历史中已有悠久的发展历史，但正式将认知学作为独立学科并将其命名为“认知语言学”的时间并不久远。事实上，认知语言学作为一种新的语言学流派兴起于 20 世

① 张秀萍 . 认知语言学理论视角下英语教学新向度研究［M］. 北京：中国商务出版社，2018：21.

② 张秀萍 . 认知语言学理论视角下英语教学新向度研究［M］. 北京：中国商务出版社，2018：21.

③ 彭建武 . 认知语言学研究［M］. 青岛：中国海洋大学出版社，2005：1.

纪七八十年代。

然而，对于“认知语言学”这一词语，早在1996年,《语言与语言学词典》(*Routledge Dictionary of Language and Linguistics*)就进行过专门的阐述。[①] 据Hadumod Bussmann等的解释，认知语言学是一种语言学流派，其研究语言的认知基础，强调语言与思维之间的密切联系，重视人类语言能力与认知机制的互动。认知语言学关注语言的概念化和心理表征，从而探讨语言如何影响和反映人类的认知过程。从这一定义明显可以看出认知语言学与其他认知科学有着紧密的联系。认知语言学的出现和发展与整个认知科学的兴起和发展密不可分。[②] 认知科学是一门跨学科的科学，旨在研究人类认知的本质和运作方式，包括但不限于心理学、神经科学、计算机科学等多个学科领域。而认知语言学作为其中的一支，专注于语言与认知的交互作用，探究语言对思维和文化的塑造作用。

认知语言学与心理学的关系尤为密切。心理学是研究人类心理过程和行为的科学，而认知语言学正是通过研究语言在人类心理过程中的作用来揭示语言与认知之间的内在联系。在认知心理学的框架下，研究者关注人类是如何通过语言来获取、处理和表达信息的。而在认知语言学的视角下，语言被视为一种认知工具，人们结合对语言的使用和理解，表现出丰富的认知能力，如思维、记忆、学习、推理等。认知语言学与神经科学之间的联系也备受关注，神经科学研究大脑的结构和功能，认知语言学则关注语言加工过程在大脑中的神经机制。通过神经科学的技术手段，如脑成像技术，研究者可以观察到大脑在语言处理过程中的活动，并进一步揭示语言与认知之间的神经基础。认知语言学在计算机科学领域的应用也十分广泛，通过建立计算模型，研究者可以模拟人类在语言理解和生成中的认知过程。这不仅有助于深入理解人类语言能力的本质，还为自然语言处理、人工智能等领域的发展提供了重要的参考和借鉴。

Lakoff和Johnson提出的认知语言学在哲学和语言学领域引发了深刻的

---

① 王寅.认知语言学[M].上海：上海外语教育出版社，2007：10.

② 彭建武.认知语言学研究[M].青岛：中国海洋大学出版社，2005：1.

反思和重构[①]。他们主张回归人的身体经验，将认知与语言联系在一起，以探究理性的本源和心智的起源。这种涉身性的本质特征被认为是建构“实证经验上可靠”的哲学的关键。他们试图根据哲学研究与科学实证的对话，找到连接理性和身体经验的桥梁，从而使哲学更贴近实际生活和人类思维的本质。在 Lakoff 和 Johnson 的视角下，认知语言学的核心是通过对人类语言使用的观察和分析，揭示人类思维的本质和结构。这种基于语言的研究方法被称为“心知本体论”，即通过对语言的研究来探讨心智的本质。他们认为，人类思维的形成和运作是基于身体的感知、运动和情感等方面的经验，而不是纯粹的逻辑推理。因此，他们强调人类思维是具有情境依赖性和身体情感参与的。Talmy 的研究对认知语言学的发展产生了重要的推动作用，他的系统性研究方法使得认知语言学从一种零散的理论探索发展成为一门有机统一的学科，其理论框架还为跨语言和跨文化的研究提供了便利，拓展了认知语言学的研究范围[②]。

除此之外，认知语言学还吸引了众多学者的关注和参与，在这一跨学科领域中，学者积极探索语言与认知之间的关系，试图理解人类思维和语言加工的内在机制。认知语言学的发展既受益于现有学科的交叉影响，也推动了跨学科的交流与合作。随着时间的推移，认知语言学的研究将不断深入，涉及越来越多的领域和问题。例如，情感认知、语言习得、双语加工、语义知觉等方面的研究都为认知语言学提供了新的视角和理论支持。认知语言学也逐渐与神经科学、计算机科学等领域相结合，在潜移默化中推动了多模态研究的发展。

二、国内对认知语言学的定义

（一）认同两个共识

Lakoff 在认知语言学的发展中提出了两个重要的共识，即概括性共识和

① 赵艳芳．认知语言学概论［M］．上海：上海外语教育出版社，2001：8.

② 姚京晶．现代汉语空间位置关系虚拟运动研究［M］．北京：首都经济贸易大学出版社，2018：6.

认知共识[①]。这两个共识为认知语言学的研究提供了指导方向，使其成为一门独特而富有吸引力的学科。概括性共识强调了对语言中普遍原则的探索和揭示。认知语言学家致力于寻找那些能够描述人类语言的广泛概括性普遍原则，而不仅仅局限于某种语言特定的现象。这一共识要求认知语言学家超越狭隘的语言学领域，去探索语言的共性和普遍性。结合跨语言、跨文化的研究，他们试图找到那些在不同语言中普遍存在的认知机制和语言结构。这种概括性共识使得认知语言学成为一门具有广泛应用价值的学科，不仅可以用来解释特定语言的现象，还可以推广到更广泛的人类语言能力的认知研究中。认知共识强调了语言描述与认知相关学科的一致性。在这个共识下，认知语言学家认识到语言是与大脑和心智密切相关的，因此语言的普遍原则必须与认知科学的研究成果相一致，这要求认知语言学家不仅要关注语言本身的结构和功能，还要深入研究人类认知过程和思维机制。与神经科学、心理学等相关学科的交流与合作，使得认知语言学从单纯的语言研究拓展到跨学科的认知研究领域。这种认知共识为认知语言学的发展提供了更加深入和全面的视角，也使得其在人类思维和语言能力方面具有更强的解释力。

概括性共识和认知共识的提出使得认知语言学成为一门与众不同的学科，超越了传统的形式语言学和功能语言学，强调了语言与思维之间的紧密联系，关注语言背后的认知机制和心智活动。认知语言学不再将语言视为单纯的传递信息的工具，而将其看作理解人类心智和文化的关键。此种转变使得我们能够更深入地理解语言在人类认知中的作用，从而更好地解释和解读人类行为和文化现象。在认知语言学的发展过程中，研究者不断探索和创新，使得该学科逐渐形成了自己独特的理论框架和研究方法。其中，认知语义学作为认知语言学的一个重要分支，对于语义的认知过程进行了深入的研究。Talmy系统地探讨了动词和名词的概念结构，为人们揭示了人类思维的普遍模式，使人们可以通过对语义结构的研究，更好地理解人类对世界的认识和理解方式。双语加工是认知语言学中的一个重要研究领域。有关人员探讨了双语者

① 莱考夫，约翰逊．肉身哲学：亲身心智及其向西方思想的挑战［M］．李葆嘉，孙晓霞，司联合，等译．北京：世界图书出版公司，2018：10.

在语言切换和转换过程中的认知机制，发现双语者在处理两种语言时会激活共享的认知资源，这使得他们在语言切换和转换时能够更加灵活和高效。而在语义知觉方面，研究者则关注了语言和感知之间的关系，试图理解人类是如何通过语言来认知、理解和感知世界的。这些研究可以更好地理解语言在人类认知过程中的作用和意义。

（二）认知承诺将现实、认知与语言相结合

在认知语言学中，认知承诺是一种独特的方法论和理论取向，它将现实、认知和语言三者相结合，旨在寻找存在于身体经验、概念思维和语言结构之间的对应关系。这一方法论的核心是将语言视为认知活动的产物，而不仅仅是信息传递的工具。认知承诺强调了现实、认知和语言的相互关系，认为人类对于外部现实的认知和理解是通过语言来实现的。语言是一种中介符号系统，通过语言表达和传递的信息不仅仅反映了外部现实，还反映了人类对现实的认知和思维方式。因此，对语言的研究，可以使人们窥探人类的认知机制和思维过程。例如，语言中的词汇选择、表达方式和句法结构都反映了人类对于世界的认知方式和认知习惯，研究语言的结构和使用，可以揭示人类思维的普遍模式和规律。认知承诺将身体经验、概念思维和语言结构相统一，强调了人类语言能力的根源来自身体经验。人类在感知和与世界互动的过程中，积累了丰富的身体经验。这些身体经验形成了概念思维的基础，进而影响了语言的形成和表达。认知承诺对于语言学习和语言教学具有不可忽视的启示，其认为语言学习是一种认知过程，学习者在掌握一门语言时不仅仅是学习其表面结构和规则，更重要的是理解其中蕴含的认知机制和思维方式。因此，语言教学应该注重培养学习者的认知能力和思维习惯，帮助他们更好地理解和运用所学的语言。在教学中，教师可以借助认知语言学的理论，通过情景模拟、实践活动等方式，让学习者在身体经验中感知和体验所学的语言，从而更深入地进行理解和掌握。

（三）认知语言学将语言视为人类心智与认知的关键

认知语言学将语言视为人类心智和认知的重要组成部分，认为语言是世界知识的贮藏所。这种理论取向在当代语言学中得到了广泛的应用，并且在

构建心智理论方面发挥着重要作用。

认知语言学将语言视为人类心智的反映和表达，人类的思维和认知活动是通过语言来进行交流和表达的。语言不仅是传递信息的媒介，更是人类心智的外在表现。人们可以使用语言表达自己的意念、感受和思考，同时可以从他人的语言中获取信息和认知。因此，语言在认知活动中起着至关重要的作用，是认知过程的一部分。认知语言学强调语言与其他认知域或认知机制之间的互动关系。人类的认知活动是多维度、复杂而综合的，涉及知觉、思维、记忆、情感等多个方面。认知域之间相互影响、相互交织，而语言作为一种认知活动，与其他认知域之间也存在紧密的联系。对语言和其他认知域之间的互动关系进行分析，可以更好地理解人类的认知过程和心智活动。例如，语言的词汇和句法结构反映了人类的概念和思维方式，而人类的感知和思考也会影响到语言的表达方式。

认知语言学在研究中强调了对现实的观察和实证研究，力求从实践中获得真实可靠的数据，这种实证基础使得认知语言学能够建构哲学的心智理论。认知语言学试图以对实证数据的分析和解释，揭示人类心智的本质和运作机制。例如，通过对大脑的神经科学研究和对认知心理学实验的数据分析，可以了解语言处理在大脑中的神经基础，从而更好地理解人类的认知过程。此外，认知语言学还可以通过对不同语言和不同文化背景下的语言使用和认知方式进行比较研究，揭示不同文化之间的认知差异和认知共性，从而丰富人类心智的研究。认知语言学的方法论和理论取向在语言学和认知科学领域产生了广泛的影响，为人们认识人类思维和语言能力提供了新的视角和思路，推动了心智理论的发展。认知语言学将语言与其他认知域和认知机制相结合，帮助人们深化对人类认知过程的理解，进一步认识到语言在认知活动中的重要性，并且为教育、翻译和跨文化交际等实际应用领域提供了有益的指导和启示。

（四）认知语言学吸取客观主义与唯理论的合理性成分

认知语言学作为一门综合性的学科，融合了多个不同学科的观点和理论，包括客观主义和唯理论的合理性成分，还倡导体验哲学观，强调从人的身体经验中寻找理性的本源。在认知语言学的理论框架下，人们可以深入探讨客观世界对认知的影响以及人的主观认知机制在认知过程中的积极作用。认知语言学借鉴了客观主义的合理性成分。客观主义认为世界存在于外部，独立于人的主观意识，人们可以通过客观的实证研究和观察来了解世界的本质和规律。在认知语言学中，研究者通过实证研究方法，如实验、观察和数据分析等，来探究语言和认知的关系。例如，通过大脑神经科学的研究，可以了解语言加工在大脑中的神经机制，从而揭示语言和认知之间相互影响的生物学基础，这种客观主义的研究方法为人们认识语言和认知提供了客观可靠的数据和证据。认知语言学也汲取了唯理论的合理性成分。唯理论认为世界是由人的意识和思维所构建的，人的认知活动主导着人对世界的理解和表达。在认知语言学中，语言被视为人类心智的反映和表达，人们通过语言来表达自己的意念、感受和思考，这种主观认知机制在语言的使用和理解过程中起着至关重要的作用。例如，人们对于同一事物的认知和理解可能因个体的文化背景、经验和价值观的不同而产生差异，从而导致语言表达的多样性和灵活性。认知语言学强调了个体在语言使用中的主观认知机制，从而提醒人们在研究语言和认知时应重视个体的差异和多样性。人们对语言学基本特征的补充如图 1-1 所示。

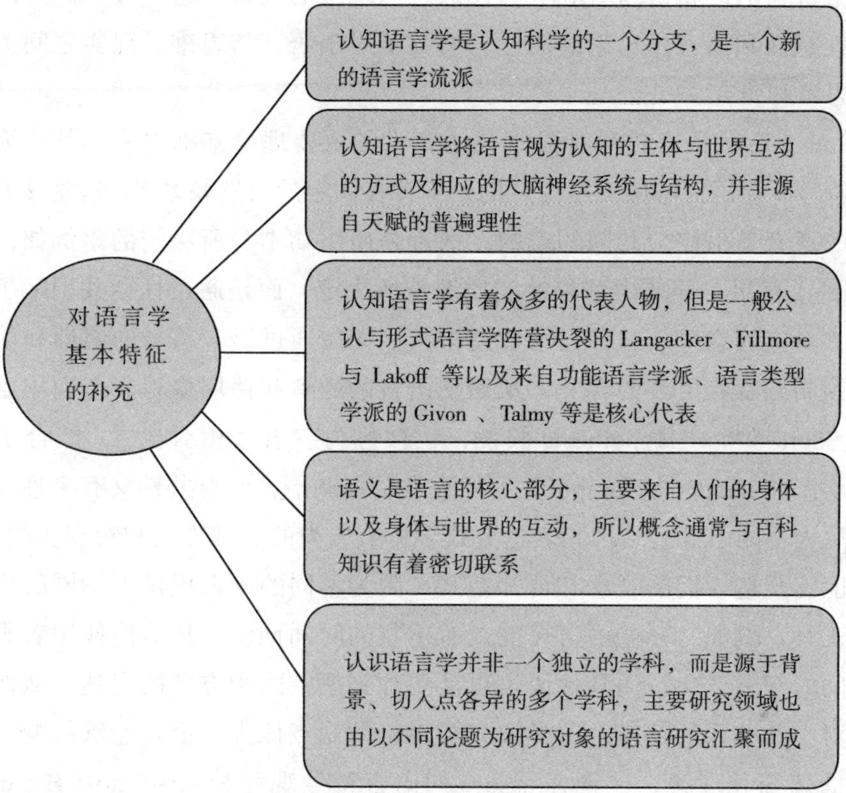

图 1-1　对语言学基本特征的补充

第二节　语言与现实、认知的关系

一、语言是思维的表征形式，思维是现实的逻辑形式

语言作为思维的表征形式，是人类思维活动的重要载体。思维是人类对现实的逻辑形式。语言这种符号系统能够帮助人们表达自己的思想、感知和体验，并与他人进行交流和理解。正因为语言、思维和现实之间关系密切，

人们常常在语词和物的对应上寻找语言与现实的关联。这一过程涉及语言符号的任意性和语言相对论的概念，引发了对于语言与思维、现实之间关系的深入思考和研究。

Saussure 的语言符号观是现代语言学的重要理论基础之一，其认为语言中的符号（即语言单位）是任意的，不存在固定的自然联系①。这意味着语言符号的意义是由社会共同约定的，而不是由事物本身所决定的。例如，单词“apple”（苹果）并非由苹果的实质属性所决定，而是通过社会共识赋予它与苹果相对应的意义。这种任意性使得人们无法通过语言符号的属性和使用条件来预测或解释语言的含义，从而使语言的理解和使用变得复杂而丰富。著名的 Sapir-Whorf Hypothesis 假说，也被称为“语言相对论”，综合了结构主义学派和 Herder、Humboldt 等的观点，强调语言既有共性又有个性。这一假说认为不同语言的结构和表达方式会影响人类的思维方式和对现实的认知。语言能够塑造人们的观念和认知范式，因为不同的语言提供了不同的描述和表达工具。例如，一些语言可能具有丰富的时间词汇，从而使使用者更加关注时间的细微变化；而其他语言可能更加强调空间和方向的表达，从而影响人们对空间关系的认知。这种语言相对论的观点认为，语言能够影响人们对世界的感知和理解。尽管 Saussure 的语言符号观和 Sapir-Whorf Hypothesis 假说在语言的理据性上存在分歧，但这两种理论都认同认知与语言之间的相互作用。认知与语言的关系是双向的：认知影响语言，语言反过来影响认知。语言是认知的外在表现形式，通过语言，人们可以表达和组织自己的思想和认知。而语言也在很大程度上塑造了人们的思维方式和认知结构，影响了人们对世界的感知和理解。

认知作为一个广泛的概念，涵盖了人们基于感官输入和记忆加工知识的心理过程。这一概念源自拉丁语“cognition”，意味着对信息进行处理和加工，从而形成人类思维和认知的基本过程。认知的根本特征是其操作的无意识性，它涵盖了感觉、知觉、记忆、思维、想象和语言等多个方面。在认知科学领域，认知特指与大脑有关的一系列操作和结构，包括人脑接收外界信

① 骆峰 . 索绪尔语言学思想研究［M］. 北京：对外经济贸易大学出版社，2017：13.

息、进行加工处理并转换成内部心理活动，进而影响和支配人们的行为。心智指脑与神经的功能，它是由大脑和神经系统所执行的认知活动的集合。认知与心智之间存在着密切的联系，认知是心智功能的重要组成部分，是实现心智活动的基础。通过认知，人们能够感知和理解世界，能够记忆和思考，以及进行语言表达。心智是人类智力和认知的集合，涉及人类的感知、思考、情感和意识等多个层面。在认知语言学的研究领域，语言被视为人类认知的重要组成部分。语言不仅是人们交流和表达思想的工具，更是反映和塑造人类认知的重要载体。语言的使用和理解涉及大脑的认知过程，包括对词汇、语法、语义和语用等多个方面的加工。通过对语言的研究，人们可以深入探讨人类思维和认知的本质，并理解语言与认知之间的复杂关系。

二、语言与认知的关系

在《海赋》中，西晋木华通过“所未名者若无”这句话深刻地阐述了语言与认知之间密切的关系[①]。这句话强调了语言在认知过程中的重要性，指出没有名称的事物很难被记忆和理解。这反映了语言在认知中的作用：作为人类认知世界和表达意识的中介，语言不仅仅是简单的工具，而是认知活动不可或缺的一部分。

语言作为认知的工具，扮演着重要的角色。在人类的认知过程中，语言起着桥梁的作用，将外部的感官输入与内部的思维和理解连接起来。[②]人们可以通过语言将感知到的事物和概念转化为符号和词汇，从而更好地理解和组织信息。语言是认知的表征形式，促使人们将自己的思想和体验表达出来，与他人进行交流和分享。[③]正如西晋木华所说，“所未名者若无”，没有名称的事物难以被记忆和理解，说明语言是认知的工具和媒介，有助于人们对世界的认识和理解。语言不仅参与认知活动的过程，还在其中扮演着积极的角色。语言参与心智、推理、思维等活动，可以使人们不断加深对客观世界的

---

① 周成华．汉朝文学观止［M］．长春：吉林大学出版社，2010：73.

② 郭熙煌．语言认知的哲学探源［M］．武汉：华中师范大学出版社，2009：61.

③ 卢植．认知与语言：认知语言学引论［M］．上海：上海外语教育出版社，2006：13.

认识。在思考和推理的过程中，语言的使用可以帮助人们整理和组织思维，将复杂的概念和观念转化为具体的词汇和表达，从而更好地理解和解决问题。语言的运用不仅仅是对认知的反映，更是对认知的促进和加强。语言与认知是相辅相成的，在人类的认知过程中，语言帮助人们对感知到的信息进行分类和归纳，构建认知框架，从而更好地理解和记忆。认知活动也影响着语言的使用，人们根据自己的认知和体验来选择词汇和表达方式，将自己的思想和感受传达给他人。语言与认知之间的相互作用促进了人类的思维和文化的发展。在语言学和心理学界，语言与认知一直是备受关注的话题。研究者通过实证研究和理论探讨，不断深化对语言与认知关系的理解。认知语言学作为一个重要的学科领域，致力于探究语言与认知之间的紧密联系，从语言结构和使用的角度分析人类思维和认知的本质。

第一代认知科学观点以客观主义认知观为代表，将思维视为抽象符号的机械操作，类似于计算机的算法运作。在这种观点下，心智被看作一种抽象的机器。这种观点认为抽象符号与外部现实世界里的事物相对应。这种观点将认知看作离体的、不受感知系统和神经系统限制的过程，而且是独立于个体的抽象操作。在语言学领域，建立于客观主义认知观基础上的语言学理论分为形式主义和功能主义两大阵营。形式主义以 Piaget 派形式语言学理论为代表，着重于从外部分析语言的特征和用法；功能主义以 Chomsky 派功能语言学为代表，将语言视作人类天赋的一部分，从内部研究语言的心智机制。然而，客观主义认知观在判断认知与语言的关系方面存在一定的缺陷，忽视了人类认知中最重要的特征——主观能动性。人类的认知不是简单的符号操作，而是在个体的身体经验、生理构造、思维方式和想象力等多方面的交织建构中产生的。主观能动性强调了个体在认知过程中的主体性和主动性，认为个体不仅被动地接受信息，还通过主观意义和经验对信息进行理解和解释。

为了弥补客观主义认知观的不足，认知语言学的发展将语言与认知紧密结合，致力于寻找存在于身体经验、概念思维和语言结构之间的对应关系。认知语言学强调了主观能动性在认知和语言中的作用，认为个体的主观认知机制在范畴化和概念化中起着积极的作用。认知语言学也不仅仅局限于语言的外部表达，还关注个体在理解和表达过程中的认知机制和心智结构。认知语言学的核心是将语言作为人类心智和认知的重要组成部分，作为世界知识的贮藏所。通过对建立在现代认知科学实证基础上的语言与其他认知领域的互动关系进行分析，认知语言学构建了自己的哲学心智理论。在这一理论框架下，语言不再是独立于认知的工具，而是认知活动的一部分，对人类思维和认知的本质产生了积极而深远的影响。

第二代认知语言学家以 Lakoff 和 Johnson 为代表，他们对客观认知观进行了批判，并对语言、认知和客观世界三者之间的界限进行了重要的划分，分为客观主义哲学和非客观主义哲学。客观主义哲学在认知语言学中强调了语言与认知的紧密联系，与 Chomsky 的观点有所不同。Chomsky 主张语言能力是人脑里独立于其他认知能力和知识的完全“自主自足”的天赋，即人类天生就具备语言的普遍语法[①]。然而，Lakoff 和 Johnson 认为，语言能力与一般认知能力之间存在紧密联系，即语言的形成和发展始终遵循着“现实—认知—语言”这一过程。这意味着语言不是完全独立于客观世界的，而是在认知的基础上与客观世界相互联系。

沈家煊在对认知语言学的介绍中也明确表示，语言表达不可能完全对应现实世界，因为语言并不直接表现现实世界，二者之间存在一个“认知构建”中介层[②]。这一中介层通过将现实世界“折射”于语言表达，形成对现实世界的概念和概念结构，进而将语言表达和现实世界联系起来。这意味着语言并不是简单地对现实进行映射，而是通过认知的加工和概念的构建，使语言与现实相互联系。因此，认知构建是语言与客观世界之间的桥梁，帮助人们理解和表达现实世界。

三、语言与现实、认知的关系问题

在语言与现实、认知的关系问题上，我国的学者提出了多种观点，其中王寅和徐通锵的观点虽然是两种不同的视角，但都为人们提供了对这一复杂

① 林允清．乔姆斯基普遍语法批判［M］．北京：北京时代华文书局，2020：20.

② 沈家煊．著名中年语言学家自选集：沈家煊卷［M］．合肥：安徽教育出版社，2002：23.

关系更深入的认识。王寅通过将认知细化为“互动性体验”“意象图式”“范畴”“概念”“意义”等过程，并将这些认知过程与语言串联起来，形成了“现实—认知—语言”的流程图。他强调人类在对客观外部世界感知体验和互动的基础上逐步形成了意象图式和认知模型，再在此基础上进行范畴化和概念化，最后用语言将意义固定下来。这一观点强调了认知在语言形成过程中的重要作用，认为语言是由认知构建而成的，是人类对客观现实的感知、理解和表达的产物。王寅的观点对理解语言与认知之间的关系有着深刻的启示，凸显了认知在语言产生过程中的主导作用①。而徐通锵则将“思维”置于“语言”之后，用“现实—语言·思维—现实”这一公式表达了思维是语言的基础，没有语言就没有思维的观点。②他将语言和思维看作联系两个现实的桥梁和中介，用“·”对二者加以联结，表明了由“自发”现实向“自觉”现实的转化过程，且两个现实互为条件，缺一不可。这一观点强调了语言对于思维的重要作用，认为语言是思维的外在表现形式，能帮助人们将思维转化为具体的语言表达，并通过语言与他人进行交流和沟通。徐通锵的观点对于认识语言和思维之间的相互作用有着重要意义。

综合这两种观点，可以看到语言、认知和现实之间是一种复杂而密切的关系。语言不仅是认知的产物，也是认知的工具，它能帮助人们从客观现实中抽象出概念和概念结构，并表达和传达这些认知。认知也在语言的发展过程中发挥着重要的作用，影响着语言的理解和表达方式。在这一过程中，语言和认知相互作用、相互影响，共同构建了人类对现实的认知和理解。从王寅和徐通锵的观点中可以明确，对于语言与现实、认知的关系问题，学者在探索中提出了多种有价值的见解。这些见解不仅为人们深入理解人类语言能力和思维活动提供了重要参考，也为深入研究语言与认知之间的复杂关系提供了新的思路和方法。对这些观点进行深入的探讨，可以更好地认识人类思维和语言的本质，进一步加深对于认知科学的理解和研究。

认知与语言的相互依存和创造是一个引人深思的问题，在近代以来的学

① 王寅. 语义理论与语言教学［M］. 2 版. 上海：上海外语教育出版社，2014：16.

② 徐通锵. 徐通锵自选集［M］. 开封：河南教育出版社，1993：36.

术研究中，王寅和徐通锵的观点代表了语言决定论和语言相对论的观点。这两种观点对认知语言学的研究产生了深远的影响，并推动了该领域与哲学、心理学和人类学等学科的融合，从而使其研究内容不断丰富、理论框架不断完善。语言决定论（linguistic determinism）认为语言对人的认知和思维具有决定性的影响，即语言决定了我们对世界的认知方式和思维模式。王寅的观点就是在这一框架下提出的，他强调了语言在认知过程中的重要作用，将认知细化为一系列过程，并将这些过程与语言连接。在这种观点下，语言成为认知的基础，既塑造了我们对世界的认知模式，又影响了我们的思维方式和认知结构。语言相对论（linguistic relativity）则强调语言与认知之间的相互影响，即不同的语言会导致不同的认知方式和思维模式。徐通锵的观点体现了这一观点，他将思维放在语言之后，认为语言和思维是联系两个现实的桥梁，二者互为条件，缺一不可。在这种观点下，语言和认知相互作用，共同构建了我们对世界的认知和理解。

语言表达受语言思维方式的影响，古往今来，中外心理学家和语言学家对语言与思维之间的关系进行了较深入的研究。总体来看，学术界对语言与思维的关系存在三种观点。第一种观点是思维即语言。第二种观点是思维决定语言。第三种观点是语言决定思维。尽管当前认为语言与思维之间存在三种关系，且每一种关系都存在一定的依据，拥有一批拥趸，孰对孰错难以辨别，需要进一步学术研究才能明确。

在教学环境中应注重学生情感、人格、审美等方面的熏陶和感染，促进合作学习，转变思维，提升思维能力。如在翻译训练中，译者应掌握母语与外语思维转换的技能，包括表达顺序的思维转换、时态思维转换等。译者还应不断强化思维，掌握语言基础知识，扩充西方文化知识，了解西方人的思维观念，从而了解西方语言思维观。

在外语教学资源中也存在不少启发学生逻辑性思维的素材，如学生感兴趣的大侦探家福尔摩斯就是通过缜密的逻辑性思维侦破疑难案件，教师让学生分析素材语言、理解语篇文本时，可先启发学生设身处地地假设、推断案件等，然后验证自己的推断是否与素材结果一致，由此培养学生的逻辑性思维。由于文化差异，东西方的思维方式也有所不同，如在措辞上，西方人习惯使用“Well”“You know”等，而中国人通常使用“In this way”“In my opinion”等。汉英翻译教学中讲解构词法与构词逻辑，能够帮助学生理解英语词汇中所蕴含的逻辑关系，对学生进行逻辑思维训练与培养。

第三节　认知语言学的哲学基础与理论框架

一、认知语言学产生的哲学背景

认知语言学作为一种新的语言学流派，不同于传统意义上具有代表性人物和标志性论著的语言学派，它是在20世纪七八十年代认知科学发展的背景下，由多元化语言研究汇流而成的。这种新兴的语言学流派并没有一个统一的哲学基础，学界对其哲学背景也存在不同观点和看法。一方面，认知语言学的产生与第一代认知语言学（生成语法）截然不同，后者将语言视为人的天赋才能，属于理性主义哲学观的范畴。而第二代认知语言学则更加关注经验性，并尝试从实证的角度来理解语言与认知的关系。在探讨认知语言学的哲学基础时，有些学者侧重其经验性，认为认知语言学通过对人类实际语言使用和认知过程的观察和分析，关注语言与现实世界的联系及相互作用。在这个观点下，认知语言学强调实证研究，试图通过实证数据来解释语言与认知之间的关系，追求对人类思维和认知的真实理解。另一方面，有些学者则强调认知语言学的理性主义倾向。他们认为，认知语言学不仅仅是对语言现象的描述和解释，其更深层次的目标是揭示人类思维的本质和认知机制。在这个观点下，认知语言学倾向于将语言视为思维的表征形式，通过对语言结构和使用规律的分析，探索人类思维的规律和本质。还有一些学者认为，认知语言学的哲学基础兼具经验性和理性主义。他们认为，认知语言学既关注语言在实际应用中的表现和作用，也关注语言背后的认知机制和规律。在这个观点下，认知语言学试图通过将实证研究和理论探讨相结合，全面理解语言与认知之间的复杂关系。以上无论哪种观点，都体现了认知语言学作为一门新兴学科的多元性和开放性。在不断的研究和实践中，认知语言学不断吸纳来自不同学科的研究成果，逐渐形成了自己独特的理论体系和方法论。认知语言学的发展也不断推动着其他学科的发展，促进了语言学、心理学、哲学和人类学等领域的交叉与融合。

二、认知语言学的哲学基础

认知语言学是一门新兴的语言学流派，其独特的中心哲学思想是体验哲学。体验哲学与传统的客观主义认知观有着显著的区别，并且在认知语言学的发展中起到了重要的指导作用。体验哲学强调经验主义的观点，认为人的认知和理解是基于对世界的实际体验和互动而形成的，这与传统客观主义认知观中认为人的认知是通过机械符号的抽象操作而获得的观点截然不同。体验主义强调人的经验在认知过程中的重要性，指的是人们通过感觉、知觉、记忆、思维等各种心理活动来获取关于世界的知识。体验哲学提出非客观主义的观点，认为认知不是离体的、脱离实际情境的，而是紧密联系于人的身体经验和实际互动的。这种非客观主义的观点强调了认知的主观能动性，即人的认知是由主体主动构建和塑造的，不是被动接受外部客观现实的影响。体验哲学强调将视角从客观世界转向个体的经验和感知。传统的客观主义认知观普遍强调人类思维的普遍性和普遍法则，忽略了个体的差异和多样性。而体验哲学认为，个体的经验和感知对于认知过程的理解至关重要，每个人都有自己独特的认知方式和思维模式。体验哲学将语言视为对现实的折射和表达，而不是简单地将语言看作客观现实的镜子。在这个观点下，语言不仅仅是对客观事物的描述，更是人们对现实的认知和理解的反映。因此，语言与现实之间存在着密切的联系，人们通过语言来表达和构建对现实世界的认知。认知语言学的方法基础如图 1–2 所示。

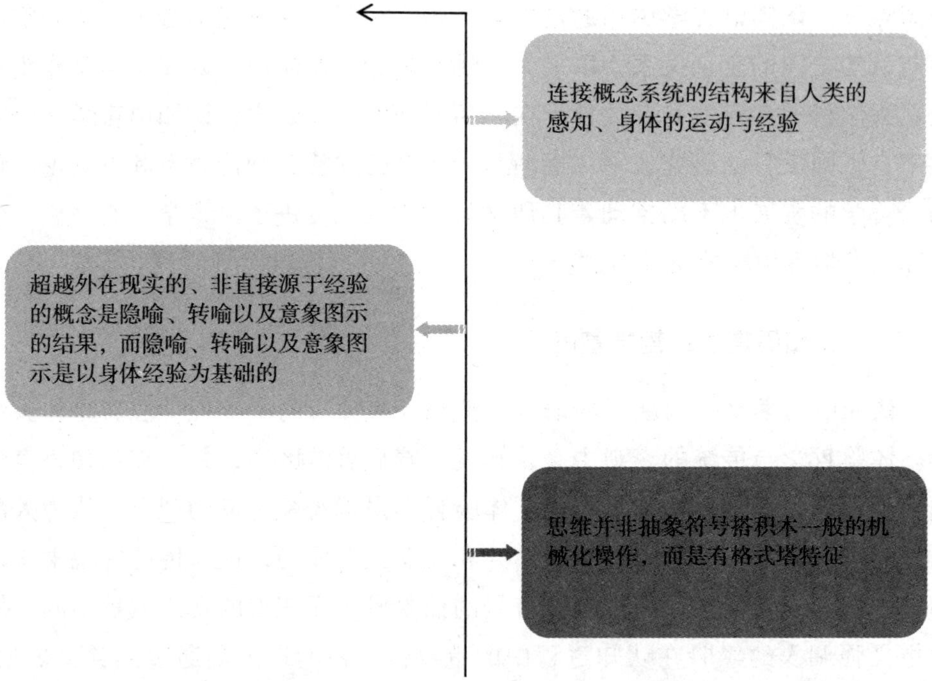

图 1-2 认知语言学的方法基础

体验哲学认为大部分认知和推理是无意识的，它决定了全部知觉思维的结构，没有这种无意识思维，就没有有意识思维。[①] 体验哲学的重构体现了从客观主义向非客观主义的转变，实质上是对西方哲学关于“人”的观念进行彻底的重塑。在体验哲学的框架下，概念、范畴、心智和推理等认知能力与身体经验紧密相连，成为“体验的概念”。Lakoff 和 Johnson 在《体验哲学》中指出，身体部位、空间关系、力量运动的感知等对人类的认知和思维有着重要影响，因此将“体验的概念”定义为感觉运动系统的一部分，或者说概念推理在某种程度上是感觉运动推理。在传统的客观主义观点中，认知和思维被看作脱离身体经验的纯粹符号操作。然而，体验哲学突破了这种观念，将认知和思维看作紧密联系于人体感知和运动的过程。这一观点体现了身体与思维之间的密切联系，强调了感知运动系统在认知中的重要性。人们

① 王寅．认知语言学的哲学基础：体验哲学［J］．外语教学与研究，2002（2）：84.

的感知和运动经验塑造了自身对世界的认知，影响着人们的概念形成和推理过程[①]。

概念是我们对世界进行认知和分类的基本单位。在体验哲学中，概念不再是抽象的符号，而是与人的身体经验紧密相关的。比如，人们对“上”和“下”这样的空间概念的理解是基于自身在现实生活中对上下方向的感知和运动经验，人们对力量和运动的感知也影响了人们对力量和行动的概念的理解。范畴是由概念组成的，其形成了人们对世界的认知框架。在体验哲学中，范畴的形成也受到我们的身体经验的影响。比如，人们对于食物的分类是基于对不同食物的感知和味觉经验，这种基于身体经验的范畴形成为人们提供了更为丰富和真实的认知体验。心智和推理也不再是脱离身体的纯粹思维活动，在体验哲学中，其被视为在感知运动系统的基础上进行的推理。人们的认知和推理过程是建立在身体感知和运动经验之上的。例如，在某种情境中处理问题时，人们可能会运用与感知运动相关的模式来进行推理和决策。Lakoff和 Johnson 的体验哲学在语言学领域的创新，为人类认识世界带来了重要的启发。20 世纪 70 年代以来，认知语言学取得了许多令人瞩目的研究成果，包括隐喻、转喻、意象图式等思维和认知的主要机制。这些研究成果是在体验哲学的指导下取得的，同时为体验哲学提供了有力的支持。

三、认知语言学的理论框架

（一）认知语义学

认知语义学是认知语言学的一个重要分支，其核心在于研究人类概念系统、意义和推理之间的关系。在认知语义学的框架下，概念系统分为直接的、具体化的概念和抽象化的概念。直接的、具体化的概念是人们对基础层次的、具体的经验进行建构的结果，包括基础层次的概念、空间关系概念、身体运动概念、体态概念和颜色概念等。抽象化的概念则是通过将这些直接概念进行进一步抽象和扩展而形成的，包括框架、隐喻、转喻、原型、放射性范畴、

---

① 于翠红 . 认知语言学视角下的二语习得研究范式：理论与实践［M］. 青岛：中国海洋大学出版社，2018：30.

心智空间和概念整合等。在认知语义学的研究中，基础层次的概念是非常重要的一部分。基础层次的概念是人们对事物的最直接、最具体的认知，它们在人们的认知过程中起着基础性的作用。例如，人们对于“椅子”这个概念的理解就是一个基础层次的概念，它包括人们对椅子的一般特征、功能和用途的认知。基础层次的概念在人类认知中起着桥梁的作用，可将具体的经验和抽象的概念连接在一起。

随着认知语义学的发展，研究者开始关注抽象化概念的研究。抽象化概念是在基础层次的概念基础上进行进一步抽象和推广形成的，可帮助人们理解和表达更加抽象和复杂的概念。例如，通过隐喻和转喻，人们可以将一个抽象的概念映射到一个具体的概念，从而使得抽象概念更加具体和易于理解。抽象化概念在人类认知和语言中起着举足轻重的作用，它们帮助人们理解抽象概念，推理和解决问题。认知语义学还涉及概念之间的关系和相互作用。放射性范畴是一种概念的分类方式，它将一个核心概念与其他相关概念联系在一起形成一个范畴；心智空间是一种认知结构，用于在人类认知中构建概念和意义之间的关联；概念整合则是将不同的概念和意义进行整合和融合，从而形成新的概念和意义。认知语义学把意义等同于概念化，即意义建构的心理过程，包括人类心理经验的各个方面，具有动态性，涉及人与外部世界的互动，体现了人类参与意义建构的过程。①

（二）认知语法学

认知语法学是认知语言学的另一个重要分支，它为句法结构的理解和解释提供了全新的视角。相较于传统的句法学派，认知语法学认为句法并不是一种自主的、独立于其他语言层面的结构，而是与语义学、语用学和语篇功能密切相关的。在认知语法学的观点中，句法结构是意义与语言表达方式之间的配对，也可以将其看作一种象征关系。认知语法学家 Langacker、Lakoff、Fauconnier 等通过对句法结构的深入分析，发现了一种有趣的现象，即每个句法结构都可以被看作一个象征关系。象征关系是一种双极性结构，包含语

① 刘瑾 . 意义的百科知识观——兼谈认知语义学的原则和主张［J］. 外国语文，2018（6）：87.

音极和语义极。在这种双极性结构中，语义是象征关系的核心，语法则是对语义的象征和表达。这种象征关系使得句法结构与语义紧密结合，也将句法与其他语言层面进行了有机连接。例如，认知语法学家认为动词的词义是由动作或状态的语义概念与其在语言中的表达方式（即动词的形式）相互配对而来的，这种配对过程使得动词的词义与其语法形式紧密联系在一起，形成了一种意义与语法之间的象征关系；而名词的词义也是由物体或抽象概念的语义概念与其在语言中的表达方式（即名词的形式）相互配对而来的，这种意义与语法的配对机制使得句法结构能够准确地表达人们的思想和意图。在认知语法学的研究中，还涉及一些重要的概念，如构式（construction）和语法化（grammaticalization）。构式是一种由意义和语法形式组成的语言结构，它是认知语法学的基本单位；语法化则是一种语法结构或语义概念从较为特殊和限制性的用法演变为较为通用和普遍的用法的过程。通过对构式和语法化的研究，认知语法学家揭示了句法结构的发展和变化规律，深化了对句法与意义之间关系的理解。

（三）词汇意义学

词汇意义学是认知语言学中的一个重要分支，它主要研究词汇的意义和语义结构。相较于语音极，语义极更加复杂，因为语义涉及词汇的意义和概念，包含着丰富的内涵和引申。在语言中，一词多义现象是普遍存在的，即一个词语在不同的上下文中可能有不同的意义。词汇意义学正是致力于探讨这种一词多义现象的原因和机制。在认知语言学的视角下，一词多义往往涉及隐喻和转喻的使用。隐喻是一种通过比喻和象征的方式将一种概念映射到另一种概念的修辞手法，例如，人们常用“火焰”来形容强烈的爱情，就是一种隐喻的使用。而转喻则是一种通过上下文的语境转变，使一个词语从一个特定的意义延伸到其他意义的过程。通过隐喻和转喻，一个词语的意义可以在不同的语境中得到拓展和丰富，形成多义范畴和多义概念。词汇意义学的研究为人们理解语义的复杂性和多样性提供了有益的视角。通过对一词多义现象的分析，可以发现语言背后蕴含着丰富的认知过程和思维方式。在日常交流中，人们常常会使用隐喻和转喻来丰富表达，从而使词汇的意义更具灵活性和多样性。这种多义现象不仅丰富了语言表达，还反映了人类认知和思维的丰富多样性。不仅如此，随着认知语言学的发展，词汇意义学也探索了更广阔的研究领域，比如词汇的原型理论、词汇与概念的关系等。原型理论认为词汇的意义是以某种典型、中心的概念为基础，其他意义则是对这个中心概念的延伸和拓展。而词汇与概念的关系则是认知语言学的另一个重要的研究领域，它涉及词汇意义和人类认知结构之间的紧密联系。

（四）语义与句法范畴

在认知语言学中，语义和句法范畴是研究语言中概念的归类和组织方式的重要内容。语言是人类表达和交流思想的工具，其中包含了丰富多样的概念和意义。为了更好地管理这些概念，人们通过范畴化对它们进行归类和整理，从而形成了语义和句法范畴。语义范畴主要涉及词汇的意义和语义结构。在人类语言中，概念是纷繁复杂的，涵盖了丰富的事物和现象。为了更好地理解和表达这些概念，人们将它们进行归类，形成语义范畴。在这个过程中，人们会以某种中心概念，即典型意义或核心意义为基准。典型意义是该范畴中最具代表性和最常见的意义，而其他意义则是围绕着这个中心进行延伸和拓展的，被称为边缘意义。典型意义是人们对某个范畴进行认知和理解的基础，是人们对概念的典型表征。边缘意义则是在典型意义的基础上进行衍生和拓展的，它们与核心意义之间可能有相对远的联系。如果边缘意义与核心意义的距离过远，可能会形成另外一个范畴的核心意义，从而导致概念的重新组织和归类。句法范畴则涉及语法结构和句子的组织方式。在认知语法学中，句法被认为不是自主的，而是依赖于语义、语用和语篇功能等因素。句法结构是意义配对的结果，即将语义与语言表达方式进行配对。句法范畴的形成是基于意义的，而非独立于意义的。在这个过程中，语义的范畴化起着重要的作用，它影响着句法结构的组织和形式。

（五）语法组构

语法组构（grammatical constructions）是认知语言学中一个重要的研究领域，涉及复杂的概念结构和这些结构在语言中的表达方式。这些概念结构和表达方式共同构成了语法组构，其最典型的表现形式包括词序和标记形式。

从语义极的角度来看，语法组构涉及对认知功能的限制，如已知信息对于新信息和焦点的限制；从语音极的角度来看，语法组构通过语音上的限制来控制语言的复杂程度；而从神经的角度来看，语法组构涉及概念范畴和语音范畴之间的神经连接。[①]在语法组构理论中，对于部分意义和整体意义的关联程度的解释非常重要。语言中的一些结构是由多个部分组成的，而这些部分在概念上是相互关联的。通过语法组构，这些概念之间的关联可以通过语言形式进行表达。例如，在一句话中，主语和谓语之间的关系就是通过语法组构来实现的，这种关联程度的表达对于人们理解语言的意义和逻辑非常重要。语法组构还涉及概念结合体如何通过语言形式进行表达。概念结合体是由不同的概念组合而成的，概念结合体可以通过语法组构在语言中得到体现。语法组构的研究还包括表达的拓展性意义或认知功能，它们使语言可以表达更多的信息和意义，这些信息和意义通常是由语言使用者根据上下文和语境来推断的。

（六）组构性多义

组构性多义（constructional polysemy）是一种语法组构在语义上具有与词汇一样的多义性和放射性特征的现象。在认知语言学中，语义不仅存在于单个词汇中，还可以体现在更大的语言结构中，如语法组构。组构性多义指的是语法组构在不同的语境下可以表达不同的意义。这种多义性与词汇的多义性类似，但它是通过事件结构隐喻来实现的。事件结构隐喻是一种认知过程，人们可以通过事件结构隐喻将一个事件结构映射到另一个事件结构，从而产生不同的语义。

（七）语法组构的表现形式

语法组构的表现形式是语法结构在语言中的具体体现，它看似任意、无序，但实际上是以某种规律表现了人类的经验。这个观点源于认知语言学的体验哲学，其认为语法不是一种独立的、随意的结构，而是反映了人类对世界的体验和认知方式。在日常交流中，人们总会用固定的方式来表达所体验的一切

① 陶文好．论认知语言学的定义和理论框架［J］．中国外语，2007（5）：37–46.

事物，这种内部规律就是语法。例如，使用“主语—谓语—宾语”的结构来表达一个完整的句子，这是一种普遍的语法组构；使用词序和语序来表达时间、因果关系等概念，这也是语法组构的一种体现。语法组构的形成是在人类不断认知世界的过程中产生的，在这个过程中，人们对于外部世界的感知、体验和理解都会被转化为语言表达，这些经验和认知被内化为一种规律性的结构，即语法组构。因此，语法组构不是孤立存在的，它是紧密依附于人类认知和经验的。另外，语法组构的表现形式还涉及语言和文化的关系。不同的语言和文化背景下，人们对于经验的理解和表达方式有所差异，因此它们的语法组构也会有所不同。比如在一些语言中，动作的进行和完成可能用不同的时态来表达，而在另一些语言中，这种区别可能通过不同的动词结构来实现。

（八）组构的合成性

组构的合成性（compositionality of constructions）是认知语言学中一个重要的概念，揭示了语法组构的本质和作用。组构是表述语言的一般法则，描述了如何用语法形式来表达具体的概念化内容以及认知功能。每一个语法组构都可以被认为是一种条件，它调整着概念在语言运用中的复杂程度。人们可以通过合成不同的组构，构建出复杂的语言表达，从而传递更加丰富和精确的意义。在语法组构的合成中，最关键的是相互匹配的条件吻合。当不同的组构成分相互匹配和适应时，语法组构就形成了。合成性允许人们在语言中表达非常复杂的思想和概念，因为每个组构都可以起到特定的限制和条件作用。在不同的组构组合下，人们可以灵活地表达不同的意义，而这些意义又都是基于某种规则和约束的。组构的合成性在很大程度上决定了语言的灵活性和表达性，通过合成不同的组构，可以创造出无限多的语言表达，满足不同情境和交际目的的需要。这种合成性也体现了语言的创造性和演化性，即语言并非静止不变的，而是不断发展和演变的。通过合成不同的组构，新的语言表达形式不断涌现。组构的合成性也与人类的认知方式密切相关。人类的思维是基于概念和概念之间的关系构建的，而语法组构的合成性正反映了这种认知方式。人们在表达语言时，往往会将不同的概念和经验进行组合，形成新的语言表达，这种过程正是认知的一部分。

第二章　二语习得理论综述与评介

第一节　我国英语学习者的语用习得

语用学作为一门独立的学科，虽然发展时间不长，但在短短几十年内，其发展迅速，涌现出许多新理论，拓展了其应用范围，并不断创新研究方法。在语用学的若干分支研究领域中，语际语用学和语用习得研究是一个交叉学科，旨在探索外语学习者在实际交际环境中如何恰当地运用语言。这方面的研究对于外语教学具有重要意义，然而在传统的教学法中往往被忽视。在中国语用学研究中，学者从一开始就重视将语用学理论应用到实际的英语学习和教学中，为中国的英语学习者提高英语应用能力作出了一定贡献。然而，当时国内的语际语用学和语用习得研究刚刚起步，有待进一步深入探索。近年来，国内学者对中国英语学习者语用习得方面进行了一系列研究，涉及的论文数量逐渐增加。为了充分了解这一领域的研究成果，本节以国内主要外语类核心期刊为数据来源，进行初步统计与分析，旨在客观公正地评价国内的相关研究成果。

一、我国英语学习者的语用习得的有关研究

近年来，对于中国英语学习者的语用习得方面的研究呈现出明显的增加趋势。从研究内容来看，学者关注的主要专题包括语用能力、语用失误、言语行为、话语标记语以及语用能力培养等。此类专题涉及语用学的多个方面，

旨在深入了解学习者在实际交际中如何运用语言，以及他们可能面临的问题和挑战。语用能力是研究的核心内容之一，是指学习者在交际过程中理解和运用适当的语用知识和策略的能力。研究者通过问卷调查、实验等方法，探究学习者在不同交际情境下的语用表现，以及他们对语用规则和语用意图的理解程度。语用失误也是一个重要的研究方向，指的是学习者在交际中出现的语用错误，如不恰当的言语行为、语用偏误等。研究者通过分析实际交际数据，寻找学习者常见的语用失误类型和原因，以便制定相应的教学策略，帮助他们增强语用表达能力。言语行为是另一个受关注的话题，是指通过语言表达出来的特定目的和意图，包括请求、承诺、道歉等。研究者通过观察和分析学习者的言语行为，探究他们在实际交际中如何进行言语行为的选择和运用。话语标记语是指交际中的修辞手段，如插入语、修辞问句等，研究者探究学习者在交际中使用话语标记语的情况，以及这些标记语在交际中的功能和效果。语用能力培养旨在帮助学习者提高在实际交际中的语用表达能力。研究者通过设计教学活动和教学材料，培养学习者的语用意识和语用策略，以提高他们在交际中的语用表达效果。大学英语课堂实施有效的语用教学，可以帮助学生习得语用知识和交际技能，加快他们语用能力习得的进程，这样才能从真正意义上提高大学生的跨文化语用交际能力。①

从研究方法上看，现有的相关研究主要分为理论研究和实证研究两大类。理论研究主要关注语用学的理论探讨和概念解释，试图从理论层面解释语用学现象，而实证研究则侧重于通过实际数据和实验来验证和支持语用学理论。实证研究又可进一步划分为定性研究和定量研究。定性研究通过对实际交际数据进行深入分析，寻找规律和模式，而定量研究则通过统计分析大量的数据，以获取更广泛的结论。整体而言，近年来对于中国英语学习者语用习得方面的研究逐年增多，这表明广大英语研究者对于二语习得研究中的语用层面即语际语用学越来越重视。研究内容涵盖了多个专题，涉及的研究方法也日益多样化。在此背景之下，中国学者对于中国学生语用习得的研究也越趋

① 武金锁，王艳. 大学英语课堂语用习得能力培养探究［J］. 黑龙江教育学院学报，2014（10）：174.

合理，客观性定量研究的数量也逐渐增多。然而，仍有一些未解决的问题和有待深入探讨的课题，希望未来能有更多学者投入这一领域的研究中，推动中国应用语用学，尤其是语用习得研究的发展。未来更多研究需要不仅关注共时对比，还要从动态角度延展追溯其历时演变，并采用更多手段来探究学习者的认知心理变化过程，并且需要针对同一主题进行重复检验研究，从而完善具体领域的实验设计，提高研究发现的可推广性。①

二、目前我国英语学习者的语用习得分析

中国英语学习者的语用习得是一个复杂而重要的研究领域，关乎学习者在实际交际中如何准确、恰当地运用英语，涉及语用能力、语用失误、言语行为、话语标记语以及语用能力培养等多个方面。在当前的实际情况下，可以通过对相关研究和教学实践的回顾和分析，深入探讨中国英语学习者的语用习得现状、问题及可能的解决方向。语用能力不强是我国英语学习者的一个重要问题。语用能力是指学习者在实际交际中理解和运用适当的语用知识和策略的能力。许多学习者在掌握了一定的英语词汇和语法知识后，仍然面临着在实际交际中表达不准确、不得体的问题，这可能与他们对于语用规则和语用意图的理解不足有关。因此，提高学习者的语用能力成为一个迫切的任务。教师可以通过设计丰富多样的交际活动和情境，培养学习者的语用意识和语用策略，使他们能够更好地运用英语进行实际交际。语用失误是需要关注的问题。语用失误指的是学习者在交际中出现的语用错误，如不恰当的言语行为、语用偏误等，这些错误可能导致交际不顺利，甚至引发误解或冲突。语用失误的原因复杂多样，可能与学习者对于英语文化和社交礼仪的了解不足有关。因此，教师可以通过引导学习者了解英语社交文化和交际习惯，帮助他们避免一些常见的语用失误。言语行为是另一个需要重视的方面。言语行为是指通过语言表达出来的特定目的和意图，如请求、承诺、道歉等。许多学习者在实际交际中可能存在言语行为不得体的问题，例如，在请求时过于直接或者在表达感谢时不够礼貌。教师可以通过示范和练习，让学习者

① 任伟，李思萦．二语语用习得国际研究热点及趋势［J］．外语教学，2018（4）：22.

熟悉不同言语行为的表达方式，培养他们在实际交际中选择适当的言语行为的能力。而话语标记语是指交际中的修辞手段，如插入语、修辞问句等。学习者在使用话语标记语时可能存在使用不当或者过度使用的问题。教师可以通过讲解和练习，帮助学习者理解不同话语标记语的功能和适用情境，使他们能够更自如地运用这些修辞手段。与此同时，语用能力培养是一个持续的过程，学习者在语用习得中需要不断地实践和反思。教师可以通过提供丰富的语用学习资源和实践机会，鼓励学习者积极参与交际活动，从而不断提高他们的语用能力。

三、对我国英语学习者的语用习得未来研究的展望

（一）语用能力界定与评测不断完善

近十年来，语用学研究的范围不断扩大，元语用学、变异语用学以及历史语用学相继兴起，深化了我们对语用能力的认识，同时随着语用学新兴研究领域的产生，语用能力的内涵日益丰富。[①] 在当前的实际情况下，我国英语学习者的语用习得领域的研究取得了一定的进展，但仍面临一些挑战和问题。其中一个关键问题是语用能力的界定与评测。研究英语学习者的语用习得首先需要明确“什么是语用能力”，但是在语用学领域，对于语用能力的定义并不统一。一些学者将语用能力视为学习者在实际交际中运用语言进行思考、表达和理解的能力，而另一些学者将其拓展为涵盖了语用知识、语用意识和语用策略等方面的综合能力。因此，未来的研究需要深入探讨不同学者对语用能力的理解，寻求一个更加明确和全面的定义。语用能力涉及多个方面，包括语用知识、语用意识、语用策略、言语行为等，未来的研究需要进一步挖掘和确定这些构成要素，并厘清它们之间的关系。这有助于人们更好地理解语用能力的本质，从而为语用能力的培养提供指导。在界定语用能力的同时，还需要对其进行恰当的评测。目前，文献中对中国学生语用能力的评测存在一些问题，包括调查问卷在信度和效度上的不足等。为了准确地评测学

① 张绍杰 . 近十年语用能力研究的前沿趋势［J］. 现代外语，2023（4）：564.

生的语用能力，需要引入语言测试和数据统计中的相关知识，设计符合现代统计学原理的调查问卷，并结合实际情况进行反复验证。只有这样，才能得出可靠的评测结果，为有效的语用能力培养措施提供支持。

为了进一步完善语用能力的界定与评测，有关人员可以借鉴国外的研究经验和成果。国外许多国家和地区的学者对语用能力的界定与评测都进行了深入的研究，有丰富的实践经验和有效的评测工具。可以借鉴他们的成果，结合国内实际，开展符合我国国情的语用能力研究。语用能力的研究涉及多个学科领域，包括语言学、心理学、教育学等。未来的研究可以加强不同学科之间的合作，使各学科专家共同探讨语用能力的本质、发展和评测，从而推动我国英语学习者的用语习得研究向更高水平发展。

（二）言语行为习得深入发展

有关调查结果显示，目前对中国学习者习得英语中的道歉、打招呼、接受、拒绝、恭维及其回应等言语行为的研究虽然有所涉及，但相关文章的数量仍然较少，并且在变量设计方面存在不足。另外，对于诸如会话修正、致谢、祝贺、建议、评价、许诺、劝慰、起誓、威胁等言语行为的研究几乎是空白的，需要进一步深入探讨。因此，未来的研究需要在言语行为习得方面更加深入。可借鉴 John Searle 对言语行为的五分法来设计研究方案，这一分类方法将言语行为按照不同类别进行划分，并从预备条件、命题内容条件、真诚条件、基本条件等方面考察其属性。人们可以通过这样的分类更加全面地了解中国英语学习者在不同言语行为方面的能力发展路径和特点，并且可以与英语本族语者的相应言语行为方式进行对比，以便发现差异和问题，并为教学提供针对性的建议。随着英语语言水平的提高，学习者在道歉、打招呼、接受、拒绝、恭维等方面的表现是否有明显的变化？在会话修正、致谢、祝贺、建议、评价、许诺、劝慰、起誓、威胁等言语行为方面，学习者的能力发展如何？这些问题都需要通过实证研究来进行深入探讨。研究者应进一步深入研究中国英语学习者在执行各类言语行为时的习得规律和特点，从而更好地理解中国英语学习者在言语行为方面的发展情况。

除了定量研究，定性研究也是深入发展言语行为习得研究的重要方法之一。通过深度访谈、观察和语篇分析等，可以更加全面地了解学习者在实际交际中的言语行为，并探讨其遇到的困难和挑战。定性研究可以为定量研究提供更深入的解释和支持，形成更完整的研究结果。立足跨文化交际的视角来深入研究言语行为习得，中国学生学习英语时面临着跨文化交际的挑战，他们需要了解不同文化背景下的言语行为差异和规范，以便更好地进行交际。未来的研究可以探讨中国学生在不同文化背景下的言语行为习得情况，进一步挖掘文化对于言语行为习得的影响，为跨文化交际教学提供参考。

（三）强化话语标记与研究

我国英语学习者的语用习得话语标记语方面的大部分研究仅停留在理论层面，着重描述标记语的定义、分类和功能等方面，而对于中国英语学习者习得话语标记语的情况了解较少。因此，未来的研究可以在以下三个方面取得突破，以进一步强化话语标记语的研究。首先，研究者需要关注中国英语学习者对特定常用话语标记语的习得情况，对其进行个案研究，深入分析学习者在习得这些常用话语标记语时存在的问题和困难，以及可能导致错误的因素，结合深入研究为教学提供针对性的指导，帮助学习者更加准确地掌握这些话语标记语，提高交际效果。其次，研究者还可以探讨诸如体裁、语言水平、母语、性别、年龄和教学等因素对话语标记语习得的影响，这些因素在学习者习得话语标记语时可能会使其学习效果产生差异，但目前相关研究还不够深入。横向比较研究能充分了解不同学生群体在习得话语标记语方面的差异和特点，从而为教学提供更加个性化的策略。例如，对于不同语言水平的学生，可以采用不同难度的话语标记语进行教学，以促进他们的习得。最后，研究者要关注我国英语学习者习得作为中介语组成部分的话语标记语的过程是否存在发展规律，中介语是学习者在学习一门外语时产生的过渡性语言系统，其中可能包含一些母语和目标语之间的混合元素。话语标记语作为中介语的重要组成部分，其习得过程可能与其他语言元素有所不同。因此，可以通过纵向追踪研究，了解学生在习得话语标记语方面的变化和发展规律，从而更好地理解中介语的习得过程。这有助于对学生的语言发展情况形成更加全面的认识，为中介语教学提供理论依据和实践指导。

（四）增加实证性研究

实证性研究作为一种科学严谨的研究方法，在英语学习者语用习得领域具有重要的应用价值。我国现有的英语学习者语用习得研究大部分都是理论性或思辨性的，因此，引入实证性研究方法，运用严格的实证调查来验证理论性研究成果，将是未来的一个重要方向。在我国，语用学与二语习得的交叉领域可以借鉴二语习得中的相关研究方法，如实验法、抽样调查法、观察法、个案研究法、语料库法等，用于语用习得的实证研究。这些方法具有很高的科学性和适用性，可以帮助研究者深入了解学习者在语用习得中的表现和问题，得到更客观、更准确的数据，从而提高研究的可信度和可靠性。未来的研究应当加强对实证性研究的重视，特别是引入二语习得中的相关研究方法，以提高研究的科学性和严谨性。纵深研究也应得到更多的关注，通过长期追踪学习者的语用习得过程，揭示其发展规律和特点，为教学提供更加有效的指导。

第二节　第二语言句法习得的制约因素

自 20 世纪 70 年代起，对二语习得的研究在句法习得层面呈现蓬勃发展之势，句法习得成为对研究者极具吸引力的领域。句法习得研究之所以备受关注，主要是因为其独特性：相比其他语言层面（如语音、词汇等），句法习得更有可能显示出第二语言学习者或特定群体的共同特征，从而为人们进一步认识语言习得的内部机制提供可能性。句法习得的研究建立在诸如生成语言学、功能语言学和认知心理学等基础理论之上，这些理论为人们解释语言习得过程和最终能力提供了重要的框架。三个学派，即生成语言学、功能语言学和认知心理学，在句法习得研究中都扮演着不可忽视的角色。虽然其视角不尽相同，但都着眼于探寻影响二语句法习得的限制或促成因素，旨在解释第二语言学习者句法习得的过程和结果。

一、生成语言学的观点

在二语习得研究领域，生成语言学家们主要关注狭义的句法，即研究支配单词和词组构成句子的规则。这种研究注重探究学习者的语言能力，即他们关于语言的默示知识，而不是具体语言运用的情况。Chomsky 在 1965 年对语言能力和语言运用进行了区分，将语言能力理解为理想化的说话人或听话人关于自己母语的知识，而语言运用则是这种知识在具体场合的应用。由于语言运用受到注意、记忆等非语言因素的影响，研究者必须对其进行抽象和理想化，以使之成为构建语言学理论的基础。生成语言学家关注的主要是句法能力，即学习者对句法规则的掌握。在探究人类语言能力时，研究者关注三个主要问题：语言知识由什么构成、语言知识是如何习得的以及语言知识是如何被运用的。虽然这些问题最初是针对母语习得而提出的，但在二语习得研究领域，研究者将这一框架应用到了第二语言习得的研究中，试图解决二语学习者语言知识的构成、习得和运用问题，认为二语习得的最终目标应该是研究学习者的语言能力。在二语习得的研究中，有一个重要的焦点是学习者是否能够具备本族语者的语言能力，即是否能像母语者一样流利地运用所学的第二语言。① 习得方式指的是第二语言是否在普遍语法的作用下习得，即学习者是否通过普遍的认知机制来掌握语言。

生成语言学是一种语言学理论，其关注的焦点是人类的认知在语言习得中的作用。根据生成语言学的观点，人类的大脑中存在一个专门负责语言习得的模块，这被称为语言习得模块。这一模块以普遍语法的形式存在。普遍语法是人类与生俱来的生理天赋，包含了适用于所有语言的原则和因语言而异的参数。儿童习得母语的过程主要是设定这些参数的过程，而二语习得的过程中普遍语法是否可及则存在争议。② 普遍语法是人类共有的语言知识，是存在于我们基因中的一种认知结构。普遍语法由一组原则和参数构成，原则

① 顾琦一．第二语言句法习得制约因素研究述评［J］．江南大学学报（人文社会科学版），2007（2）：92–95.

② 胡朋志．翻译能力的构成与习得：生成语言学视角［M］．杭州：浙江大学出版社，2018：137.

是适用于所有语言的普遍规律，而参数是决定不同语言之间差异的因素。儿童在学习母语时，通过设定参数来适应特定语言的语法规则，这一过程被称为参数设定。如果二语学习者的习得方式与本族语者相同，那么无论最终能否达到本族语者的能力，普遍语法都是可及的。这意味着二语学习者在习得第二语言时，也会通过设定参数来适应其语法规则。然而，如果二语学习者的习得方式与本族语者不同，那么他们则可能无法完全掌握普遍语法，导致其语言能力不能达到本族语者的水平。在这一问题上，研究者持不同观点。一些研究支持普遍语法在二语习得中的可及性，认为学习者在习得第二语言时会运用普遍语法的原则来调整其参数。然而，也有研究提出，由于二语习得过程与母语习得存在差异，学习者可能并不完全使用普遍语法来习得第二语言，而是更多地依赖语言输入和环境的影响。① 因此，对于二语习得与母语习得的制约因素是否相同这一问题，尚无定论。在未来的研究中，需要进一步深入探讨二语习得过程中普遍语法的可及性，同时考虑语言输入、环境以及个体差异等因素的影响，这将有助于人们更好地理解第二语言习得的本质，并为语言教学提供更科学的理论指导②。

对于普遍语法在二语习得中的可及性问题，学界存在三种主要观点。第一种观点认为，普遍语法在二语习得中是可及的。一些研究者发现，二语学习者在习得第二语言的过程中，会运用普遍语法的原则和参数来构造语法规则。他们认为，普遍语法是促成语言习得的基础，对于帮助学习者建立第二语言的语法结构起着积极作用。第二种观点认为，普遍语法在二语习得中是间接可及的，意味着普遍语法在二语习得中依赖于学习者已有的母语知识，学习者以此为媒介习得第二语言。学习者在习得第二语言时，受到普遍语法和母语双重影响。当第二语言的参数值与母语不同时，学习者可能会出现错误或僵化的现象，导致普遍语法只能部分发挥作用。第三种观点认为，普遍

① 胡朋志．翻译能力的构成与习得：生成语言学视角［M］．杭州：浙江大学出版社，2018：143.

② 胡朋志．翻译能力的构成与习得：生成语言学视角［M］．杭州：浙江大学出版社，2018：137.

语法在二语习得中是不可及的。研究者发现，由于两种语言之间的差异，二语学习者可能无法准确识别出某些语法规则，特别是涉及普遍语法的领域，所以得出结论认为普遍语法在二语习得中是不可及的。在这三种观点中，争论的焦点主要在于普遍语法在二语习得中到底是直接可及、间接可及还是不可及，涉及学习者对于普遍语法的使用方式以及普遍语法在习得第二语言的过程中所起的具体作用。未来的研究可以通过更加精细的实验设计和数据分析来探讨这一问题，例如，可以开展更多针对不同语言的二语习得实验，比较学习者在不同条件下对于普遍语法的运用情况，并且可以借助现代技术手段，如脑成像等，深入研究普遍语法在语言习得过程中的神经机制。

普遍语法在第二语言习得研究中引发不同看法的主要原因有两方面。一是在于普遍语法本身是关于第一语言习得的理论设想。由于第一语言习得和第二语言习得在学习者心理认知层面存在差异，因此将普遍语法直接应用于二语习得研究需要更多的验证和证实，虽然已有一些研究支持普遍语法在二语习得中的可及性，但仍需要进一步的实证研究来证实其适用性。二是习得方式是无法直接观察或考察的，而且语言能力只能通过语言运用来推测。生成语言学并未明确阐述如何将语言能力与语言运用联系起来，这使得从二语学习者的语言运用推测其语言能力的程度和可靠性受到研究者主观假设的影响。这也导致了研究设计和结果解释存在较强的主观色彩。因此，在推测普遍语法是否作用于二语句法习得时，其可靠性值得商榷。

二、功能语言学的观点

功能语言学与生成语言学的句法研究有着不同的取向。在功能语言学中，句法被定义为广义的、宏观的句法，强调句法形式与其功能之间的紧密联系。[①] 句法形式不能脱离其功能，而句子在整个语言体系中的意义和功能也是其关注的重点。[②] 因此，功能语言学所关心的句法问题不仅包括形式上的规则，还涉及句法形式所编码的语义和语用功能，以及功能如何映射到句法形

① 彭宣维，王勇. 功能语言学［M］. 上海：上海外语教育出版社，2019：26.

② 王铭玉，于鑫. 功能语言学［M］. 上海：上海外语教育出版社，2007：10.

式的规则。在功能语言学视角下进行的二语习得研究认为，学习第二语言的过程是多种因素共同作用的结果，其中包括语篇、句法、语义等，因此不能脱离句子出现的语境来研究二语句法。[①]功能语言学的研究将语义、句法、语篇和语用功能统一起来，为研究二语句法发展提供了一个更广泛的视角和平台。[②]在功能语言学视角下，研究二语句法发展往往关注形式和功能的相互影响，寻找二语句法发展中制约句法形式向功能映射的原则。这类研究探究语法形式如何在语境中承担不同的功能，以及学习者在掌握语法规则的过程中如何将其运用于实际交际中。通过对学习者的语用能力进行研究，功能语言学能够更好地解释学习者如何逐步掌握语法规则，并在真实语境中灵活运用。功能语言学的研究方法强调对真实语言使用情境的观察和分析，例如通过语料库分析和实地调查等方式收集语言数据。[③]这使得研究能够更加贴近实际语言使用情况，深入了解学习者在不同语境下的语言习得过程。功能语言学的研究还可以与其他学科领域相结合，如心理学、社会学等，以探索语法习得背后的认知和社会因素。

功能语言学与生成语言学的二语句法研究在方法和关注点上存在明显差异，功能语言学的二语句法研究更加注重描述二语学习者的语言运用现象，并更关注语言习得过程。在功能语言学的视角下，研究者认为语言知识具有句法和语用两种独立的形式。学习者可能掌握句法结构，但并不能保证在正确的场合使用正确的形式，学习者可能会根据语境的要求灵活地调整语言表达方式。这种观点与人们对二语习得的直觉相符，因为在真实的交际过程中，语境往往会对语言表达产生重要影响。功能语言学的二语句法研究通过揭示句法形式和功能之间的相互影响，以及语用模式和句法模式之间的转变，为人们更全面地了解二语习得过程提供了一种新的路径。这种研究方法强调将语法规则置于真实交际情境中考察，以更好地理解学习者如何在不同语境下

---

① 朱永生，严世清 . 系统功能语言学再思考［M］. 上海：复旦大学出版社，2011：1.

② 张德禄 . 系统功能语言学与外语教育研究［M］. 上海：上海外语教育出版社，2020：213.

③ 朱永生，严世清，苗兴伟 . 功能语言学导论［M］. 上海：上海外语教育出版社，2004：197.

运用语言。通过不断深入观察学习者在交际中的表现，功能语言学的研究为人们揭示了语言习得过程中形式与功能之间的复杂关系，为二语习得理论的发展提供了有益的启示①。

Huebner 的跟踪调查是功能语言学在二语句法研究领域的重要贡献之一。在这项历时 12 个月的调查中，Huebner 考察了一个母语为洪族语的成人学习英语的过程，着重关注了系动词、定冠词以及主语和宾语代词方面的形式—功能映射。研究结果表明，二语学习者首先习得句法形式，然后逐步习得这些形式的正确功能。这表明学习者将功能信息和形式信息结合在一起，逐渐实现了形式—功能映射的过程。类似的研究还有 Pfaff 关于母语为土耳其语的青少年德语学习者对代词和冠词习得的研究。Pfaff 的研究也发现，在学习过程中，学习者对于语篇功能的发展（如已知信息和新信息，首次提及和再次提及等）先于句法功能的发展（如格标记）。Polio 的研究则关注母语为英语和日语的汉语学习者，发现所有的二语学习者在决定是否使用代词时似乎都遵循了先句法后语义、语篇的路径。由此可见，学习者在学习过程中首先关注句法形式，然后再逐渐考虑语义和语篇功能。这些研究均强调了语篇、句法和语义等因素对于句法习得的重要影响。功能语言学的研究方法更关注学习者在真实交际情境中的语言运用，因此能够更全面地了解学习者是如何逐步习得语言的。

功能语言学家们的研究不仅关注语言运用的描述，并且更加深入地探寻了二语句法发展中制约句法形式向功能映射的因素。欧洲科学基金项目中的二语习得研究者开展了大规模的跨语言研究，旨在揭示学习者在语言习得过程中的内部结构和语言变体的过渡是如何影响句法发展的。该项目的假设是，学习者的中介语（或学习者语言变体）在特定阶段的内部结构是有系统性的，而从一个语言变体到另一个语言变体的过渡也是有系统性的。研究者将学习者语言变体分为名词性话语结构、非限定性话语结构和限定性话语结构三类，通过对历时两年半搜集到的语料进行分析，他们发现语用制约和语义制约的

① 胡朋志．翻译能力的构成与习得：生成语言学视角［M］．杭州：浙江大学出版社，2018：143.

相互作用决定了学习者话语的形式。Klein 和 Perdue 的研究成果表明，不同制约之间的矛盾是推动学习者向目标语发展的驱动力。这表明学习者在句法习得过程中面临多个制约因素，并且这些因素之间可能存在相互影响和冲突。这种综合性的研究方法为我们更全面地了解句法习得过程提供了重要的线索。然而，虽然功能语言学在揭示句法发展的形式和功能关系方面有着独特的优势，但由于该理论框架包含了太多的因素，可能使得社会、认知领域的非语言现象也被纳入研究范围。因此，在功能语言学的研究中可能较少关注社会因素和认知因素对于句法习得的制约作用，这为其他研究方法提供了补充和拓展的可能性。

在当代二语习得研究中，了解句法习得的内部机制是一个复杂而关键的任务。为了更全面地认识句法习得的过程，研究者采用了多种不同的研究方法，并通过相互结合来深入研究这一问题。其中，功能语言学作为一种综合性和系统性的理论，为研究者提供了重要的理论基础，而其他研究方法则有助于人们更准确地理解社会和认知因素在句法习得中的作用。立足于多元的研究视角，人们可以不断拓展对于二语句法习得的认识，并为二语教学提供更为有效的指导和策略。功能语言学强调语言的使用和交际功能，关注语言与社会和认知活动之间的相互关系。在句法习得方面，功能语言学提供了重要的理论支持，帮助研究者理解语法结构是如何为交际目的服务的。功能语言学认为语法是为了实现交际功能而存在的，学习者在语言习得过程中会根据交际需要逐渐掌握语法规则。功能语言学的研究可以令人们更好地了解学习者在句法习得中是如何逐步将语法规则应用于实际交际中的。除了功能语言学，其他研究方法也为句法习得的深入研究提供了宝贵的视角。例如，认知语言学研究了学习者在句法习得过程中的认知过程，包括注意、记忆、推理等。通过认知语言学的研究，人们可以了解学习者是如何在接触大量语言输入的基础上，通过认知加工来理解和运用语法规则的。社会语言学关注语言使用的社会和文化背景，研究语言在社会环境中的变化和演变。人们通过对社会语言学的研究，可以了解社会和文化因素对于句法习得的影响，以及不同语言环境下学习者的句法习得特点。

综合考虑这些不同的研究方法，人们可以更好地认识句法习得的复杂性。句法习得是一个综合性的过程，受到多种因素的影响，包括形式、功能、社会和认知等方面的因素。学习者在习得句法结构时不仅需要掌握形式和功能，还需要考虑社会交际的需求以及个体的认知加工过程。在教学中，教师应该综合考虑这些因素，为学习者提供多样化的语言输入和实践机会，帮助他们在真实语境中不断拓展句法习得的范围和提高能力。在二语句法习得的研究中，研究者还可以采用纵向和横向的研究设计，以更全面地了解学习者在句法习得过程中的变化和发展。纵向研究可以追踪学习者在不同阶段的句法习得情况，揭示学习者在不同时间点上的句法习得特点。而横向研究可以比较不同学习者之间的句法习得差异，帮助我们了解不同学习者在句法习得过程中的个体差异和学习策略。

三、认知心理学的观点

在语言习得研究中，建构主义和联结主义这两种认知心理学观点对生成语言学理论提出了挑战。这些观点认为，语言习得并不是一种特殊的过程，而是与一般性知识和技能习得相似的认知过程。学习者在语言习得中采用验证假设、概括、类比等认知方法，这与其他认知技能的习得方式相似。因此，许多主张从认知角度研究语言发展的学者认为，语言学所描述的语言规则并不等同于学习者的心理解释，也不能简单地推断出认知体系受到相同的语言规则支配。在这一认知观点中，二语习得被看作学习者习得第二语言的认知过程，受制约的因素主要是学习者的认知因素。这些学者认为，语言习得是一种复杂的认知技能习得，与其他认知技能的习得过程是相似的。语言习得的特殊性在于其内容，而不是习得的机制。人类天生具有习得机制，这些机制由基因决定，而不是像原则和参数等特定语言规则那样的内容。习得机制与表现出的行为之间并非总是呈线性关系，微小的机制变化可能会对行为中的变化产生巨大影响。因此，导致行为变化的原因是多样的，并且可能发生在行为变化显现很久之前。发展是一个浮现的过程，意味着习得的变化是逐渐显现出来的，而非突然出现。

在二语句法习得领域，认知心理学研究关注的是更广义的句法，而不是局限于传统的句法规则，并且试图回答一系列问题，例如，二语学习者是如何习得第二语言的句法结构的，语言输入是如何被加工和融合到学习者已有的语言知识结构中的，以及影响二语句法习得的因素是什么。这里值得注意的是，研究者对句法能力的理解不同于传统观点。传统句法能力是指关于语言结构规则的知识，而从认知心理学角度来看，句法能力是描述、存储和获取这些规则的方法。这些研究强调二语习得涉及知识的表征和提取。学习者对语言知识的表征结构会影响他们使用第二语言的能力，举例来说，一些研究显示，形态句法规则的学习类似于特定技能的学习，其学习曲线与其他认知技能习得曲线相似，随着时间推移而逐步发展。这些研究也强调了学习者的加工能力受到短期记忆量和记忆储存加工量的限制。因此，对语言形式的注意、记忆和意识等认知心理因素在二语句法习得中起着重要的制约作用。近年来，对认知心理因素的研究受到越来越多的关注。研究者意识到在理解二语习得过程中，认知心理因素扮演着至关重要的角色。学习者如何处理和加工第二语言输入，以及如何将其与已有的语言知识结合起来，是值得深入研究的问题，且学习者的注意、记忆和意识等认知能力也对二语句法习得产生重要影响。对这些认知心理因素的深入理解有助于教师更好地改进二语教学，从而找到更加有效的教学方法。

学习者二语习得过程受到诸多因素影响，从心理学角度来看，这些因素可分为学习者的个体生理差异因素、个体心理差异因素及个体情感差异因素三个方面。[①] 在二语习得研究中，注意、记忆、推理、概括等认知因素确实是必备的条件，但并不足以解释整个习得过程。Penemann 的研究结果显示，习得过程并不会因为语言输入加工或学习者的认知心理因素不同而改变。即使某个结构以隐性或显性的方法被提前引入学习过程，学习者仍然会遵循自然习得顺序，不能有效地习得被提前引入的结构。这推动了可教性假设的提出，即语言形式教学和自然习得过程由相同的制约因素决定。二语句法习得受到

① 欧阳偶春，雷淑华．外语教学新思路——心理语言学视角［M］．长沙：中南大学出版社，2021：55.

语言和非语言因素的共同制约，这些非语言因素包括认知心理因素，但最终起作用的是二语学习者内部的认知机制。因此，二语习得研究需要解决的根本问题是，在这些因素的共同作用下，学习者的内部机制如何发挥作用。这也意味着人们不能简单地将语言习得视为单一的认知过程，而是要将其置于更广泛的认知背景下来探究，学习者的个体差异、学习策略、学习环境等因素也会对习得过程产生影响。因此，二语习得研究需要综合考虑这些复杂的因素，以全面理解学习者在习得语言形式和规则时的内部认知机制。此外，还应该意识到语言教学的可教性是受到限制的，虽然教学可以提供输入和指导，但习得过程本身可能受到学习者内部认知机制的制约。这并不意味着教学的重要性被削弱，而是表明教学和习得是相互作用的过程。教学可以提供学习所需的资源和环境，促进学习者更好地理解和掌握语言形式和规则。在未来的二语习得研究中，应该继续深入探究语言习得的内部认知机制，尤其是在语言和非语言因素的相互作用下，学习者是如何形成语言规则和结构的，还应该关注教学的有效性，探索更好地帮助学习者习得第二语言的教学策略。

第三节　语言习得的自然发生论分析

先天论与经验论是心理学与认知科学中长期存在的矛盾观点，而在语言习得研究领域，这种矛盾表现为先天禀赋与后天培养之争。现代语言习得研究逐渐趋向于自然发生论这一观点，认为语言习得是先天遗传因素与后天环境因素相互影响的结果。先天论，以转换生成语法为代表，主张人类大脑中具有专门的语言习得机制（LAD），认为语言是人类天生具备的能力。这一观点认为，人类具有一种与生俱来的语言结构，它存在于人们的基因中，使得人们能够在接触到语言的输入时迅速地习得并掌握语言规则。与之相对的是经验论，以行为主义为代表，认为语言习得不过是长期依赖环境而形成的一套习惯，并无复杂的内在机制。这一观点强调了语言习得过程中的环境和外部刺激对于行为的塑造作用。自然发生论为我们将对大脑的日益加深的认识与认知科学的新理论和计算机模拟的新工具更好地联系起来提供了一个在概念方面坚实的方法，这一理论也能使我们将传统的先验论和经验论的对立融入一个新的详尽的研究规划。①

然而，长期以来的研究表明，语言习得并不是简单的先天或后天因素的作用，而是二者相互影响的结果。自然发生论兴起于这一背景下，强调先天遗传因素与后天环境因素的相互作用。自然发生论认为，语言习得是一个复杂的、动态的过程，受到遗传因素和环境因素的共同制约。在语言习得中，先天因素确实起着重要的作用，如大脑的语言习得机制和基本的语言结构规律。而后天的环境因素同样重要，包括语言输入的丰富性、社交互动、教学等，这些环境因素促使学习者通过与他人的交流和实践逐步掌握语言的规则和结构。学习者个体差异也影响着语言习得的过程。每个人的学习经历和认知能力都不同，这使得习得的过程具有多样性和动态性。因此，理解语言习得实现的过程需要从多个维度考虑，不能简单地归结为先天或后天因素的作用。

一、自然发生论的理论基础

自然发生论，作为混沌、复杂理论的基础，在语言习得研究中也产生了深远的影响。传统的线性简化论在语言习得研究中曾主导了许多年，认为语言习得是通过简单的输入—输出关系和刺激—反应机制来实现的。然而，混沌、复杂理论的兴起动摇了这一观点，提醒人们语言习得是一个高度复杂、非线性的过程，受到多种因素的相互影响。混沌、复杂理论指出，语言习得是一个动态的过程，而非简单的输入—输出过程。语言学习者所面对的是复杂的非线性系统，其中存在着无序现象，意味着语言学习者所面对的语言输入和学习过程并不是线性的，而是受到多种因素的交互作用。

（一）强调整体性与相互影响

混沌、复杂理论在语言习得研究中的重要性不仅在于它打破了传统线性简化论的局限，更在于它为人们提供了一种全新的理论视角，让人们更好地

① 乐眉云．自然发生论：语言习得新理论［J］．外语研究，2003（4）：68.

理解语言习得的本质和复杂性。语言习得作为一个复杂的非线性过程，涉及众多因素的相互作用。语言学习者本身的认知机制和学习能力对于语言习得起着至关重要的作用。不同的学习者在认知和学习风格上存在差异，这会导致他们对语言形式和规则的理解和掌握有所不同。一些学习者可能更加注重细节，善于记忆和运用规则，而另一些学习者可能更注重整体把握，善于归纳和推理。个体差异决定了学习者在语言习得过程中的学习路径和速度。语言习得过程中的输入和环境对于学习者的语言发展也有着深远的影响。学习者通过不断接触和使用语言，从外部输入中获取语言知识并逐步加以吸收和运用，输入的质量和多样性决定了学习者对于语言形式和规则的认知深度。例如，与母语者进行真实交流，可以使学习者接触到丰富的语言用法和语境，从而更好地理解语言的含义和用法，而单调和有限的语言输入可能导致学习者对于语言的掌握和运用存在一定的限制。另外，社会文化因素也是影响语言习得的重要因素之一，不同的文化背景和社会环境对于语言的使用和理解有着显著的影响。例如，在一些文化中，礼貌用语和语用规则非常重要，而在其他文化中则可能更加强调直接和坦率的表达。学习者需要在不同文化语境中适应和运用语言，这对他们的语言习得过程提出了新的挑战。

混沌、复杂理论的一个重要特点是强调整体性，在语言习得中不能仅仅关注单个语言元素的学习，而需要将其放在整个语言系统的背景下进行理解。语言是一个动态和复杂的系统，各个语言成分之间相互联系，彼此影响。学习者在习得语法、词汇、语义等方面都面临着复杂的挑战，这些方面相互交织、相互影响。教师只有在整体的语言系统中理解学习者的发展，才能更好地指导语言教学实践，帮助学习者形成更加完整和有效的语言能力。

（二）强调语言习得的过程性与动态性

混沌、复杂理论强调的语言习得的过程性和动态性为人们理解语言习得的发展提供了更深入的视角。语言习得并不是静态的，而是一个逐步演化的过程，需要学习者不断积累经验和知识。语言习得的过程性体现出了学习者的语言能力是逐步发展的。在语言习得的早期阶段，学习者通常会通过模仿和重复来掌握基本的词汇和语法规则。随着时间的推移，他们会逐渐积累更多的语言输入和经验，逐步提升和深化自己的语言能力。这个过程是渐进的，学习者在不同阶段会面临不同的学习挑战和难点。语言习得的动态性意味着学习者的语言能力是在不断变化和调整的。学习者在习得语言的过程中会不断运用和调整自己的语言知识和技能，会通过试错和反思来纠正自己的语言错误，并逐渐形成更加准确和流利的语言表达。这种动态的过程需要学习者具备自主学习的能力，能够主动反思和调整自己的学习策略。另外，语言习得的过程性和动态性还意味着学习者在不同语言环境中会表现出不同的语言能力。语言习得是受到外部输入和环境影响的，学习者在不同的语言环境中会接触到不同的语言输入，从而形成不同的语言表达能力。比如学习者在母语使用的社会环境中可能表现出更加流利和自然的语言能力，而在非母语环境中可能会受到一定的限制。

在混沌、复杂理论的框架下，可通过长期的研究来追踪和了解学习者的语言习得过程。这种纵向的研究可以帮助人们揭示语言习得的动态变化和发展趋势。同时可以通过横向的研究来比较不同学习者在不同阶段的语言能力，以及在不同语言环境中的语言表现差异。混沌、复杂理论还提示人们要关注语言习得中的非线性变化。学习者在语言习得过程中并不是简单地按照线性的学习路径来掌握语言知识，相反，他们可能会出现阶段性的跃迁和突破，从而在短时间内取得较大的进步。这种非线性的变化可能受到多种因素的相互作用和影响，比如学习者的个体差异、语言输入的质量和多样性等。

（三）强调语言习得的多样性与个体差异

混沌、复杂理论为人们提供了一种理解语言习得的多样性和个体差异的新视角。在传统的线性简化论中，语言学习被视为一个单一的、统一的过程，而学习者被认为是相似的，他们应该按照相同的模式和步骤来学习语言。然而，混沌、复杂理论的兴起提醒人们，语言习得是一个高度个体化的过程，每个学习者都是独特的，受到各种不同因素的影响。学习者的个体差异在语言习得中起着重要作用。每个人都具有不同的认知和学习风格，以及不同的学习策略，这些个体差异会影响学习者对于语言输入的处理方式和学习效果。例如，一些学习者可能更倾向于通过记忆和重复来学习语言，而另一些学习者可能更倾向于通过归纳和推理来学习。而个体差异决定了学习者在语言习得过程中所采取的学习路径和方法，也影响了他们的学习效果。学习者的语言背景和经验也会导致语言习得的多样性。不同的学习者可能来自不同的语言背景，他们在习得目标语言时可能会受到母语的影响。有些语言之间存在相似性，学习者可能会借鉴自己的母语知识来学习目标语言。而对于那些母语与目标语差异较大的学习者而言，则可能需要更多的时间和付出来适应和掌握目标语的语言规则和表达方式。学习者在语言习得过程中所处的语言环境也是产生多样性的重要因素。不同的学习者可能处于不同的语言环境中，接触到的语言输入和语言使用机会也会有所不同。在母语使用的社会环境中，学习者可能更容易接触到丰富和自然的语言输入，而在非母语使用的环境中，他们可能需要更多的机会来练习和运用目标语言。语言环境的差异会影响学习者对于目标语言的理解和掌握程度。

混沌、复杂理论的视角提醒人们，要认识到语言习得的多样性和个体差异，并在语言教学实践中予以充分的重视。不能简单地将所有学习者视为相同的，而是要理解每个学习者的独特需求和特点。在教学过程中，教师应该灵活运用不同的教学策略，以满足不同学习者的需求，并且鼓励学习者主动参与和探索，在实际语言使用中不断调整和提高自己的语言技能。为了更好地理解语言习得的多样性和个体差异，可以采用多种研究方法来进行深入的探究。定量研究可以通过收集大量的语言数据和统计分析来揭示不同学习者的语言发展轨迹和差异，定性研究则可以通过深入的访谈和观察来理解学习者在语言习得过程中的思考和反思。此外，还可以借助先进的技术和工具来跟踪学习者在语言使用中的动态变化，比如眼动追踪技术、脑成像技术等，从而帮助人们更加准确地捕捉学习者在语言习得过程中的认知和神经活动，深入了解不同学习者之间的个体差异和习得路径。

对于教育实践来说，混沌、复杂理论的应用也提供了重要的启示。在教学设计中，可以采用多样性的教学方法和资源，为学习者提供更加个性化和灵活的学习体验；鼓励学习者主动参与和探索，培养他们的自主学习能力和批判性思维能力；构建积极的学习环境，为学习者提供充足的语言输入和实践机会，帮助他们更好地应对语言习得中的挑战。对于语言教师来说，了解混沌、复杂理论对于教学实践也极具意义。教师需要认识到学习者的个体差异，关注学习者的学习需求和学习进展，根据不同学习者的特点和需求来调整教学策略；提供丰富的学习资源和活动，激发学习者的学习兴趣和动力，促进他们在语言习得中积极参与和发展。

二、自然发生论的基本要义

（一）自然发生论的核心主张

自然发生论最初源自机械唯物哲学，关注事物整体与局部之间的关系。根据这一理论，事物的整体是比构成它的各部分之和更为复杂和独特的产物。这一观点在 20 世纪初受到了一些哲学家和科学家的关注和探讨，其中，“自然发生”被深入研究。“自然发生”的核心是事物在从原子、分子、化合物，再到有机体，直至人类的进化过程中，每向上一步发展都会因为新的关系或一系列的关系而出现一个新的实体。这些新的关系具有新颖性，人们在它们出现之前往往无法预测其本质。自然发生论强调事物的复杂性和独特性，告诉人们事物的整体不是各个组成部分的简单堆砌，而是由于新的关系产生而呈现出更高级、更复杂的形态。整体性的观点引发了人们对于自然界中各种现象和现实的深刻思考。在生物学领域，可以看到许多生物体的复杂结构和功能，这些结构和功能的形成往往是由于生物体内部各个部分之间的相互作用和调节。同样地，在语言学领域，语言也被视为一种复杂的系统，其形成和发展也是由于各种语言元素之间的相互交织和作用。

在语言习得的研究中，自然发生论也提供了有益的启示。语言习得是一个高度复杂的过程，涉及多种因素的相互作用。学习者在语言习得过程中面对着丰富多样的语言输入和多样化的学习体验，他们通过与环境和他人的互动，逐渐形成对语言的理解和运用能力。这一过程是动态的、不断变化的，每个学习者的习得路径都是独特的。在深入探讨自然发生论的基础上，可以进一步将其应用于语言习得研究中。对学习者在语言习得过程中的实际表现进行观察和记录，了解他们是如何逐步发展出对语言的掌握和运用能力的，进而能够更好地理解语言习得的动态特征和变化规律。还可以通过对不同学习者的习得路径进行比较和分析，来探讨个体差异在语言习得中的作用。不同学习者在语言习得过程中可能受到不同因素的影响，具有不同的学习曲线和学习策略。因此，需要考虑个体差异对语言习得的影响，并针对不同学习者的需求来制定个性化的教学策略。此外，还可以将自然发生论与其他相关理论相结合，形成更为综合和全面的研究视角。综合运用不同的理论和方法，可以帮助我们更全面地认识语言习得的复杂性和多样性，从而促进语言习得研究的发展。

在教学实践中，自然发生论的应用也具有重要的意义。教师可以通过创造丰富多样的学习环境和教学资源，鼓励学习者在实践中主动探索和学习，培养他们的自主学习能力和创新思维。教师应关注学习者的个体差异，掌握其在语言习得过程中的发展和需求，灵活调整教学策略，以提供更有针对性的支持和指导。

引入自然发生论来研究语言习得是近几年来认知心理学领域的一项重要进展。传统上，语言习得的研究受到行为主义的经验论和转换生成派的天生论的影响。经验论认为语言习得是个体通过长期暴露于语言环境中逐渐形成一套习惯，而天生论则强调人类大脑中存在着特定的语言习得机制，即所谓的语言习得器。

然而，一些学者对这两种观点表示不满，他们支持连通论对语言习得的解释。连通论认为语言习得既不是完全天生赋予的，也不是完全后天学习的，而是一个相对简单的学习机制在接触大量复杂环境后自然发生的结果。这一观点强调了语言习得过程中内外因素的相互影响，提出了一种新的概念框架，用机械论术语来描述生物过程和环境过程相互作用的机制，解释它们之间的相互影响。在这一新的研究视角下，学者试图建立一种避免明确规定神经中枢特定电路图的模式，而是着重阐述语言习得中内外因素相互作用的自然发生观。他们认为语言习得并非先天规定的固定模式或经验的简单复制，而是通过与复杂环境的相互作用和影响而产生的动态过程。学者关注各种内部和外部因素如何相互作用以促成语言习得的过程，语言习得被看作一个相对简单的学习机制在复杂环境下的自然发生结果。这样的视角将学习者置于一个动态和开放的系统中，强调了学习者对环境的敏感性和主动性。

在研究语言习得时，学者使用新的概念框架来描述语言习得的过程。他们关注语言习得中的多样性和个体差异，并试图理解学习者在不同情境下如何运用学习机制进行语言习得。这种研究方法帮助人们更好地理解语言习得的复杂性和多样性，认识到每个学习者在语言习得中的独特之处。此外，自然发生论的应用还为教学实践提供了新的思路，教师可创造多样化和复杂化的学习环境，激发学习者的学习兴趣和动机，也可关注学习者在学习过程中的主动性和创造性，鼓励他们在实践中进行语言探索和实践。结合这样的教学方法，学习者有机会更深入地理解语言的复杂性和实际运用方式，从而促进语言习得的发展。

（二）自然发生论与先天论

自然发生论作为一种新兴的研究语言习得的理论，在学术界引发了不同的观点和讨论，不同的学者对自然发生论持有不同的看法与理解。一些学者将其视为联想主义的现代翻版，认为其与传统联想主义并无本质区别，并对其进行批判；而另一些学者则认为自然发生论对语言习得的解释更为强大，对其表示赞赏和支持。在自然发生论的阵营内部，也可以进一步细分为先天自然发生论者与经验自然发生论者。先天自然发生论者认为人类大脑内存在着一套普遍语法，其中包括一系列原则与参数，构成了人类习得语言的基本规律。这套普遍语法对语言规则的描写非常详尽。先天自然发生论者认为当婴儿出生后，只需微量的语言输入，普遍原则就会被激活，相应的参数会被设定。因此，儿童在出生后的几年内可以毫不费力地习得母语。与先天自然发生论者相对立的是经验自然发生论者，他们认为语言习得并非依赖于先天的普遍语法，而是通过与复杂环境的相互作用和经验积累而产生的。在这种观点下，语言习得是一个相对简单的学习机制在特定环境中的自然发生结果。经验自然发生论者强调语言习得中学习者的主动性和动态性，认为语言习得是一个逐步演化的过程，需要时间和经验的积累。

在自然发生论的讨论中，是否承认普遍语法的存在成为先天论与经验论的分水岭。先天论者坚信普遍语法的存在，并认为它是语言习得的关键因素；而经验论者则对普遍语法的存在持怀疑态度，他们更注重语言习得中学习者与环境的相互作用和个体差异。无论是先天论还是经验论，自然发生论都提供了新的研究视角和理论框架，为语言习得研究带来了全新的维度。它强调语言习得是一个动态的、复杂的过程，受到多种因素的相互影响。这一理论为人们更好地理解语言习得的多样性和个体差异提供了可能。自然发生论也为教学实践提供了新的思路，帮助教师更好地设计教学环境和教学策略，促进学习者的语言发展。

自然发生论对于语言习得的解释与先前的理论有着显著的差异，其否认了普遍语法的存在，认为语言习得是大脑内语言习得机制与后天环境交互作用的结果。与传统的先天论相比，自然发生论更加注重语言习得与环境之间的相互影响，并认为语言习得机制并非特定区域的、专门为语言演化的自动机制，而是可能为达到人类社会文化许多不同目的而演化产生的。在自然发生论的视角下，语言表征的形成是一个从大脑到社会各个层面的交互作用的过程。当人类大脑接触作为社会环境一部分的语言材料时，简单的学习机制在感知、肌肉运动与认知各个系统内部及之间运行，从而促成了复杂语言表征的发生。此种交互作用不是简单的黑色与白色形成灰色的混合，而是黑色与白色混合产生了全新的不同东西的自然发生，于无形中反映出语言习得不是一个线性的、静态的过程，而是一个动态的、复杂的过程，涉及多个层面的相互作用。自然发生论的观点强调了语言习得的多样性和个体差异，个体差异可能是大脑的生物学特性、学习环境、语言输入的多样性等因素所致。因此，在研究语言习得时，不能简单地套用统一的模式，而应该关注学习者个体的差异，理解他们在不同阶段的发展过程。自然发生论的出现为语言习得研究提供了新的理论框架和研究视角，强调了语言习得的动态性、整体性和相互影响，突破了传统线性简化论的局限。自然发生论深入研究语言习得机制与环境的相互作用，为人们更好地理解语言习得的本质和机制提供了可能，也为语言习得的教学实践提供了新的思路和方法。教师可以更加关注学习者个体的需求和差异，为他们提供更加有效、个性化的语言学习环境和指导。

语言习得的先天论强调语言能力的先天性，试图以具有先天语言普遍性的语言规则系统来解释儿童语言习得的过程，其最大贡献在于使人们开始关注儿童语言发展的生理和心理基础，根本改变了人们对儿童语言学习方式的理解。[①]

先天论对语言单位之间关系的描述非常详尽，强调了语言习得中普遍语法的重要性。自然发生论者在这一点上也与先天论达成共识，承认语言单位之间的关系，但他们对普遍语法是否能够完全解释语言习得表示怀疑。自然发生论者强调感知和视角定型在语言习得中的作用，认为语言习得是一个动态的过程，受外界因素影响较大，研究语言习得时不能忽视学习者的躯体、大脑与社会环境，这些因素与语言习得有着密切关联。先天论与自然发生论在对人类大脑中语言习得机制的看法上存在明显分歧。先天论者认为，婴儿之所以可以毫不费力地习得母语，是因为人类大脑中存在高度专门化的模块，这些模块负责语言习得。然而，自然发生论者否认了人类大脑中存在专门的语言习得模块，认为语言习得与人类的一般认知发展密切相关。一些学者甚至将自然发生论与认知的领域一般性（domain generality）等同起来，他们认为语言习得不是受限于特定的模块，而是与其他认知过程有着紧密联系。这两种观点的比较显示了先天论和自然发生论在语言习得研究中的分歧和争议。先天论侧重于语言规则和习得机制，着重研究语言习得的终结状态，强调普遍语法的存在和作用；与之相反，自然发生论强调外界因素对语言习得的影响，关注语言习得的过程，认为大脑、躯体和社会环境是不可忽视的因素。虽然这两种理论有所不同，但它们都为语言习得研究提供了有价值的视角，丰富了人们对语言习得的认识。然而，要全面理解语言习得的本质，可能需要更加综合和整合的方法。考虑到先天论和自然发生论的优势与局限性，未来的研究可以尝试将这两种理论结合起来，形成更为完整和综合的理论框架。

---

① 高立群 . 儿童语言习得的经验论和先天论［J］. 中国听力语言康复科学杂志，2019（2）：156.

在这一综合框架下，可以深入研究大脑内部机制与外界环境之间的相互作用，以及感知、躯体和社会环境对语言习得的影响，也需要考虑个体差异和多样性，因为每个语言学习者都是独特的，其语言习得过程可能会受到不同因素的影响。

在自然发生论的框架下，除了强调语言习得与外界因素的相互作用和语言习得过程的动态性外，还需要考虑两个附加成分：机制与生成性。这些成分是理解语言习得的关键，使人们能够更好地解释语言习得的复杂性和多样性。自然发生论强调必须有一种机制来解释语言习得过程中可观察到的行为模式，这种机制是大脑内部和外部环境相互作用的结果，通过相互作用，语言学习者逐渐掌握语言的不同方面。这种机制并不依赖于特定的规则或模块，而是一种更加灵活和适应性强的学习方式，甚至是一种通用的认知机制，涉及感知、记忆、注意等各个认知过程，并在语言习得过程中发挥作用。自然发生论的生成性并不是从特定的规则或模块中产生，而是从一般机制的交互影响中自然发生。可见，语言习得不是通过简单的输入—输出关系和刺激—反应机制来实现的，而是一个复杂的、非线性的过程，其中涉及多种因素的相互影响，包括语言学习者的个体差异、外部环境的影响以及大脑内部各个认知过程之间的相互作用。生成性过程使得语言习得具有灵活性和适应性，不是简单地复制规则，而是根据学习者的经验和环境的变化不断进行调整和演化。

在自然发生论的观点下，人们可以更好地理解语言习得的本质。语言习得不是简单的输入和模仿，而是一个复杂的、动态的过程，涉及大脑、认知、感知和社会环境等多个层面。机制与生成性的概念为人们提供了一种新的视角，使人们能够更全面地探索语言习得的机制和过程。虽然自然发生论提供了有价值的理论框架，但仍然有许多问题需要进一步研究和解决。例如，需要更深入地了解大脑内部机制与外界环境之间的相互作用，以及这些相互作用是如何促成语言习得的，还需要探索个体差异和多样性对语言习得的影响，以更好地了解不同学习者的语言习得过程。

（三）自然发生论与连通论

自然发生论的核心理念是强调语言习得是一个动态的、非线性的过程，而非静止的状态。每次语言使用都会引起语言系统的变化，从而产生新的语言表征和规则。这种变化是在无数次的使用过程中自然发生的，而不是通过预先规定的特定规则来实现的。为了阐明自然发生论观点的可信性，自然发生论者寻求了连通论作为支持。连通论（connectionism）是一种在20世纪80年代末登上认知科学舞台的认知理论，虽然它运用计算机程序进行模拟，忽视了人类认知的复杂性和主观能动性，但它以材料丰富、加工简单为特点，至今仍然保持着勃勃生机。连通论采用由大量人工神经元构成的平行网络，通过简单的学习过程从庞大的输入材料中统计提取信息。这些模拟神经网络有许多不同的结构，其中最常见的是由输入单位（input unit）、输出单位（output unit）和隐藏单位（hidden unit）三个层次构成的。

根据连通论的学习观，先前的学习经历对后续的输入产生影响，与静态描述语言能力的普遍语法模式相比，连通论展现出了一种动态的处理信息模式，与现实中的语言习得和使用过程十分相似，故更适于解释二语习得。[①]在连通论的理论框架下，认知过程被视为由大量神经元之间的连接与交互所构成。这些神经元通过简单的学习规则来更新它们之间的连接强度，从而在系统级别上实现复杂的信息处理和学习。与传统的符号主义认知理论不同，连通论不依赖于预先编程的规则，而是通过大量的训练数据自动学习与提取模式和规律。连通论中最常见的神经网络结构是多层感知器，它由输入层、隐藏层和输出层组成。隐藏层起着“中介”的作用，将输入信息映射到输出层，实现了从简单的输入到复杂的输出的过程。隐藏层的存在能使神经网络处理更加困难和复杂的输入—输出映射问题，从而提高了学习的表现力和泛化能力。尽管连通论的计算模型相对简单，并忽视了人类认知的许多细节和复杂性，但它的优势在于能够应用于各种认知任务，并在许多领域取得了显著的成就。例如，在语言处理领域，连通论的神经网络模型已被广泛用于自然语言理解、机器翻译、语音识别等，取得了令人瞩目的效果。

① 王初明．解释二语习得，连接论优于普遍语法［J］．外国语，2001（5）：14.

连通论是一种基于连接主义的认知理论，它模拟了大脑神经元之间的连接与交互，通过大量的并行计算来模拟复杂的认知过程。在自然发生论中，连通论被用来解释语言习得中复杂的表征过程。自然发生论者认为，为了理解普通学习机制如何产生高度复杂、具体的语言表征，我们需要借助连通论的计算工具。在连通论的框架下，语言习得被视为一个由许多简单的学习机制交互作用的过程。这些学习机制可以模拟人脑中的神经元之间的连接，并通过反复的学习与调整来构建复杂的语言表征。这种连通机制的运行不依赖于特定的语言规则，而是通过感知、记忆、注意等认知系统之间的相互作用来自然发生。例如，在学习词汇的过程中，连通论模拟了大量的神经元之间的连接，每个神经元代表一个特定的语言单位或特征。当语言学习者反复接触和使用某个词语时，对应的神经元之间的连接强度逐渐增加，从而形成对该词语的牢固记忆。连通论还模拟了学习者在不同上下文中对词汇的灵活运用，学习者通过不断调整神经元之间的连接来适应不同语境的需求。自然发生论的连通论支持还凸显了语言习得的自适应性。语言习得者在接触大量复杂的语言输入后，通过连通机制自然地发展出适应性强、表征丰富的语言系统。自适应性与环境的交互使语言习得成为一个与个体差异紧密相关的过程。不同的学习者在相同的语言输入环境下可能表现出不同的习得结果，这反映了连通机制根据个体的经验和交互自然地塑造语言表征。值得注意的是，自然发生论对于连通论的应用并不是单纯地将连通论作为一个工具来解释语言习得，而是在其理论框架下重新思考语言习得的复杂性。结合连通论的计算工具，自然发生论者更深入地研究语言习得中的认知过程，探索语言习得是如何自然发生的，而不是依赖于预先设定的语言规则。

在连通论中，神经网络的工作是基于连接强度和神经元活动的交互作用的。网络中的每个神经元都与一个值（value）相似的连接强度相连，这个值通常在 0 到 1 之间，类似于真实神经元的激活率（firing rate）。输入单位、隐藏单位和输出单位通过联想与不同的连接强度相互连接在一起，这些连接允许一个单位中的活动水平影响到与它相连的所有单位中的活动水平。连接强度通过适当的学习算法进行调整，从而实现在一个单位内出现某种活动模式时，在与之相连的其他单位中产生特定的活动模式。神经网络的学习过程实际上是通过改变连接单位之间的强度来实现的。学习算法反映了神经元的基本学习机制，它们通过对连接强度的反复改变和调整，逐渐调整网络中的连接权重，从而使网络适应输入数据并提高性能。在连通论的学习过程中，网络通过不断接收输入数据并根据预期输出进行调整。学习算法根据实际输出与预期输出之间的差异来更新连接强度，使网络的输出逐渐接近预期输出。这个过程在训练数据集上进行，直到网络达到所需的性能水平。连通论的学习并不依赖于预先编程的具体规则系统，而是通过对连接强度的调整来实现认知转换，此种转换是通过从一个层次的神经元活动投射到另一个层次的神经元活动来实现的。连接强度的不断调整使得网络能够学习到输入和输出之间的复杂映射关系，从而实现对不同任务的学习和推理。连通论的学习过程是一个逐渐优化的过程，不断对连接强度进行调整，使网络逐渐学习到输入与输出之间的关系，并提高性能。这种学习过程与人类的认知学习机制存在相似之处，即通过不断的实践和经验积累，人们逐渐学会处理复杂的认知任务。

三、自然发生论中的器官

自然界中充满了各种自然发生的现象，这些现象是由遗传基因与后天环境相互作用产生的，体现了简单量变逐步积累而形成的特有结果。正如豹子身上的斑点和老虎身上的花纹是基因和环境相互作用的结果，地质因素与海浪的交互影响形成了海岸线的曲折，地球公转、太阳辐射和海洋潮汐的交互作用形成了厄尔尼诺等天气现象，在人类大脑的功能定位方面，也可以看到自然发生的现象。人类大脑皮质层富有弹性，其结构在很大程度上反映了个体的经验。研究表明，通过异位移植（heterotopic transplant），即给司管听觉的皮质层重新设定丘脑输入，可以使这些区域司管视觉，这表明了人类大脑对于不同感官输入的适应性和可塑性。表征图谱的形成也是一个自然发生的过程，不同区域的功能可以根据早期经验进行重塑和调整，同一皮质层区域可以支持不同的图谱。自然发生论认为，自然现象的出现是由量变到质变的过程。在自然界中，许多现象是通过简单的量变积累而成的，随着时间的推移，量变逐渐积累，最终会导致质变，产生新的、复杂的现象。自然的演变过程是持续而渐进的，不依赖于预先设定的特定规则，而是通过与环境相互作用和适应，从而自然形成。类似地，语言习得也可以被看作一种自然发生的现象。在语言习得的过程中，学习者通过与语言环境不断交互和接触，从简单的输入中积累经验，逐渐形成复杂的语言表征和规则。量变逐步积累的过程最终会导致质变，使学习者能够自然而然地使用和理解语言，无须过多地去关注具体的语言规则。

语言作为自然现象的一部分，是一个复杂的非线性动态系统，其本身也是自然发生的产物。这个观点强调了语言的动态性和复杂性，使人们更深刻地理解语言的本质和演化过程。语言作为动态系统的第一个含义，是指其作为一个过程的本质。语言的实际运用是一个积极的过程，是在特定的社会、文化和情境中被活跃使用的。在语言学中，这被称为言语或语言使用，与静态的语言形式（如词汇、语法规则）不同。由于不同的使用者和不同的情境，同一语言可以有多种形式表达同一事物，使得语言的共时描写看起来是混乱的，难以预测。动态性使得语言具有灵活性和适应性，能够随着社会的变化而不断演进和发展。语言作为动态系统的第二个含义是指其历时发展的非线性。语言的发展是一个非线性的过程，新的语言形式不断涌现，而语言本身并非简单的累积增长，此种发展是复杂的、不确定的，新形式的出现并不是整齐划一的，无法完全预见。语言学家最多只能在语言变化后解释原因，但无法准确预测未来会有什么样的变化。非线性的历时发展使得语言具有多样性和变化性，保持了语言的生命力和活力。混沌、复杂理论为解释语言作为动态系统的含义提供了有力支持，该理论强调整个系统的行为是局部交互影响的集合。每次语言的使用都会引起系统的微小变化，而这些微小变化又会在系统中不断传递和交互作用，从而引起宏观层面上的整体变化。语言的发展和自组织是一个有机的过程，从底层开始逐渐形成更高级别的结构和规则。因此，语言的规则虽然可以被描写，但语言系统本身并不是简单规则的产物，而是由庞大复杂的相互作用所驱动的。

语言的本质与复杂性使其成为人类社会中至关重要的交流工具。语言不仅仅是一种传递信息的工具，还是在多个层面上相互交织、相互影响的动态系统。在这种复杂性中，语言是基因遗传的产物，与人类的遗传基因有着密切的关联。然而，语言也是数学系统，通过规则和结构，人们能够构建语言的形式和语法。同时，语言是社会事实，是社会文化的象征和表达，不同社会和文化的语言反映了其独特的身份和特点。在个体层面上，语言也是人们表达自我的工具，通过语言，人们可以展示自身的思想、情感和个性。在交际中，语言是对话互动的结果，它反映了人们之间的交流和沟通。语言也是社会符号学，具有特定的符号意义和文化内涵。对于母语者来说，语言的使用是直觉的，他们很少需要思考如何表达自己的意思，而是通过语言自然地表达出来。语言是经过实践验证的数据的汇总，使人们能够有效地进行交流和理解。语言的复杂性是简单发展过程接触大量复杂环境后自然发生的。当人类使用语言时，简单的学习机制与丰富的社会交际环境相互作用，从而促成了复杂语言表征的自然发生。复杂性的产生不是由预先设定的规则所决定的，而是在交互作用和经验的基础上逐渐形成的。正是因为语言是这样一个动态的、复杂的非线性系统，所以它在任何层面上都是这些层面之间交互影响的结果，从而解释了为什么语言的变化和发展是如此复杂和多样的。可以将语言比作一个复杂的网络，其中各个层面相互关联、相互影响。在这个网络中，语言的形式、结构、语法等规则是网络的节点，而交流和语言使用则是网络中的连接线。这些连接线的交互作用，能推动整个语言系统不断演变和发展。这个网络的结构是动态的，随着时间和经验的推移而不断改变。因此人们无法预测语言的发展方向，但可以通过观察和研究语言的使用和交流来理解它的变化规律。

四、自然发生论下的语言习得

自然发生论作为一种新兴的语言习得理论，为研究语言习得提供了一种全新的视角。其主要观点是，语言习得是通过对自然语言输入的接触和理解来实现的。在自然发生论的框架下，学习者在语言学习过程中被动地接受大量的输入，通过对这些输入的理解和处理，逐渐掌握目标语言的语法和词汇。这一理论强调了语言输入在语言习得中的关键作用，提倡让学习者置身于真实的语言环境中，通过自然交流来习得语言。自然发生论主要与儿童母语习得相关。从儿童母语习得的角度来看，孩子在成长过程中不断接触和暴露于母语环境中，结合听、说、读、写等多种方式来习得母语。在这个过程中，儿童对于输入的理解和模仿是关键因素。他们在与父母、家人和其他社会成员的交流中，不断接收来自环境的语言输入，并通过模仿和理解来逐渐掌握母语的语法结构和词汇。这一观点对于不同地区的儿童母语习得有着显著的解释力。由于儿童所处的语言环境不同，他们接触到的语言输入也会有所差异，这将直接影响他们的母语习得过程。例如，中国儿童在汉语环境中成长，接受的语言输入是汉语，因此他们的母语习得过程会以汉语为基础；而英国儿童的母语是英语，他们在英语环境中成长，接受的语言输入是英语，因此他们的母语习得过程会以英语为基础。这说明了自然发生论所强调的语言习得与后天生活环境的交互作用结果。人类使用语言时，简单学习机制接触丰富的社会交际环境，这些机制内部及其之间交互影响，促成了复杂语言表征的自然发生。①

除了对儿童母语习得的解释，自然发生论对于成人二语习得也有一定的启示。成人在学习第二语言时，同样需要接触大量的目标语言输入。在语言学习过程中，如果能够创造一个类似于儿童母语习得的自然环境，让学习者沉浸在真实的语言使用情境中，将会更有助于他们掌握第二语言的语法和词汇。自然发生论并不是唯一的语言习得理论，其他的习得理论如社会交互理论和认知学习理论等，也在语言习得研究中有着重要的地位。这些理论强调了社会交互和学习者的主动参与在语言习得中的重要性，认为语言习得是一个综合性的过程，受到多种因素的影响。

（一）语音习得的自然发生

在第二语言学习中，语音系统的习得是一个充满挑战的过程。二语语音

① 韩效伟 . 语言习得的自然发生观［J］. 文教资料，2008（3）：38.

的感知和产出受到诸多复杂因素的影响，早期的对比分析理论和关键期假设试图对语音习得的难度和规律进行预测，随着实证研究的不断深入，研究者发现语音学习的成效并不完全取决于母语迁移和年龄因素。[①]婴儿在出生后，虽然还不能理解语言，但他们天生就具备一种非常强大的语言习得能力。他们在接触大量的语言输入时，能够积极地加工、编码，并将其转化为母语的语音序列。这一过程展现了婴儿语言习得中非常重要的一环，即对语音的感知和区分。研究表明，刚出生的婴儿能够区分所有语言中的区别性语音特征。无论是英语、汉语还是其他语言，婴儿都能够分辨出它们之间的不同语音特征。在婴儿出生后的一年内，随着接触到的语言输入量不断增加，婴儿逐渐开始将母语中相同的语音归类，对其他语言中的差异不再那么敏感，这种现象被称为语音辨别的“语音细化”过程。婴儿对母语的语音特征变得更加敏感，而对非母语的语音特征变得不那么敏感，表明了婴儿在语言习得的过程中，逐渐将注意力集中在母语的语音特征上，从而为后续的语言习得奠定了基础。研究还发现，出生不久的婴儿就对母语表现出明显的偏爱，原因不仅源自儿童对母语音素的敏感，更重要的是源自婴儿对母语韵律特征的熟悉。母语的韵律特征包括音节重音、音调等，在婴儿听觉发展的早期就开始产生影响。婴儿通过在日常生活中接触到的母语输入，逐渐熟悉了母语的韵律特征，从而对母语表现出了偏爱。这些研究结果表明，婴儿在语言习得的早期阶段就开始表现出了对母语的偏好和适应性，而偏好和适应性是语言习得过程中非常重要的一部分，能为婴儿后续的语言习得奠定基础。随着婴儿逐渐成长，他们将进一步发展和完善自己的语言能力，学会运用母语进行交流和表达。

在婴儿的语言习得过程中，切分语言输入中的音节是一个关键的问题。对于语音输入的切分，婴儿面临着一个挑战，即如何将连续的语言流转化为离散的音节，从而理解和处理语言信息。研究表明，婴儿在解决这个问题上具有一种天生的倾向，但这种倾向还需要后天接触大量语言输入来逐渐发展

---

① 尹洪山，孟丽.《二语语音学习：理论与实证进展》述评［J］. 外国语言文学，2023（5）：128.

和完善。有关研究发现，正常儿童在处理语言输入时天生具有将信号分析成音节的倾向，他们能够从连续的语言流中准确地切分出音节，并意识到不同音节之间的界限。这种天生的倾向为婴儿后续的语言习得提供了重要的基础，且这种倾向需要后天接触大量语言输入来逐渐实现。在有关的研究中，研究者使用人造词与非词作为刺激材料，观察婴儿在言语知觉时的表现。结果显示，婴儿在处理这些刺激时更关注音节的序列，对音节之间的过渡概率具有敏感性。他们会更多地花费时间在处理新奇词上，而对熟悉的词则处理得更为迅速。这表明婴儿在接触大量语言输入后，逐渐学会了将连续的语言流切分成离散的音节，对不同音节之间的组合规律产生了敏感性。这种对音节切分的能力对于婴儿的语言习得至关重要。通过切分音节，婴儿能够识别和记忆不同的语音单元，并逐渐建立起词汇的库存。随着婴儿接触的语言输入量不断增加，他们对不同音节的辨识和组合能力也会不断提升，这使他们能够逐渐理解和掌握更加复杂的语言结构，并在日常交流中运用这些语言知识。

在婴儿的语言习得过程中，除了听觉发展外，发声能力也是一个重要的方面。婴儿的发声最初与他们的感情状态密切相关，如哭、笑等情感性发声。随着生长和发育，他们逐渐开始尝试模仿周围的语音与音节，而这些发声的尝试往往与母语类似。在大约 6 个月的时候，婴儿开始发出一些简单的与母语类似的语音与音节，主要是由于他们的听觉感知能力不断发展，开始能够辨别和注意到周围环境中的语音输入，并尝试模仿。随着发音器官的发育与语言输入量的增大，婴儿的发声能力逐渐趋向于母语的语音与语调。发音器官的发育对于语音习得的作用不言而喻。在婴儿的大脑中，主管听觉的颞叶与主管发音的运动皮层在神经解剖上距离较远，听觉与发音的最初发展是相互独立的。因此，即使是耳聋的婴儿在出生后的前 6 个月内也能发出声音，因为他们的发声是与情感和生理需要相关的。大约从 9 个月开始，听觉与发音逐渐开始相连。这意味着正常婴儿通过听觉反馈来调整自己的发音，并逐步趋向于母语的语音。与此相反，耳聋的婴儿由于得不到足量的听觉反馈，发声量开始大大减少。他们无法准确听到周围的语音输入，因此无法进行有效的模仿和调整。这也说明了听觉与发音之间的密切关联，以及语音习得的自然发生性。

（二）词汇习得的自然发生

词汇习得假说建立在以英语为母语的基础之上，之后逐渐发展到以英语为二语的习得研究领域，20 世纪 90 年代进入我国学者的研究视野，最早开始于心理学界对汉语儿童母语习得的研究，然后过渡到英语为外语的习得研究。[①] 词汇习得在儿童语言研究中是一个引人瞩目的热点话题，学习和掌握词汇是儿童语言发展的重要一环，涉及儿童如何识别和理解单词的含义以及如何将它们应用于交流和表达中。在这一过程中，词汇原则起着重要的指导作用，而这些词汇原则被认为是来自儿童认知系统内部的自然发生。儿童词汇习得受到词汇原则的指导，词汇原则是儿童在学习词汇时所应用的一些基本准则。例如，儿童倾向于认为一个单词所指的是整个物体而不是物体的一个部分。这种原则指导着儿童在学习新单词时，将其视为整体而不是细节的组合。词汇原则是儿童在日常语言使用中自然形成的，并在词汇习得过程中起着重要的作用。词汇原则并非通过外部教导或特定的学习过程获得的，而是由儿童的认知能力和对周围世界的理解自然而然地形成的。儿童在日常生活中接触到丰富多样的语言输入，并在与他人的交流中不断运用和调整自己的词汇知识，这些过程促成了词汇原则的发展与形成。除了从认知系统内部产生的词汇原则，儿童早期对谈论身边的事物和社会活动也表现出浓厚的兴趣。研究发现，儿童在早期的词汇习得过程中，对于周围环境中的事物和社会角色表现出特别的关注。他们倾向于使用那些与他们身边的人和事物相关的词汇，这也反映了儿童词汇习得是与人际交往和社会角色构成的人际世界紧密相连的。儿童的语言习得是一个积极主动的过程，他们在与他人的交流中积极地运用词汇和语言表达，不断地尝试和调整自己的语言技能。积极的交流和表达活动不仅是词汇习得的手段，也促进了儿童对社会和人际关系的认知与理解。

---

① 杨朦萌 . 汉语二语学习者的词汇附带习得研究［D］. 上海：华东师范大学，2018.

在儿童早期的词汇习得阶段，他们对单词的理解与所指之间的最初投射是迅速而粗糙的。儿童最初接触一个新单词时，通常会将其与最初接触这个单词的情景紧密联系在一起，形成最初的表征。这种投射的形成是儿童在语言习得过程中的一种自然现象，他们通过感知和经验来理解新单词的意义。随着儿童不断地接触同一个单词在不同情景下的使用，他们的词汇表征逐渐扩大，并形成了核心区与边缘区的概念。核心区包含了单词最基本、最常见的意义，而边缘区则包含了与核心意义相关但并不是那么常见的意义。随着核心意义的扩大和无关情景信息的剔除，单词的意义逐渐形成了在认知中的原型。原型是一种典型的、最具代表性的意义，它在儿童词汇表征中起着重要的作用。然而，在词汇习得过程中，儿童可能会出现过度扩展的错误现象。过度扩展指儿童在使用一个单词时，将其应用到核心意义之外的情况，即用一个单词来指称一些与其核心意义并不完全匹配的事物。这种错误通常源自外界交际压力。当儿童无法用已知的单词来准确描述某一事物时，他们会尝试使用已知单词来应对。对于这种过度扩展的错误，父母通常会给予负面反馈，并纠正儿童的用词错误，告诉他们正确的事物名称。负面反馈在儿童的语言习得中普遍存在，起到了引导和指导儿童语言发展的作用。通过反馈的方式，儿童逐渐纠正了过度扩展的错误，使得他们的词汇表征更加准确和规范。值得注意的是，语言习得是一个社会化的过程，父母和其他社会成员在儿童的语言发展中扮演着重要角色。他们不仅是儿童语言输入的主要来源，还通过积极的交流和反馈促进儿童的语言学习。因此，社会反馈在词汇习得中是至关重要的，它使儿童能够更好地理解和运用语言，从而逐步形成准确的词汇表征。

词汇习得是儿童语言习得过程中的一个重要方面，而自我组织特征图是一种常用的模型，用于模拟儿童在脑皮层神经网络中如何学习与储存词汇。自我组织特征图模型在词汇习得领域引起了广泛关注。根据自我组织网络的模型，词汇习得涉及脑皮层小型区域内的神经网络，主要包括听觉层、概念层和发音层三个层面。在这三个层面上，自然发生的自我组织使用相同的学习算法，促使词汇习得在儿童的大脑中自发发生。儿童在听觉层面接收到某个单词的声音，他们在概念层面看到与该单词相关联的物体或概念，这种同时的激活导致了听觉形式和概念形式之间的联系。因为声音和概念之间的联系是任意的，即没有固定的规则来规定一个词语应该与哪个概念相联系，所以儿童需要随后多次接触这个单词才能够记住它。在这一模型中，重要的是儿童对于词汇的多次重复接触，通过不断地听和看，他们逐渐建立起听觉形式和概念形式之间的联系。这种自然发生的学习过程使得儿童在大脑中逐渐形成了词汇的存储，也就是我们通常说的记忆。除了自我组织特征图模型，还有其他的模型用于解释词汇习得的过程。例如，连通论模型强调了连接的强度与频率对词汇习得的影响。儿童在不断接触和使用某个单词时，相关连接的强度增加，从而使儿童加深了对这个词语的记忆。而频率指的是儿童在日常交流中接触某个单词的次数，频率越高，记忆越牢固。儿童的词汇习得还受到社会和文化环境的影响。在不同的语言环境中，儿童可能面临不同的词汇输入和语境，这也会影响他们的词汇习得过程。

儿童的词汇习得是一个复杂而神奇的过程，是普通学习机制在大脑中交互影响的产物。在婴儿刚出生时，他们对新词的词义几乎一无所知，所以在面对新的语言输入时，他们只能凭借着试错和猜测的方式来理解，这种“瞎猜”的过程是词汇习得的最初阶段。随着儿童逐渐接触更多的语言输入，他们开始感知到语言中的规律和模式，注意到某些音节或字母组合在不同的单词中反复出现，而且通常代表着相似的含义。重复的模式和规律帮助儿童建立起对于语言的一种认知框架，让他们能够更有针对性地去猜测新词的词义。儿童的语言习得是一个逐步演化的过程，在接触到越来越多的语言输入后，他们猜词义的倾向逐渐明确。通过不断试错和调整，他们开始能够准确地预测一个新词的词义，而不再是盲目地猜测。这种能力的形成是自然发生的，不需要任何特定的指导或教导，而是在日常的语言使用中逐渐发展起来的。当儿童掌握了这种能力后，他们就可以运用语言框架来猜测词义。语言框架是指儿童在大脑中建立的一种对于语言结构和含义的认知模型，这种框架有助于儿童根据已知的语言规律和模式来推测未知词汇的含义。

（三）语法习得的自然发生

语法是语言学习与语言习得理论的一个重要焦点，包括词法和句法。自然发生论者认为，语法的理解、表达和习得是由内部认知压力驱动的，而不是通过预先规定的特定规则来实现的，这种观点突出了学习过程中的自主探索和自发发展。在语法习得领域，连通论是一种被广泛运用的理论框架。连通网络可以模拟儿童学习英语一般过去时的词法特点，即过度概括现象。过度概括指的是儿童在学习一般过去时时，错误地将规则动词的过去式应用到不规则动词上。例如，他们可能会将“run”的过去式说成“runned”而不是正确的“ran”。这种过度概括现象是由于儿童的学习系统内部并没有存储一般过去时的不规则形式，而只存储了规则动词一般过去时的具体形式。因此，当遇到新的动词时，他们会从已存储的范例中进行在线概括，从而导致过度概括。这种基于范例的学习机制是自然发生论的一种体现，它强调学习是通过与环境的交互和经验的累积而自然发生的过程。然而，随着儿童接触到更多的语言输入和语法规则，他们逐渐纠正了过度概括的错误。自然语言输入中仅包含了不规则形式而没有相应的不规则形式，导致不规则形式长期得不到激活。然而，随着更多的语言输入，儿童开始接触到更多的不规则形式，从而纠正了过度概括的错误。这种自然的修正过程印证了自然发生论的观点，即学习是一种自发的、持续的过程，通过与语言环境的交互和经验的积累而不断完善。语法习得也受到语言输入的影响。儿童在语言环境中接触到的语言输入对于他们的语法习得起着一定引导作用。如果儿童长期接触的语言输入中只有规则形式而没有不规则形式，那么他们学习的就是规则形式。如果他们接触到更多的不规则形式，他们就有机会学习并纠正错误。这表明语法习得是与环境交互相结合的自然发生过程。

在当代语言学研究中，关于人类认知的复杂性和语法习得的本质问题一直备受关注。自然发生论提供了一种新的视角，强调人类认知更倾向于运用简单的联想学习原则进行最佳推断和提取联想规律，而不是依赖严格的规则。这种观点对于语言习得的理解具有重要意义，特别是在词法习得方面。词法习得是语言习得的一个关键阶段，涉及学习者如何掌握词汇和词汇之间的关系。自然发生论者的研究表明，词法习得并不是通过严格的规则和抽象的概念来实现的，而是通过感知语音和概念之间的联系，进行简单的联想学习。儿童在接触语言输入的过程中，通过不断地感知和体验，自动地建立起词汇和意义之间的联想。这种过程充满了不确定性和模糊性，儿童并不总是完全正确地理解和运用新的词汇和语法结构。然而，正是通过这种模糊模式和反复试错的方式，儿童才逐渐建立起对语言的理解和表达能力。在这一过程中，儿童倾向于通过联想学习的方式进行词法习得。他们会根据语音和语境等因素，将新的词汇与既有的词汇和概念联系起来，从而建立起词汇之间的关联。这种联想学习的特点使得儿童在习得词汇时不必记忆大量的抽象规则，而是通过直接经验和感知来理解和使用词汇。例如，当儿童接触到一个新的动物名称时，他们可能会通过观察这个动物的特征和听到的相关语言输入，将该词语与其他已知的动物词汇进行联系，从而推测出它的意义。儿童在习得语法结构时也表现出类似的联想学习的特点，他们会通过接触大量的语言输入，感知和理解不同句子结构之间的联系和模式，从而逐渐掌握语法规则。这种联想学习的过程使得儿童能够在不断的语言交际中，灵活运用所学习的语法知识，实现对复杂句子的理解和表达。

句法习得作为语言习得的一个重要方面，涉及对句子结构和语法规则的理解和掌握。在过去，有一种先天论的观点认为人对句法的掌握是先天禀赋，即人类天生就具备了理解语法的能力。这种观点强调句法习得依赖于语义范畴结构。例如，儿童在早期的语言习得过程中，活动范围较为狭小，认知能力有限，所以他们倾向于学习和使用一些最典型的名词，因为这些名词通常指代物体，比较容易理解和使用。随着儿童的活动范围的扩大和认知能力的提升，他们逐渐接触到更多的词汇，包括其他的句法类别。通过对大量语言输入的接触，儿童可以逐渐将具有相似前后语境的词划分为同一个句法类别，并将没有相同前后语境的词划分为其他句法类别。这种分析的过程是自然发生的，而不是依赖于先天的语法知识。儿童通过对语言输入中词汇的相似性进行分析，可以将它们归类为不同的句法类别。一旦词汇被划分为不同的类别，其所指的某些首要方面就可以奠定整个词的句法基础，并逐步完善。句法习得是一个渐进的过程。通过不断的学习和调整，儿童逐渐掌握语言的句法规则。

语言习得的自然发生论总结起来，主要强调以下几个方面：首先，语言习得是一个自然而然的过程，儿童并不需要经过刻意的学习或接受正规的教学就能掌握语言。这种习得是在与周围人的日常交流互动中，通过大量的语言输入和输出来实现的。其次，自然发生论认为，儿童在语言习得过程中并不刻意关注语言的形式和结构，而是更注重语言的意义和功能。他们通过模仿和交际活动，逐渐理解和运用语言的表达方式，从而掌握语言的能力。再者，自然发生论强调语言环境对语言习得的重要性。儿童通过与周围人的互动，在一个自然的语言环境中，不断接收和处理语言信息，进而形成自己的语言系统。最后，尽管自然发生论为我们理解语言习得提供了一种视角，但它并不是唯一正确的理论。实际上，语言习得是一个复杂的过程，涉及多个因素的综合作用。因此，我们需要在实践中综合考虑不同的理论观点，以更全面地理解语言习得的本质和机制。综上所述，语言习得的自然发生论揭示了语言习得的自然性和无意识性，强调了语言环境对语言习得的重要性，但也需要与其他理论相互补充和完善，以更深入地探讨语言习得的复杂性和多样性。

第三章　认知语言学视域下的二语习得

第一节　母语在二语词汇习得中的作用

在课堂教学环境下，二语学习者习得二语语言能力与本族语者相似，存在一些困难和局限，主要包括语言输入贫乏和对母语的高度依赖。同时，语言迁移作为一个重要的影响因素也在二语习得中发挥着重要作用。语言输入贫乏是二语学习者面临的一个主要问题。在英语学习环境中，接触到真实且高度语境化的英语语言输入并不容易。大多数学习者只有在课堂上才能接触到有限的英语输入，而在日常生活中，他们很少有机会与英语母语者进行实际交流。语言输入的贫乏限制了学习者对英语的全面习得和理解。二语学习者已经建立了以母语为基础的概念语义系统，对现成的母语词汇系统依赖较大。在学习第二语言时，学习者往往会试图通过将新的语言元素映射到母语中已有的语义概念上来理解和记忆，这种依赖母语的习得策略可能导致学习者在二语交流中产生直译、语法错误等问题，进而影响他们的二语表达能力。在二语习得中，语言迁移是一个非常重要的影响因素。Odlin(1989) 在其《语言迁移》这部专著里给语言迁移下了简明而精确的定义：迁移是指目标语和其他任何已经习得的（或没有完全习得的）语言之间的共性和差异所造成的影响。根据这一定义，迁移不仅仅是传统的迁移研究中所指的来自学习者母语的影响，还可以指学习者已经习得的任何其他语言的知识对于新语言习得的影响。简言之，语言迁移是指学习者在学习第二语言时，将自己的母语知识和经验应用到第二语言的学习和使用中的现象。语言迁移可以对二语习得产生正面影响。[①] 语言迁移是指学习者在学习第二语言时，将自己的母语知识和经验应用到第二语言的学习和使用中的现象。语言迁移可以对二语习得产生正面影响，例如，学习者可以利用母语的词汇和语法知识来帮助他们理解和掌握第二语言的内容。但是，语言迁移也可能带来负面影响，例如，学习者可能会将母语的语法规则错误地应用到第二语言中，导致语法错误。因此，教师需要注意引导学习者正确使用迁移策略，以促进他们更好地掌握第二语言。二语词汇习得研究在二语习得领域变得越来越重要。现代语言学将词汇放在核心位置，认为词汇在语言学习和使用中起着至关重要的作用。词汇是语言的基本单位，是构建意义和表达思想的基础。在二语习得中，学习者需要大量地学习新的词汇，并将其应用到不同的语境中。因此，对于二语词汇习得的研究成为一个热门的领域，对于人们理解二语习得的本质和为二语教学提供有效教学策略具有重要意义。

一、词汇错误分析

应用语言学在研究二语习得时，需描述三个语言系统：母语、中介语和目标语。母语在外语学习中起关键作用，中介语是未掌握目标语的中间状态，因此，期望学习者避开中介语直接从母语达到目标语水平是不现实的。对比分析、错误分析和迁移分析是研究中介语的三种范式，也是研究错误的主流方法。对比分析理论认为，二语学习者语言错误主要来源于母语干扰，目标语与母语越接近，学习者的困难就越少。然而，通过对比分析所预测的错误并未完全出现，20 世纪 60 年代，错误分析应运而生。Corder 提出了语言错误分析对学习者的三个意义体现在：教师可了解学习者目标语接近程度；研究者可以了解学生语言掌握手段与程序；为学习者提供发现目标语的规则和手段。[②] 错误分析是二语习得研究中的一种重要方法。比较和分析二语学习者

① TERENCE O. Language Transfer：Cross-linguistic influence in language learning［M］. Cambridge：Cambridge University Press，1989：27.

② CORDER P. The significance of learner’s errors ［J］ International Review of Applied Linguistics，1967（1）：147.

的错误，有助于人们深入理解二语习得的过程，探索二语学习者的内部学习机制。在错误分析中，词汇错误被认为是最为普遍且影响最为严重的错误类型，因为它们可能导致误解和妨碍有效的交流。深入研究词汇错误的原因和特点，有助于人们更好地指导二语学习者的学习，提高语言习得效率。许多研究表明，二语学习者在语言习得的早期阶段普遍存在大量的词汇错误。这是因为学习者在接触新的语言时会积极尝试使用已知的词汇进行交流，而这些词汇可能与目标语言的词汇并不完全匹配。例如，学习者可能会直译母语中的词汇，导致在语言表达中产生语法和语义上的错误。这些词汇错误可能会影响学习者对目标语言的理解和运用，限制他们的表达能力。与语法错误相比，词汇错误的后果更为严重。语法错误可能会影响句子的结构和理解，但词汇错误可能导致整个句子的意思发生错误，从而产生误解和交流障碍。特别是在跨文化交流中，词汇错误可能会造成严重的误解和沟通障碍，影响交流的效果和质量。因此，纠正词汇错误对于提高二语学习者的交际能力和语言运用能力至关重要。

词汇错误是二语学习者在习得新的词汇时常见的问题，其产生原因多种多样。在二语学习的过程中，学习者可能会依赖母语的词汇系统，将母语的词汇意义错误地应用到目标语言中。这种现象被称为词汇干扰，即学习者在学习目标语言时会受到母语词汇的干扰，导致产生词汇错误。例如，某些词汇在两种语言中拼写或发音相似，但实际意义不同，这就容易导致学习者将其混淆使用。除词汇干扰外，二语学习者可能会面临词汇拼写、发音和语义的挑战。在学习新词汇时，学习者需要掌握正确的拼写和发音，以便在交际中准确表达。对于一些抽象或文化特定的词汇，学习者可能会难以理解其准确含义，导致在语义层面上产生错误。学习环境和教学方法也可能对词汇习得产生影响。在某些学习环境中，词汇学习可能不够全面和深入，学习者可能只学习了词汇的表面意义，而没有深入了解其在不同语境中的使用。教学方法是否灵活多样、是否能够满足学习者个性化需求也是影响词汇习得的关键因素。对于二语学习者来说，意识到自己的词汇错误是习得过程中的一部分。错误分析是一种有益的方法，可以帮助学习者认识到自己的问题，并通过纠正错误和改进学习策略来提高语言能力。教师在教学中应该注重帮助学习者解决词汇问题。为了提供丰富的语言输入和实际语境，教师可以通过故事、对话、实地考察等方式，让学习者在实践中不断积累和运用词汇。在词汇习得的研究中，除了关注错误产生的原因，还需要考虑如何培养学习者的词汇意识和语用意识。词汇意识指学习者对词汇形式、含义、用法和搭配等方面的敏感性和认识，语用意识指学习者对语言在交际中的使用目的和效果的认知。培养学习者的词汇意识和语用意识有助于他们更好地理解和运用词汇，提高交际能力和语言运用能力。

错误的来源主要包括语间错误和语内错误。语间错误是由语言的迁移性引起的，而语内错误则是由过度概括、概括过简或概括不足和简化等引起的。纠错策略是一整套建立在理论基础之上进行纠错的一套方法。教师纠错、自我纠错和同伴纠错是三种基本的类别。随着认知心理学的研究和发展，语言中出现的错误不再被看作一种消极因素，而是学习者在学习过程中对所作假设的一种验证手段。纠错策略要遵循有效性和情感因素的原则，同时要注意学生的喜好，但纠错不能以学生的喜好为根本。在教学中要注意因材施教、学生自我纠错和学生相互纠错等策略，同时要注意保护学生的自尊心和进行总评式纠错。

二、二语词汇的发展及心理表征对教学的作用启示

结合以上对二语学习者词汇错误的分析可知，母语在二语词汇习得之中发挥了十分重要的作用。想要更加全面地理解、探索母语在二语词汇习得过程中所发挥的作用，需要进一步从心理角度对这一现象进行深入分析，揭示母语在二语词汇习得之中如何发挥作用。二语词汇教学可以根据母语在其中的作用，分为强调母语正面影响的一类和强调学习者自主发现的另一类。在强调母语正面影响的教学方法中，关键词学习法是一个典型的例子。[①] 该方法利用母语与目标语之间的联系，帮助学习者通过联想记忆二语词汇。关键词学习法有两个联想阶段。在第一阶段，学习者想象一个与目标语单词发音相

① 顾明远 . 教育大辞典［M］. 上海：上海教育出版社，1998：87.

似的母语词汇。这样做的目的是通过母语的帮助，将目标语单词的发音与一个容易记忆的母语词汇联系在一起。接着，在第二阶段，学习者想象一个动态的、容易记忆的画面，这个画面中包含了第一阶段想象出来的母语词汇和目标语单词的指示物。通过这样的联想，学习者可以在记忆中形成一个有趣的场景，从而帮助记忆目标语词汇的意义。

研究表明，关键词学习法在记忆二语词汇方面非常有效，能够帮助学习者快速掌握大量的目标语词汇，从而提高词汇学习的效率。学习者通过联想和翻译的形式，将目标语词汇的意义“告诉”自己，从而避免了自主发现的困难。关键词学习法也存在一些缺点。由于学习者是通过母语的帮助记忆目标语词汇的，可能会导致学习者对词汇意义的理解过度依赖母语翻译，而不是自主发现目标语词汇的意义。这可能会导致学习者在实际应用目标语词汇时出现错误，因为他们没有真正理解目标语词汇的含义，而只是简单地进行了一个表面上的联想。关键词学习法也容易造成二语词汇知识僵化的现象，因为学习者在记忆中形成的场景往往是固定的，可能会导致他们在实际应用中只能按照特定的场景进行词汇使用，而无法灵活运用目标语词汇。因此，在实际教学中，教师在使用关键词学习法时需要注意平衡，确保学习者不仅能够快速记忆词汇，而且能够真正理解和运用目标语词汇。教师还应该鼓励学习者主动探索和发现目标语词汇的意义，培养学习者独立学习的能力，避免对母语过度依赖。教师还可以采用多种教学方法和活动，帮助学习者在不同情境下运用目标语词汇，增加词汇运用的灵活性和提高应用能力。

在二语词汇习得中，另一种方法强调母语的负面影响，不主张依靠母语，而是强调高度语境化的目标语输入的重要性，认为学习者通过语境汲取词义是唯一有效的方法，强调了语言学习的环境因素和上下文对于词汇习得的影响。高度语境化的目标语输入是指将词汇放在丰富的语境中，让学习者通过上下文理解词汇的意义。在这种教学方法下，学习者不依赖母语翻译，而是通过不断接触和使用目标语词汇，逐渐理解它们的含义。此方法的优点是有助于二语学习者发展完备的词汇能力，学习者通过在实际语境中接触目标语词汇，能够更好地理解词汇的真实含义，培养出更自然、更地道的语言表达能力。然而，高度语境化的目标语输入方法也有一些缺点，这种方法需要耗费较长的时间，因为学习者需要通过不断地实践和接触，逐渐习得词汇。相较于依赖母语的翻译方法，这种学习过程较为缓慢。学习者可能在实践中遇到较多未知词汇，导致词汇知识的发展相对缓慢。

许多人将母语的负迁移视为不能学好外语的主要原因，人们认为英语和汉语属于不同的语系，他们在读音规则、句子结构以及思维模式等方面相距甚远。母语的“阴影”使学生在英语学习中影响了成绩，也造成学生在用英语进行交流时的顾虑和迟疑。因此不少教师否认母语在英语学习中的作用，竭力反对母语进入课堂，强调通过外语进行会话来实施外语教学。学生也因顾虑说出所谓的“中国式英语”而不敢开口。如果教师在教学活动中只强调母语和目标语之间的差异，只要求学习者防范母语的负迁移，那么由Lado(1957) 提出并被语言学家普遍认同的“语际异性＝难度”这一公式就会生效。学习者满脑子是母语在学习中的负面影响，就认为学习目标语特别困难，加重了学习者的精神负担，从而在学习过程中产生心理负担和焦虑情绪，不能充分利用两种语言系统中的语际共性进行学习。①

伴随性词汇习得是二语学习中一个备受关注的研究领域。Nagy、Herman和 Anderson 在儿童习得母语词汇的研究基础上提出了词汇附带学习假说，即伴随性词汇习得假说，强调通过阅读或听力的上下文学习词汇的重要性，并指出这种渐进式积累词汇的方法远优于传统教授词汇的方法。尽管研究者们对词汇附带习得的定义不尽相同，但基本认识还是趋于一致：词汇不是有意学习的对象，词汇习得只是伴随主要认知活动产生的。② 在语言学习过程中，学习者经常会遇到大量未知的词汇，伴随性词汇习得就是指学习者在阅读理解任务中，结合上下文和语境的暗示，从中自然而然地获取和习得新的词汇知识。相比于传统的词汇学习方法，伴随性词汇习得更加侧重于学习者在实际语境下的词汇获取和运用过程，并非学习者有意识地去学习新词汇，而是

① LADO R. Linguistics across cultures：Applied linguistics for language teachers［M］. Michigan：University of Michigan，1957：35.

② NAGY W E，HERMAN P A，ANDERSON R C. Learning words from context［J］. Reading Research Quarterly，1985，20（2）：233.

一种自然而然地产生的副产品。在二语学习中，阅读是学习者最常用的获取词汇的途径之一。学习者通过阅读接触到各种各样的语境，不断遇到生词和不熟悉的词汇。在理解句子和文章的过程中，学习者会不由自主地尝试去推断生词的含义。例如，在一句话中，学习者可以通过上下文的线索和语法结构去猜测一个生词的意思，从而将其意义融入整个句子中，进而理解整个句子的意思。这样的过程在阅读中是不断发生的，学习者通过多次的重复和实践，逐渐将新词汇纳入自己的词汇体系中。伴随性词汇习得的研究对于理解学习者在自然语境下如何获取和习得词汇知识起到了重要作用。学习者在阅读过程中通过推断和猜测，从上下文中获取新词汇的意义，进而拓展和丰富自己的词汇知识。此种自主的词汇习得方式使学习者能够更好地将新词汇与实际语境相联系，从而形成更为稳固的记忆。

伴随性词汇习得不仅仅是在阅读中发生的，其在口语和听力理解中同样存在。在日常交流中，学习者可能会遇到一些未知的词汇，结合上下文的暗示，他们可以更好地理解这些词汇的意义，并在实践中运用。伴随性词汇习得对于提高学习者的语言能力和交际能力具有重要意义。在真实的语境中习得词汇，学习者可以更好地运用新词汇，提高语言的流利性和准确性。伴随性词汇习得还可以帮助学习者培养语感和语言直觉，使他们在语言使用中更加自由和灵活。在教学中，教师可以充分利用伴随性词汇习得的原理，为学习者提供更多的阅读材料和实际语境。为学习者提供丰富多样的语言输入，让他们在真实的语境中去感知和理解词汇的意义，可以更好地促进学习者对词汇的习得。教师还可以引导学习者在阅读过程中积极运用推断和猜测的策略，培养学习者在实际交际中主动获取词汇的能力。除了在课堂教学中注重伴随性词汇习得，学习者在日常生活中也可以积极主动地应用这一习得策略。通过阅读书籍、文章和新闻，观看电影和听音乐等，学习者可以进一步增加接触各种语境的机会，从而不断接触新的词汇。在这个过程中，学习者应该积极尝试从上下文中推测词汇的含义，并将新学到的词汇应用到实际交流中。这样的实践不仅有助于学习者巩固已习得的词汇，还能帮助他们习得更多新的词汇。伴随性词汇习得也需要学习者具备一定的学习策略。学习者应该学会运用不同的推断和猜测方法，例如，通过上下文的线索、词根词缀等，来理解未知词汇的意义。学习者还应该积极地与他人交流，参与各种交际活动，通过与母语人士或者其他高级二语使用者的交流，获取更多的语言输入和语境背景，从而更好地理解和习得新的词汇。

蒋楠的二语词汇发展和表征模型强调通过丰富的语言输入和多样化的语境来促进学习者二语词汇能力的发展[①]。语境化教学法正是符合这一模型的教学方法，强调将词汇放置在实际语境中，让学习者通过上下文理解词汇的意义。这种方法有助于学习者建立更牢固、更丰富的词汇知识体系，培养出更自然、更流利的语言表达能力。在语境化教学法中，学习者需要不断接触和实践目标语词汇，但由于语言输入的限制，学习者可能在实践中遇到较多未知词汇，导致词汇知识的发展较为缓慢。因此，在教学实践中，有必要将关键词学习法和语境化教学法结合起来使用，取长补短。语境化教学法可以作为主要的教学方法，通过丰富的语言输入和多样化的语境来促进学习者的词汇习得。教师可以设计各种实际情境，让学习者在真实语境中理解和运用目标语词汇，也可以借助现代技术手段，为学习者提供更多的语言输入资源，弥补课堂语言输入的不足。在教学过程中，适度引入关键词学习法等强调母语的方法也十分有益，学习者可以通过关键词学习法来记忆一些生词和固定搭配，从而快速扩充词汇量。但需要注意的是，在使用这种方法时，教师要提醒学习者注意词义的灵活运用，避免形成二语词汇知识僵化现象。为了增强学习者对语境化教学法的接受和理解，教师可以积极引导学习者主动参与学习，让他们在实践中感受语境化教学法的有效性和实用性。学习者可以通过实际体验更好地理解这种教学方法的重要性，并逐渐形成积极的学习态度。教师在教学中要充分关注学习者的个体差异，根据学习者的语言水平、学习风格和学习需求，灵活调整教学方法。因为不同学习者可能对不同的教学方法具有不同的反应，教师需要根据实际情况作出针对性的教学安排，帮助每个学习者更好地习得词汇。

---

① 龚兵．中国习得者二语阅读词汇能力发展研究［M］．西安：西安交通大学出版社，2013：22.

二语词汇的发展是一个复杂且动态的过程，它涉及多个阶段和方面。从认知语言学的角度来看，二语词汇的发展不仅关注词汇量的增加，更重视词汇深度的发展，即学习者对词汇的理解、运用和整合能力。在这个过程中，心理表征起着至关重要的作用，主要体现为有助于提升学习者对二语词汇的理解。通过有效的心理表征，学习者可以更加深入地理解词汇的含义、用法和语境，从而更准确地使用词汇。其次，心理表征有助于促进词汇的记忆和提取。通过建立清晰、有序的心理表征，学习者可以更加有效地记忆词汇，并在需要时迅速提取使用。此外，心理表征还可以帮助学习者建立词汇之间的联系和网络。通过将相关的词汇组织在一起，学习者可以更容易记忆和使用这些词汇，并扩展自己的词汇量。最后，心理表征对于制定有效的教学策略也具有重要意义。因此，教师可以通过了解学生的心理表征特点，设计出更符合学生认知规律的教学方法和活动，从而提高教学效果。

第二节　二语习得中常用的认知语言学核心概念

一、语言体验观

认知语言学是一门强调语言与认知、感知和思维紧密联系的学科。在这一领域中，语言被视为是基于使用的，并且是在具体的社会环境和真实互动中学习和形成的。这种观点突出了语言与认知的密切关系，认为语言知识源于人类基本活动和经验结构，并与认知方式和思维紧密相关。下面将深入探讨认知语言学的核心观点和其在语言研究中的意义。

语言理解体验观的哲学基础是体验哲学（embodied philosophy），又称新经验主义（experientialism）。[①] 语言体验观是认知语言学中的一个核心观点，强调语言是通过感官在对世界体验的基础上经过认知加工逐步形成的。这种体验性特征反映了人类范畴、概念、推理和语言都是来自与客观外界的互动

① 王寅 . Lakeoff &Johnson 笔下的认知语言学［J］. 外国语，2001（4）：15.

体验和认知加工的结果。[①] 认知语言学认为，语言并不是简单地模仿现实，而是人类感知、体验和理解世界的过程，进而创造和发展出来的。体验哲学作为认知语言学的基础，强调了现实、认知和语言三者之间的紧密联系。在这一观点下，语言的形成是人们对现实世界的认知加工以及体验的结果。人们在互动感知过程中，通过对自身肉体以及五官的利用，对现实世界进行感知与认识，获取相应的知识内容，并进行深入加工与完善。语言体验观在英语教学等领域具有重要的应用价值。它促使教师从更加新鲜的角度对英语教学进行分析与完善，及时发现教学中存在的不足或问题，并结合学生的实际情况，对教学模式与教学内容进行调整与完善。这不仅有助于为学生带来高质量课堂，还能促使学生在英语课堂中学习到更多知识内容，不断提高自身的知识层面与认知层面。

认知语言学认为，语言并不是简单地模仿现实，而是人类感知、体验和理解世界的过程，进而创造和发展出来的。体验哲学作为认知语言学的基础，强调了现实、认知和语言三者之间的紧密联系。在这一观点下，语言的形成是人们对现实世界的认知加工以及体验的结果。人们在互动感知过程中，通过对自身肉体以及五官的利用，对现实世界进行感知与认识，获取相应的知识内容，并进行深入加工与完善。语言体验观在英语教学等领域具有重要的应用价值。它促使教师从更加新鲜的角度对英语教学进行分析与完善，及时发现教学中存在的不足或问题，并结合学生的实际情况，对教学模式与教学内容进行调整与完善。这不仅有助于为学生带来高质量课堂，还能促使学生在英语课堂中学习到更多知识内容，不断拓展自身的知识层面与认知层面。

形式空间化假设强调基本句型的形成与空间概念密切相关，揭示了语言的句法结构与空间概念之间的紧密联系。例如，人们常用空间位置和运动概念来描述事件和行为，比如“我走进房间”“他跑出去”，这些空间概念在语言中形成了基本的句子结构，反映了我们对事件和行为的感知和理解。空间语法和认知语言学进一步明确了语言知识与认知的关系，强调语言的意义来源于人类的基本活动和经验结构，语言是经验的产物。这意味着人们的语言

① 王寅．认知语言学的哲学基础：体验哲学［J］．外语教学与研究，2002，34（2）：82.

知识是通过与世界实际互动和感知体验所形成的。例如，人们在日常生活中不断与事物和情境进行交互，从而形成了对不同概念和词汇的理解。“现实—认知—语言”三位一体体验观认为，语言中的词汇、概念及其组合建构规则与语言使用者的感知体验和认知结构密切相关，意味着我们的语言表达和理解基于我们对现实世界的感知，是认知方式的反映。因此，理解语言中的词汇和概念需要考虑其背后的认知机制和个体的体验。认知语言学强调将语言视为社会的、文化的、语境的，意味着语言不仅仅是一种工具用于交流，还反映了社会和文化的特点。在不同的社会和文化环境中，语言可能会有不同的表达方式和使用习惯。因此，研究语言的意义需要将其置于具体的社会互动和语境中进行考察。人们可以通过认知语言学的观点，深入研究语言的本质及其背后的认知机制。这一方法超越了对语言的表面研究，更关注语言与人类认知的紧密联系。认知语言学的研究可以帮助我们理解人类如何通过语言来感知世界、思考问题、表达情感，以及如何在社会互动中使用语言进行交流。在教育实践中，认知语言学的观点也具有重要的指导意义。教师可以通过创设多样化的语境，让学习者在真实的情境中学习和运用语言，从而提高他们对语言的理解和运用能力。教师应充分关注学习者的个体差异，根据不同学习者的认知方式和学习需求，灵活调整教学策略，帮助他们更好地掌握语言知识。

总之，语言体验观揭示了语言与人的认知、体验之间的紧密关系，强调了语言在反映现实世界和人类思维中的重要作用。它不仅为语言学研究提供了新的视角，也为语言教学和其他相关领域提供了有益的启示。

二、范畴化理论

原型范畴理论是认知语言学中的一个重要概念，强调范畴中的原型是典型的事例，处于范畴的中心位置，是人类对事物进行分类的基础。[①]在语言中，人们对一类事物进行分类时，通常会选择其中最典型、最具代表性的事例作为范畴的原型。原型具有区分度最大、信息量最多的特点，通常被用来代表

① 王寅：认知语言学［M］. 上海：上海外语教育出版社，2006：56.

整个范畴，并表征范畴化的特征。例如，在动物这个范畴中，狗往往被视为一个典型的原型，因为它具有很高的区分度，同时包含了许多与动物相关的特征。在实际语言使用中，有些词可能存在多义性，即一个词在不同的语境下可能有不同的意思。对于这样的多义范畴中的词，有时很难找到一个共同的核心原型范畴，因为不同的义项可能在概念上有很大的差异。此时可以通过“家族相似性”的概念来理解这些义项之间的关系。家族相似性指的是一个多义范畴中的各个义项共享一些共同的语义网络结构，即它们在某些特定的概念方面有一定的相似性，虽然在整体上可能没有一个明确的原型，但它们之间仍然有一定的联系和共通之处。

基于原型的范畴化和基于图式的范畴化是两种不同的认知过程，分别在认知心理学和语言学研究中扮演着重要的角色。基于原型的范畴化指成员与原型概念的相似程度有层次，即范畴的其他成员与原型之间在概念上有一个相似性的程度，成员与原型之间的关系存在不同层次。原型指某一范畴中最典型、最具代表性的成员，具有最高的典型性和共有特征。其他成员与原型之间的相似程度是递减的，即成员与原型之间的关系存在不同层次。这种范畴化方式反映了人类认知中对事物分类的一种模糊性和层次性，允许人们将不同的事物归类到不同程度的概念中。例如，在动物这个范畴中，狗通常被认为是一个典型的原型，而其他动物如猫、鸟、鱼等则与狗的相似程度递减。基于原型的范畴化对于语言习得和理解具有重要意义。在语言学习过程中，学习者首先接触和学习典型的原型词汇，然后逐渐将其他相似的词汇归类到该范畴中。此过程有助于学习者建立起更为灵活和丰富的词汇网络，提高对词汇的识别和运用能力。在语言理解中，基于原型的范畴化使得学习者能够更好地理解和解释含糊和模糊的语言表达，从而更准确地理解他人的意图和表达。基于图式的范畴化强调范畴成员之间的共同特征和联系，而不强调层次关系。在这种范畴化方式中，范畴的成员之间没有明显的典型性差异，而是基于所有成员的共同特征来进行范畴化。例如，在水果这个范畴中，苹果、橘子、香蕉等成员都具有共同特征——可以食用，并且生长在植物上。基于图式的范畴化在一些语言学习和理解场景中也发挥着重要作用，使得学习者能够更全面地理解和掌握范畴内的不同成员，并将其应用于更广泛的语言交际中。在语言学习过程中，基于图式的范畴化使得学习者能够建立起更为全面和完整的词汇网络，从而提高语言的表达能力。在语言理解中，基于图式的范畴化使得学习者能够更好地理解和分析复杂的语言表达，从整体上把握信息，并更准确地进行语境理解。

语言与心智的关系是认知语言学研究的核心问题之一。认知语言学强调语言习得和语言使用是建立在人类认知能力之上的，因此，理解语言和心智的关系对于深入研究语言习得过程以及语言在认知中的作用具有重要意义。在这个背景下，范畴化作为认知能力之一，成为认知语言学的核心问题之一。范畴化是指人脑对事物进行分类和归类的认知能力。人类通过范畴化将各种感知和经验整合成概念，从而更好地理解和处理复杂的信息。范畴化是一种重要的思维模式，在语言习得和使用过程中起着重要的作用。范畴层级的形成是多种主客观因素的互动结果，其中既包括人类身体经验，也包括语言本身的属性。人们在构建范畴时一般依据原型寻找事物间的共性，即将典型、代表性的事例作为范畴的中心，然后建立更高层次的图式。在儿童母语习得早期和二语初学者的范畴化过程中，常常会出现范畴过度扩展的现象。可见，学习者可能会将某一范畴的含义过度扩展，将一些不属于该范畴的事物也归类进去。这种现象为范畴化理论提供了有力的证据，同时揭示了学习者在范畴化过程中可能会面临的挑战和困惑。范畴化理论的“中心（原型）—边缘”内部结构在语义学研究中具有重要优势，不仅能够反映某一范畴类别的共同心智意象，方便对语义范畴的聚类、存储和提取模式进行描述，还能对学习者的词汇习得序列作出符合认知发展的阐释。范畴化理论能帮助人们更好地理解学习者在语言学习过程中是如何逐步建立起对不同范畴的理解和认知的。在二语习得研究中，范畴化理论的应用也非常广泛，帮助人们理解二语学习者在习得新的词汇和语义概念时是如何与自己的母语和文化经验进行联系和对比的，从而更好地指导教学实践，促进二语学习者的语言习得过程。

范畴化理论是认知语言学研究的基石，探讨了人类对事物进行分类和归类的认知能力。对于范畴和家族相似性的关系，学界仍存在不同的观点。有些学者坚持家族相似性是范畴化的基础，认为这种相似性是范畴的共性特征所在；而另一些学者则认为家族相似性具有反共有属性和反本质主义，可能导致范畴化的虚无主义。不论如何，范畴化作为一个复杂的心智认知过程，是存储于人们心智之中的心理概念，是语言使用的核心。范畴化是一个在人类心智中自然发生的过程，人类通过范畴化将各种感知和经验整合成概念，从而更好地理解和处理复杂的信息。范畴作为心理概念，存在于人们的思维中，影响着人们对世界的认知和理解，它们在语言学习和语言使用过程中发挥着重要的作用。范畴可以被看作人类对事物进行分类和组织的认知框架，不仅仅是对个体事物的简单描述，还包含了与事物相关联的情感、经验和文化等因素。心理词库是认知范畴理论与心理学相关研究方法相结合的产物，是对个体的心理知识和概念进行系统性整理和存储的一种方式，反映了认知概念心理加工的范畴化状况。在心理词库中，词汇被组织成不同的范畴，每个范畴代表着一个特定的概念。通过对心理词库的研究，可以深入了解个体对不同范畴的认知和理解，从而更好地理解人类的思维和语言习得过程。在认知语言学研究中，范畴化理论为人们提供了一个重要的理论框架，帮助人们深入探讨语言和心智的关系。研究范畴化可以进一步了解语言习得过程中人类是如何逐步建立起对不同范畴的认知和理解的。范畴化理论还为语言学习和教学提供了一种有效的方法。在语言教学中，教师可以根据范畴化理论的原理，设计更具启发性的教学内容，帮助学习者更好地理解和掌握语言知识。例如，在英语教学中，范畴化理论可以帮助教师更有效地组织教学内容，引导学生更好地理解和记忆词汇和语法规则。同时，范畴化理论也有助于解释语言学习中的一些现象，如词汇的扩展和语法的掌握等。总之，范畴化理论是一个深刻而丰富的领域，它揭示了人类如何理解和组织世界，以及这种理解如何影响我们的语言和思维。通过深入研究和应用范畴化理论，我们可以更好地理解人类的认知过程，以及语言与认知之间的密切关系。

三、意象图式理论

意象是人们在进行语义描写时形成概念或概念结构的具体方式。它是一种心理表征，通过触发感官图像和情感体验，帮助人们理解和把握某一事物或情景。意象在语言理解和表达中的重要性不可忽视，尤其是在不同语言使用者之间产生差异的情况下。这些差异源于每个人涉身体验的不同，导致他们在理解和表达事物时使用不同的视角、注意力和辖域。意象在语言理解中起到了至关重要的作用。人们在接触到一种新的概念或词汇时，通常会尝试通过触发相关的意象来理解其含义，这些意象可以是视觉图像、声音、味道、触感或其他感官体验，与个体经验相联系。意象帮助人们将新的信息与已有的知识联系起来，形成更加深入和准确的理解。由于每个人的个体经验是不同的，所以即使是相同的词汇或概念，不同的人也可能会形成不同的意象，导致在表达和理解时出现差异。意象也在语言表达中发挥着重要的作用。人们在用语言来表达自己的思想和感受时，往往会借助意象来增强表达的生动性和感染力。引入形象的描述和感官图像，能够使人们更好地传达自己的意图和情感。在不同语言中，不同的文化和社会背景也会影响意象的选择和运用。因此，即使是相同的情景或表达意图，不同语言使用者可能会使用不同的意象和表达方式来传达相似的含义。意象的存在也解释了为何在不同语言中，同一事物或概念可能会有不同的表达方式。不同语言对于事物的分类和描述可能有所差异，这在一定程度上是因为不同语言使用者在理解和表达时会选择不同的意象。这种差异不仅体现在具体的词汇选择上，还体现在句法结构和表达方式上。因此，意象在跨文化和跨语言交流中起到了至关重要的作用，它帮助人们理解和解释不同语言和文化之间的差异，促进跨文化交流和理解。

图式理论是一种用于解释心理过程的理论模式，最早由德国哲学家和心理学家康德在 1781 年提出，后来应用于认知心理学。随着时间的推移，不同的学者从不同的视角对图式进行了定义和解释。图式帮助人们组织和理解世界，使人们能够快速地处理信息和作出决策。例如，当遇到一个新的情境或问题时，人们会寻找与之相关的图式，以便更好地理解和应对。一些研究者强调图式是按层次组织的大型信息结构，它们不是零散的知识单元，而是围绕共同的主题或领域组织起来的。图式在不同主题和领域之间存在包容关系，其中较大的图式包含较小的图式，形成了一个层次结构，这种层次结构使得人们能够更好地理解和记忆大量的信息。有的研究者认为图式是一种范畴的体现，并提出用槽值结构来表示图式的组成部分和典型特征。槽值结构是一种用于表示事物属性和关系的方式。图式中的每个槽代表一个特定的属性，而槽值则表示该属性的具体取值。通过槽值结构，我们可以更好地理解和区分不同的图式。

意象图示是人们从预存的经验范畴或已知的概念系统中获取意义的手段，也是语言组织概念内容的一种特有认知方式。[①] 它是存在于我们的感知和身体运作程序中的一种反复出现的动态模式，使得我们的身体经验具有了结构和连贯性。[②] 意象图式理论是认知语言学中的一个重要理论，描述了人们在视觉和动觉经验中反复出现的动态构型，如容器、联结、力量、路径和各种空间方位和关系。这些意象图式在语言理解和概念化过程中起着重要作用，并被认为是认知结构的基础。意象图式被认为是由基底和侧面组成的语义完型，基底是一个抽象的核心概念，而侧面是与该概念相关联的具体细节和特征。不同的词类可以描述相同的基底，但从不同的侧面来描述。这种基底和侧面的关系被称为家族相似性。通过家族相似性，人们能够在不同的语境中理解和应用相似的概念。意象图式被归类为高层次上的复杂知识结构，它不是一个简单的概念，而是由多个相关联的基底和侧面组成的整体，这种复杂的知识结构使我们能够更好地理解和解释世界。意象图式也被认为是人们将外部经验投射到概念结构中的方式之一。在感知体验中，人们通过压缩和再描写将外部世界的信息转化为意象图式，从而更好地理解和应用这些信息。意象图式是背景知识经过抽象和概括后存在于头脑中的认知结构，这意味着人们通过多次的感知体验和学习，形成了关于世界的一系列意象图式，并将其储存在记忆中。这些意象图式成为人们理解世界和表达的基础，帮助人们更好地处理信息和作出决策。意象图式理论强调了语言与人的感知体验之间的紧

---

① 彭玉海．俄语动词隐喻的意象图式——俄语动词多义性的研究［J］．外国语文，2012（4）：69.

② 蓝纯．认知语言学与隐喻研究［M］．北京：外语教学与研究出版社，2007：58.

密联系，认为语言是植根于人的感知体验的，是人们对外部世界的认知和理解的体现。因此，意象图式建立在人类与外部世界互动体验的基础之上，是感知世界和理解语言的基石。

力量—动态意象图式是认知语言学中的重要概念，其利用空间概念阐释人类与现实世界的互动，并在语言建构中发挥核心作用。[①]这一概念基于人们的感知能力，如视觉、触觉和动觉，是对空间位置和运动进行概念化的结果。力量—动态意象图式描述了力量和运动在人们认知过程中的重要作用。这一概念认为，人们通过感知世界中的力量和运动，形成了一种动态的意象图式，用以理解和表达我们与外部世界的互动。例如，人们通过观察物体的移动和碰撞，形成了关于力量和运动的概念，这些概念在人们的语言建构和表达中发挥着核心作用。力量—动态意象图式得到了许多语言学家的认可，他们认为这一概念对于理解语言的本质和认知过程至关重要。在这一理论框架下，弹子球模型和舞台模型被提出，这些模型是基于力量—动态意象图式发展起来的典型事件模型。事件模型帮助人们理解和描述日常生活中发生的各种事件，如物体的运动、人的动作等。事件模型使人们能够更好地理解和表达与外部世界的互动，进而构建语言意义。根据这一模型，意象图式只有在新事物与已有的知识结构建立关联时，才能得以构建并产生意义。这意味着大脑中存在待处理的信息图式时，信息处理会畅通，人们能够更好地理解和应用新的信息。而当信息与已有的知识结构没有关联时，信息处理可能会受到阻碍，人们难以理解和应用信息。

意象图式作为人们对事物形成的初始认知结构，具有较高的稳定性和概括性。这种认知结构是人类感知世界和理解语言的基石，帮助人们在复杂的语言环境中迅速理解和应用信息。借助意象图式能够透视自然语言中更接近人类底层认知水平的一系列义原，从而深入探讨语言的本质和人类的认知过程。意象图式的稳定性和概括性使其成为一种强大的认知工具。图式是通过人们长期的感知和体验形成的，它们储存在人的大脑中，成为人们理解世界

① TALMY L. Force dynamics in language and cognition [J]. Cognitive Science, 1988, 12(1): 53.

的基础。由于意象图式的稳定性，人们可以在面对新事物时，迅速地将其与已有的图式进行联系，从而实现快速理解和归类。这种认知的经济性使人们能够有效地处理大量的信息，并在复杂的语言环境中找到共性和关联。意象图式能推动人们更好地理解语言中的多义现象和句法结构。多义现象是语言中常见的现象，一个词语可能有多种不同的意义，而这些意义之间往往有一定的联系和共性。意象图式可以帮助人们揭示这些意义之间的关联，从而更好地理解词语的本质和使用方式。另外，意象图式还可以帮助人们分析句法结构，理解不同句子之间的关系和逻辑。图式的概括性使人们能够在句法分析中找到共性和规律，从而更好地理解语言的结构和运用。意象图式在认知语言学研究中发挥着重要作用，为有关人员提供了一种深入探讨语言本质和人类认知过程的视角。研究意象图式可以更好地理解语言的起源和发展，探索人类认知的基本原理，不仅对语言学理论有所贡献，还为语言学习和教育提供了有益的启示。

四、框架与脚本

框架和脚本是源自人工智能领域的重要概念，它们最初是被用于描述人类大脑中存储和处理知识的方式，在人工智能研究中起着关键作用，也对自然语言的理解和处理产生了深远的影响。框架是一种认知结构，用于在人类大脑中组织和存储知识，是一种关联性和结构性非常强的认知模式，将相关的信息组织在一起，形成一个有机整体。框架的作用在于帮助人们理解和解释世界。可将框架视为认知中的“模板”，当遇到新的事物或情景时，人们可以将其与已有的框架进行匹配，从而快速理解并归类。框架的形成依赖于人们的感知和体验，是人们长期进行认知活动的产物。脚本与框架有些相似，但更加强调事件序列的组织和表达。脚本是一种用于描述特定情境或事件序列的知识结构，包含了事件的先后顺序、参与者和动作等信息。脚本的作用在于帮助人们理解和预测特定情境下的行为和事件，例如，人们对于进餐的脚本可能包括找座位、点菜、用餐等过程。脚本的形成依赖于人对特定情境的经验和认知，它使得人们能够在类似情境中做出合理的行为和反应。框架和脚本的引入对于语言理解和自然语言处理产生了很大的启示。将文本中的世界知识用框架和脚本的形式呈现，计算机可以更好地理解文本内容，并将其转化为有意义的信息。在自然语言处理中，框架和脚本可以被用于分析句子结构、理解上下文和处理多义性等问题。例如，在问答系统中，可以利用脚本来匹配关联性更高的问题和答案，从而给出更准确的答案。框架和脚本的应用还拓展到了语义网络和知识图谱的构建。将知识表示为框架和脚本的形式，人们可以更好地组织和管理知识，并建立知识之间的联系，这为人工智能领域的知识图谱和智能系统提供了有力支持。

框架语义学和脚本理论的引入为语言学领域带来了全新的视角和理论框架，从认知科学的角度出发，将人类认知和语言紧密联系在一起，深刻地影响了人们对语义、句法和语用等语言学现象的理解。框架是一种认知结构，是人们对经验空间或概念体系进行综合总结的结果。在语言使用中，人们根据自己的经验和认知来构建框架，用以理解和表达语义信息。框架语义学强调语义是基于认知的，而不是简单的词汇意义之间的线性对应关系。框架有助于人们将不同的语义信息联系起来，形成更加复杂的意义。框架语义学的一个重要应用是对多义词的理解和解释。由于语言是多义的，一个词语往往可以有多个不同的意思，这给语义理解带来了挑战。框架语义学通过将多义词的不同意义放置在不同的框架中，帮助人们更好地理解和区分这些意义。例如，对于词汇“bank”，它既可以指代金融机构，也可以指代河流的岸边。将这两种意义分别放入不同的框架中，可以令人更好地理解它们在不同语境下的含义。在语言学中，脚本被用来描述特定的语用场景和句法结构。它帮助人们理解特定情境下的语言使用方式，并将语言与现实世界的经验相联结。脚本理论在语言学中的一个重要应用是对语用场景的解释。语用场景是指特定的交际背景和语境，会对语言的使用产生重要影响。脚本理论可以使人们分析不同的语用场景，了解其中的角色、动作和事件序列，从而更好地理解人们在不同情境下的语言表达。例如，在一个餐厅场景中，脚本可以包含点菜、用餐和结账等事件序列，进而可以使人更好地理解在这样的场景中人们的语言交际方式。

框架语义学主要是描述语义和句式结构的理论，其应用主要集中在对于意义的研究，一些研究者尤其在词汇语义方面进行了相关研究。① 框架语义学是一种重要的语义理论，其强调了语言使用者对词语意义和功能的理解是依赖于所掌握的语义框架的。② 一个语义框架是由一系列相互关联的经验范畴组成的认知结构，提供了词语在语言和言语中存在和使用所需的背景知识。在理解一个词语的意义时，语言使用者需要将其与适当的语义框架进行匹配，才能激活与之相关联的其他概念。举例来说，当人们听到词语“hospital（医院）”时，头脑中会激活与医疗有关的一系列语义框架，如“医生”“病人”“疾病”“手术”“死亡”“康复”等。这些框架之间相互联系，构成了对“hospital”这一词语的全面理解。因此，一个词语的意义并不是孤立存在的，而是通过与其他相关概念的框架相匹配，共同构成了一个完整的意义。除了对词语意义的理解，框架语义学还有助于解释句子的含义。在句子中，词语的意义和功能也依赖于所处的上下文和语境。理解句子中的语义框架，可以使人们更好地把握句子的整体含义，并推断出缺失信息。例如，在句子“His car crashed into the guardrail. The ambulance came and took him to...”中，通过语义框架的匹配，能进一步预测出所缺信息应该是“hospital”或“medical center”。脚本在这一过程中扮演着重要角色。脚本是由特定的事件序列和环境条件组成的知识结构，用来描述特定情境或事件的常见知识。在语言理解中，脚本可以帮助人们将一系列行为和事件组合成为一个整体，理解特定语境下的语言表达方式。使人们能够对一系列事件进行预测，从而更好地理解句子的含义。

在认知语言学中，框架和脚本是两个重要的概念，用于描述人们对语言和经验的认知加工过程。通俗来讲，框架是构建中心概念的一般知识，是自下而上地引发整个框架的普遍模式进行加工的过程；脚本则是构建基层事件的具体知识，是自上而下地根据次级事件的预期顺序进行加工的过程。当面

① 史凡，浅析当前框架语义学研究与应用中存在的几方面问题［J］. 时代文学（上半月），2012（10）：221–222.

② 潘艳艳 . 框架语义学：理论与应用［J］. 外语研究，2003（5）：14.

临新事物时，人们会自然而然地将其与头脑中储存的框架相匹配，如果匹配成功则顺利获得对该事物的认识；否则，再取与新事物相近的框架，修改、补充匹配不成功的框架。脚本则是一个知识存储结构，为行为序列或条件组合提供加工依据的预期源，帮助语言使用者在话语理解时无意识地从脚本中提取信息填补被省略的信息。可见，框架是静态的知识构造，而脚本则是动态的语义推理。框架是人们对于一类事物或概念的认知模式和结构，可将其看作认知系统中存储的一种通用知识，用于组织和理解与该框架相关的概念和经验。例如，对于“学校”这一概念，人们可能会构建一个框架，其中包含“学生”“教师”“教室”等相关成员和它们之间的关系。当遇到新的学校场景时，人们会将其与已有的学校框架进行匹配，从而快速地理解和处理这一情境。与此相对，脚本是一种特定情境下的事件序列和行为组合的知识结构，可将其看作人们对于特定情境或事件的预期和期待，从而帮助人们在特定情境下进行快速的语义推理和信息填补。例如，当听到“去餐厅吃饭”这一表达时，人们可能会从自身存储的“去餐厅”的脚本中提取信息，包括点餐、用餐、结账等过程，以便更好地理解整个情境。框架和脚本在语言理解和认知中起着重要的作用，通过框架和脚本，人们能够快速地理解和处理复杂的语言和经验，从而使自身的认知过程更加高效和准确。这些认知结构不仅帮助人们理解已知的概念和事件，还能帮助人们预测和推断新的情境和信息。通过不断积累和更新框架和脚本，人们能够不断优化语言使用和认知能力，从而更好地适应和理解复杂多变的语言环境。

学习一门语言不仅涉及单词的记忆和理解，还需要掌握这些词汇在不同语境中的使用方式。框架和脚本为学习者提供了背景知识和上下文信息，帮助他们更好地理解和运用语言。将新学习的词汇与已有的框架和脚本相匹配，学习者可以快速地掌握新知识，并将其应用于实际交流中，而知识的应用和迁移过程对于语言学习至关重要。框架和脚本对于探索学习者语义存储和提取、特定语境下的语义推理以及心理空间的运作机理也具有很大启发。研究学习者如何建立和更新框架和脚本，可以深入了解语义存储和提取的机制，以及在特定语境下如何进行语义推理和信息处理。框架和脚本的运作也与心理空间的构建和运用有关。心理空间是指在思维过程中形成的一种虚拟空间，用于组织和处理认知信息。通过研究框架和脚本在心理空间中的表征和运作方式，人们可以更好地理解人类思维和认知的本质。

五、心理空间与概念整合理论

心理空间理论是一种重要的认知语言学理论，其探讨了人们在思维和谈话时如何受到语法、语境和文化的影响，形成超越词项真值语义条件和通达开放的认知域序列，在研究语言即时产生与理解过程的综合性话语理解和管理方面提供了重要依据。①心理空间理论是一种重要的认知语言学理论，其探讨了人们在思维和谈话时如何受到语法、语境和文化的影响，形成超越词项真值语义条件和通达开放的认知域序列，在研究语言即时产生与理解过程的综合性话语理解和管理方面提供了重要依据。然而，尽管心理空间理论具有很多优点，它也存在一些限制，而概念整合是对这些限制的一种重要补充。心理空间理论突出了概念化过程对于语言理解和产生的重要性，认为语言不是简单的表达和传递信息，而是一个更加复杂的认知过程。在思维和交流过程中，人们不仅仅通过单词的字面意义来理解和表达信息，还会受到语法、语境和文化等因素的影响，形成超越词项真值语义条件的更广阔的认知域序列，这种超越词项真值语义条件的形成是由心理空间中的图式结构和概念之间的连接所实现的。然而，心理空间理论也有其局限性。心理空间中的映现只存在于概念化过程中，且本质上是非语言的，进而限制了该理论对于语言运用背后人类认知机制的解释力。在语言产生和理解的过程中，人们会进行复杂的意义构建和推理，而这些过程并不仅限于概念化过程。因此，需要进一步研究其他认知操作在语言中的作用，以更全面地理解语言的认知过程。在进一步的研究中，有关学者发现了一个重要的心理空间认知操作，即概念整合。概念整合利用输入空间之间对应成分的连接，能将简单事件整合成复杂事件。概念整合的独特之处在于它将语言视为“强有力的和标示不足的一

① FAUCONNIER G. Mental spaces：Aspects of meaning construction in natural language［M］. Cambridge，MA：MIT Press，1985：56.

组提示”，可见，语言现象在与意义的竞争性关系中起着至关重要的作用。在语言的表达过程中，不同的表达方式之间会存在竞争，而概念整合就是一个对这种竞争性关系的认知解释。概念整合的出现使得语言研究摆脱了过程表征和意义表征之争，而更加关注语言现象与意义之间的竞争关系，有助于人们更好地理解语言的复杂性和灵活性。在实际的语言交流中，人们往往会选择最合适的表达方式来传递信息，而这种选择涉及对不同表达方式之间的意义竞争的判断和处理。

心理空间理论和概念整合理论在二语习得中的结合应用，可以帮助学习者更有效地掌握和运用第二语言。学习者可以利用心理空间理论构建清晰的语言知识框架，并通过概念整合理论将新知识与已有知识进行有效整合。这种整合过程有助于加深学习者对语言的理解和记忆，提高语言运用的准确性和灵活性。心理空间理论和概念整合理论在二语习得中发挥着不可或缺的作用，它们共同构成了理解和学习第二语言的重要理论框架。通过深入理解和应用这些理论，学习者可以更有效地进行二语习得，进而提高语言能力和语言水平。

六、理想化认知模式

理想化认知模式是认知语言学中一个重要的概念，用于描述人们在认识事物和理解世界的过程中，逐渐形成的抽象的、统一的组织和表征结构。这个理念之所以被认为“理想化”，是因为它并不是客观存在于现实世界中的，而是人类头脑中对于某一领域经验和知识的一种抽象和概括。在理想化认知模式中，人们通过不断积累和整合感知和经验，逐渐形成对某一领域的认知模式，这些认知模式可以是观念、形象、事件、行为等各种元素的组合。而这些模式在人们的头脑中形成一个复杂的知识结构，被称为理想化认知模式，可以帮助人们更好地理解和解释世界，从而在认知和语言的使用中起到重要的作用。在理想化认知模式中，不同的认知模式地位并不相等，只有那些典型的原型或中心认知模式才能体现整个理想化认知模式的核心和关键。原型或中心认知模式是最常见、最具代表性的认知模式，其在人们的认知中占据着重要的地位，并且在语言表达中经常被使用。这些原型或中心认知模式具有普遍性，在不同文化和社会背景下都能得到认可和理解。除了典型的原型或中心认知模式之外，还存在一些非典型或非中心的认知模式。非典型或非中心的认知模式可能不太常见，或者具有一定的文化和社会背景限制。在理解和表达这些非典型或非中心认知模式时，人们往往需要借助隐喻和转喻等认知策略，将其延伸和解释。隐喻和转喻的使用使得理想化认知模式更加灵活和多样化，从而能够适应不同的语境和情境。

理想认知模式（idealized cognitive model，ICM）是 Lakoff 于 1987 年提出的认知理论术语。[①] 理想化认知模式是建立在人类与世界交互的涉身体验基础之上的认知模型，主要包括四个原则：命题、意象图式、隐喻映射和转喻映射。四个原则相互作用，共同构建了人们对世界的认知和理解。命题是构成理想化认知模式的基本成分，包括了各种元素之间的关系。命题可以是具体的事件、观念、动作等，它们在认知过程中相互连接，形成一个复杂的知识结构。意象图式是由重复出现的涉身体验形成的相对简单的认知结构。意象图式可以是空间、运动、力量等方面的经验模式，在人们的头脑中起着重要的认知作用。隐喻映射是将一个经验域中的命题、意象图式映射到另一个经验域的结构。通过隐喻映射，人们可以借用一个经验域的概念和结构来理解另一个经验域，从而拓宽认知的范围。转喻映射则是通过将一个经验域中易感知、易理解、易辨认的部分映射到整体或整体的某部分，来实现更加简洁和有效的认知。理想化认知模式融合了框架、脚本、图式等理论，同时将隐喻和转喻理论纳入其中，使之成为前两个原则基础上的扩展辐射机制。这个机制使得认知模型成员不是固定的，而是随着人类认识的深入不断增加的。而其开放性意味着人类的认知能力是不断进化和发展的，会随着个体的学习和社会文化的变化而不断演化。理想化认知模式的应用领域非常广泛。在语言学中，其有助于解释语言现象之间的联系，帮助人们更好地理解语义和句法等语言结构；在心理学中，其揭示了人类思维和认知的机制，帮助人们更

① LAKOFF G. Women, fire, and dangerous things: What categories reveal about the mind [M]. Chicago: The University of Chicago Press, 1987: 53.

好地理解人类头脑是如何处理信息的；在教育学中，其为语言学习和认知习得提供了重要的理论基础，帮助教师设计更有效的教学方法。

七、认知域

认知域可以被视为一个知识系统，其中包含了一组相互关联的概念，这些概念一起构成了人们对某一特定领域的认知。认知域的范围非常广泛，可以涵盖从复杂的知识系统（如时空概念、社会关系）到简单的感知和概念（如一周七天）等各种内容。例如，人们可以将“时间”视为一个认知域，其中包含了一系列相关的概念，如“过去”“现在”“未来”等。同样，“家庭”也可以被视为一个认知域，其中包含了各种与家庭相关的概念，如“父母”“兄弟姐妹”“家居”等。认知域的构建不仅依赖于语言，还与人类的感知、经验和文化背景密切相关，不同的语言和文化可能会对同一认知域进行不同的划分和表达，差异性则反映了语言和文化对认知的影响，也揭示了认知域在认知过程中的重要作用。认知域为语言表达提供了丰富的语义背景和信息，在语言中，人们常常使用认知域来表达复杂的概念和关系。例如，在表达“汽车在街上行驶”这个句子时，“汽车”和“街上”可以被视为两个不同的认知域，它们之间的关系通过语法结构来体现，这种用认知域来表达复杂概念的方式使得语言可以更加灵活地表达人类的思想和经验。认知域的概念也在人们的日常生活中发挥着重要作用。当人们理解和解释世界时，常常依赖于已有的认知域和其内部概念的相互联系。通过将不同的认知域相互关联，人们可以更好地理解复杂的事物和情境，从而更好地适应和应对各种环境和问题。

认知语言学中的认知域是构成我们理解语意的核心认知框架，是信息加工过程中不可或缺的一环。根据认知语言学的观点，语言的理解离不开概念的支撑，每一个语义单元都在特定的认知框架内汲取其深层含义。[①]Langacker（1987）深刻指出，认知域是语言在我们脑海中激发的相互关联、高度结构

① 邱泽奇．认知域：从习以为常到人机互生［J］．人民论坛－学术前沿，2023（11）：12–17.

化的概念网络[①]。在认知域理论中，可将认知域分为基本认知域和非基本认知域，这两类认知域在人类认知世界中起着不同的作用。基本认知域指那些先于语言产生、涉及人类基本经验的感知，比如时间和三维空间。这些基本认知域作为人类认知世界的原始表征域，常常被作为其他体验产生的参照或背景。在基本认知域的基础上，形成了概念层次网络，也被称为百科知识。这些概念提供了更高层次、更具体的参照或背景，构成了具有层次性和结构复杂性的概念系统，如空间域、时间域和情感域等。隐喻是一个认知域向另一个认知域的投射，这种投射产生的视角会对注意力产生引导，使认知域中的某特定区域或构型较其他区域或构型更为凸显，进而获得意义。隐喻的作用是将一个概念映射到另一个概念，从而帮助人们理解和解释复杂的事物和情境。人们可以通过隐喻，从一个熟悉的认知域中获取对另一个不太熟悉的认知域的理解，从而拓展自身的认知能力。在认知语法的视角下，认知域的层次和复杂程度决定了人们对世界的理解和表达方式。基本认知域提供了认知的基础，它们是人们对世界进行认知的起点。而随着认知的深入，人们可以通过投射和映射的方式将不同的认知域相互联系，形成更为复杂和丰富的概念系统，而层次性和结构复杂性使人们能够更好地理解和应对多样的认知任务和语言表达。

认知域是人类认知世界中的一种主观与客观相结合的领域，是人们对知识内容在大脑中的内化和组织，在概念化过程中扮演着重要的角色，为人们理解语义单位的描写、探索语义间的关联以及了解各种意义要素在心智中的组织路径提供了有价值的语境参照。认知域是人类认知过程的基础，其代表着人们对外界客观事物和经验的认知，涵盖了人们对于世界的感知、理解和思考。认知域是通过主观的经验与客观的事物相互作用而形成的，是人们对于各种知识和经验的内化和组织。这些认知域构成了人们的认知世界，影响着人们对事物的感知和理解。认知域是概念化过程中的一个重要因素，在认知过程中，人们需要将外界的经验和知识转化为内在的概念，以便更好地加

① LANGACKER R W. Foundations of cognitive grammar（Volume I）：Theoretical prerequisites［M］. Redwood City，CA：Stanford University Press，1987：45.

工和理解信息。认知域在这个过程中起着桥梁的作用，将外部的经验与内部的概念相联系，帮助人们建立起丰富而复杂的知识体系。认知域为探索语义间的关联提供了重要的参照。在语义学中，人们需要了解词汇之间的意义关系和语义联系。认知域为人们提供了一个可以参照的基准，帮助人们发现不同词汇之间的共性和联系。人们可以借助认知域更好地理解语义之间的转换和联想，揭示词汇背后的认知机制。认知域还帮助人们理解各种意义要素在心智中的组织路径。在大脑中，各种意义要素之间相互联系，形成了复杂的认知结构。认知域为人们提供了一种理解这种组织路径的方法，揭示人类认知的本质和机制，使人们更好地理解知识的组织和存储方式，深入研究人类思维的奥秘。

八、关联理论

关联理论自 20 世纪 80 年代提出以来，引发了国内外语用学乃至整个语言学界的广泛关注。在关联理论框架下，二语习得研究融合了语言哲学、认知语言学、交际学等多个学科的理论视角，对学习者如何逐步掌握目标语言的过程进行了深入探索。这些研究不仅聚焦于学习者在如何使用目标语言进行理解和表达时所展现的语用现象与特征，还致力于揭示这些现象与特征背后的形成机制和发展规律。[①] 关联理论着眼于语言交际中信息的传递和理解，以及人类认知如何通过交际实现最大化的信息关联。该理论对语言学和认知科学产生了深远的影响，广受学术界的关注。在关联理论的框架下，交际的目标是传递信息，理解的过程则是接收者根据信息的价值和成本来决定是否进行解码。关联理论认为，人类的认知常常与最大关联性相吻合，也就是说，人们倾向于寻找最有意义、最相关的信息来理解语言表达。这一理念源自对人类认知的基本特征的观察，即人类的认知资源是有限的，人们在处理信息时倾向于选择对自身最有用、最有意义的信息。在关联理论中，最重要的概念之一是关联原则，指的是人们倾向于通过交际实现信息的最大关联性。这

① 于翠红. 关联理论框架下的二语习得研究：回顾、思考与展望[J]. 解放军外国语学院学报，2011，34（2）：56-60.

意味着说话者在交际中会选择那些能够让接收者更容易理解和解码的表达方式，以确保信息的传递和理解的效率和准确性。关联原则强调信息传递的经济性和高效率，使交际变得更加顺畅和自然。另一个重要的概念是交际原则，指的是人们每一个明示的交际行为都具有潜在的最佳关联性。说话者在进行交际时，会选择那些能够使他们的表达更容易被接收者理解和解码的方式。交际原则强调了说话者在交际过程中的责任，他们应该努力提供清晰、明确、具有最大关联性的信息，以便让接收者能够更好地理解他们的意图。

关联理论在一定程度上对格莱斯理论进行了发展和修正，将一系列语用准则缩减为一个关联原则和一个交际原则，使其更加简洁和具体。这种后格莱斯语用模式为研究语用学和认知科学提供了一种新的理论框架，使人们更好地理解语言交际的本质和机制。关联理论还将一些重要的认知科学、行为科学和社会心理学研究成果融入其中，丰富了其研究内容，拓展了研究视域。其广泛应用不仅促进了语用学领域的发展，还为其他学科如认知科学、心理学和社会学等提供了有益的启示。人们可以通过关联理论更好地理解语言交际和认知过程之间的关系，揭示人类思维和交际的奥秘，推动语用学和认知科学进一步发展。

关联理论是一种从认知学角度来解释人类交际内在机制的理论，其认为语言交际是人们通过推理思维，以最小的信息加工努力获取最大关联信息的认知过程。在交际过程中，双方倾向于关注那些与自己认知存在最大关联的信息。与其他理论相比，关联理论具有三个突出特征，这使得它在探讨学习者习得和使用第二语言的语用现象和特征以及分析这些现象和特征形成和发展规律方面具有重要意义。关联理论植根于认知理论，是认知科学的产物。这一特征使关联理论成为以认知为基础的语用学理论，从认知过程的角度来解释语言交际中信息的传递和理解。关联理论认为人类的认知资源是有限的，人们倾向于选择那些对他们最有意义、最相关的信息，从而实现信息的最大关联性。这种认知取向使得关联理论能够深入探究人类交际的本质，揭示认知机制在语用行为中的作用。关联理论以言语理解的解码和推理为基础。在交际过程中，信息的传递和理解涉及复杂的推理和加工过程，而关联理论正是着眼于这一认知过程进行解释。关联理论认为，人们在交际中会根据信息的价值和成本来决定是否对其进行解码和理解。通过推理思维，人们将已有的认知和经验与新的信息进行关联，从而实现对信息的理解和表达，这一特点使关联理论成为研究语用学和认知科学交叉领域的重要理论框架。关联理论研究的现象是动态而非静态的，强调认知过程的动态性，认为人们在交际过程中不断进行信息的解码和推理，使得交际成为一个动态的过程。这与其他一些静态的语用学理论有所区别。关联理论的动态性使其能够更好地解释语用行为的复杂性和多样性。在学习者习得和使用第二语言的过程中，语用现象和特征的发展也是一个动态的过程，关联理论的动态性有助于更好地理解这一过程。

关联理论是一种综合性的理论框架，融合了语用学、心理语言学等多个学科领域的要点。它在研究语言交际过程中，将直显交际和隐喻交际加以区分，并突破了语言研究的静态观点，强调了语义值判断的推理过程和语境因素对话语理解的影响。通过诱导学习者隐含的深层、抽象的语言能力的发展，关联理论为二语习得中许多逻辑问题的解释提供了可靠的理论框架。关联理论在研究语言交际过程中对直显交际和隐喻交际进行了区分，直显交际指人们通过直接表达来传递信息，隐喻交际则是通过隐喻或暗示的方式来传递信息。关联理论认为，隐喻交际是一种特殊的交际形式，涉及更深层次的认知推理和加工过程，这种区分有助于人们更好地理解语言交际的多样性和复杂性。关联理论突破了传统语言研究的静态观点，强调了语境因素对话语理解的影响。关联理论认为，人们在语言交际过程中会根据语境和信息的相关性来进行信息的处理和理解。语境因素对于话语识解的影响是不可忽视的，可以调节语义值的判断和推理过程，这种动态的视角使得关联理论能够更好地解释交际过程中信息的传递和理解。关联理论通过诱导学习者隐含的深层、抽象的语言能力的发展，为二语习得提供了一套有效的理论模式。关联理论认为，人们在学习语言时会倾向于寻求最大关联的信息，从而形成概念和语义的连接。在二语习得过程中，学习者通过对语言的理解和加工，逐渐习得语境和信息的关联，从而提高语言运用的能力。这种诱导学习的过程有助于学习者更好地掌握语言的内在规律和意义，推动二语习得有效进行。

第三节　认知语言学对语言习得的基本观念与机制解释

一、认知语言学对语言习得的基本观念

20 世纪是语言学理论频出的年代，各种理论的争鸣推动了语言研究领域的不断拓宽和研究内容的日益深入。在这个背景下，认知语言学成为一个引人注目的学派。认知语言学关注语言知识的本质、语言习得的过程以及语言使用的机制，其基本观点可以从三个方面进行阐述。在“语言知识是什么”这个问题上，认知语言学认为语言能力是人的一般认知能力的一部分。可见，语言的理解和运用不是孤立的能力，而是与其他认知过程相互关联的。认知语言学关注语言在大脑中的认知表示，强调语言知识的内在结构和认知机制。例如，Lakoff、Fillmore、Langacker、Fauconnier 等代表人物认为语义、词汇和句法密不可分，句法不是语言的一个自足的组成部分，而是与语义、词汇紧密联系的。在“语言是怎样习得的”这个问题上，认知语言学强调语言习得是一个基于认知机制的过程，语言习得不是简单地通过语言输入学习语言规则，而是涉及认知能力和推理思维的加工过程。认知语言学强调从多个来源寻找趋同的证据，即通过与其他认知领域的相关研究相互印证，来加深对语言习得的理解。在“语言是怎样使用的”这个问题上，认知语言学关注语言使用的心理机制和认知过程。语言不仅是客观的真值条件，而且与人的主观认识密切相关。认知语言学强调语言使用的背后是认知现实性，即人们在语言交流中根据信息的相关性进行信息处理和理解。在交流过程中，人们倾向于对那些与自己认知存在最大关联的信息给予更多的注意力。

认知语言学的三个假设为人们提供了更深入的认识和理解，这些假设对于我们探索语言的本质和语言习得过程具有重要的启示和指导意义。认知语言学否定了语言是一种自主的认知能力的观点，相反，它认为语言能力是建

立在人们对具体场景和具体话语的认知之上的，[①] 这也意味着语言不是独立存在的，而是与人类的认知紧密相连的。人们的语言能力是通过与周围世界的互动和经验积累而逐渐形成的，这一观点强调了语言习得与认知能力的紧密联系，为进一步深入研究语言习得过程提供了新的视角。认知语言学认为语法是概念化的过程。传统的语法理论通常将语法视为一种独立于意义和认知的形式规则系统，然而，认知语言学否定了这种观点，强调语法与意义和认知之间的密切联系。语法是人们对经验和现象的概念化表达，是人们理解和表达世界的一种方式。因此，语法不应该被看作与意义脱节的形式规则，而应该被理解为表达概念和认知过程的重要工具。认知语言学认为语言知识来源于语言运用，这一观点与传统的生成语法理论形成鲜明对比。传统的生成语法理论强调语言能力的天生性，即人类天生就具备了一种语言规则系统，并通过这种规则系统来生成无限多的句子。然而，认知语言学认为语言知识是在实际语言运用中积累而来的。人们的语言知识来自与其他人的交流和实际语境中的语言使用，这种语言知识是经验性的，是基于实际语言运用的认知过程得出的。

随着对认知语言学的深入研究，概括性承诺和认知承诺这两个重要的理论观点被提出。[②] 概括性承诺打破了传统的对语言进行独立模块切分的观点，提出人类语言是由词汇、句法等层面组成的连续系统，意味着语言的不同层面并非孤立存在，而是相互联系、相互影响的。认知承诺强调语言是人类一般认知能力的结果，并随着认知能力的发展而逐步发展。这一观点使人们认识到语言的习得和使用并不是孤立的，而是与人类的认知能力密切相关的。语言习得是人类认知能力的一部分，随着认知能力的发展而不断演化。因此，人们不能将语言机制与其他关于人脑和思维的认知机制分割开来，而应该将它们联合起来，共同研究人类智能和语言能力的本质。这两个重要的理论观点为认知语言学的统一描写和解释各层面的语言现象提供了理论基础。概括

① 赵艳芳，认知语言学概论［M］. 上海：上海外语教育出版社，2001：55.

② LAKOFF G，JOHNSON M. Metaphors we live by［M］. Chicago：The University of Chicago，1980：67.

性承诺和认知承诺能使人们更好地理解语言的组织和运作机制，以及语言与认知的复杂关系，进而为深入研究语言习得、语义、句法、语用等语言学领域提供了新的视角和方法。

在认知语言学领域，对于二语习得与母语习得的比较研究一直是一个备受关注的话题。研究发现，尽管二语学习者无论水平高低都与本族语者存在差异，但随着学习者水平的提高，其对二语的认知选择和判断逐渐接近本族语者。这表明母语习得与二语习得存在相似之处，同时反映了认知语言学的基本观点：二语习得是在运用母语习得能力的基础上学习第二种语言。母语习得是人类在婴幼儿时期通过接触母语环境而自然习得母语的过程，这个过程是在社会交互和认知发展的双重影响下进行的。婴幼儿通过与他人的交流和观察，逐渐掌握语言的各个层面，包括词汇、句法、语义等。母语习得是人类认知能力的一部分，基于认知过程和概念建构，是一种融合了语言、思维和社会认知的复杂过程。

从认知角度来看，语言习得是一个复杂而动态的过程，涉及对语义、句法、形态、语音等各个层面的符号串进行实时感知和产出。[①] 这些符号串的概念和结构建立在人们对具体语言认知的抽象化和图式化基础之上。二语习得与母语习得在认知过程和规律上有许多共同特征，这些共同点可以为教师和学生提高语言学习的认知效率提供有益的指导。二语习得以具体用法为基础，学习者在习得第二语言时，通过接触和使用具体的语言表达形式和句子结构，逐步理解和掌握语言的规则和用法。这与母语习得相似，婴幼儿在母语习得中也是通过接触和模仿周围的语言输入来学习母语的表达方式。二语习得与母语习得都建立在认知能力的基础上。人类的认知能力在语言习得过程中发挥着重要作用，学习者通过认知能力来理解和运用新的语言知识。认知能力涉及记忆、注意、推理等多个方面，不仅影响母语习得，也在二语习得中起着至关重要的作用。二语习得与母语习得之间也存在一些差异。一方面，二语学习者通常在学习第二语言时就已经掌握了一种或多种母语，这使得他们在学习第二语言时可能受到母语的干扰。例如，某些语法结构或词汇在母语

① 王涛. 从二语习得到二语发展：一个动态的观点［J］. 外语教学与实践，2020（4）：1-7.

和第二语言中可能存在差异，导致学习者在使用第二语言时产生错误。另一方面，二语习得的学习环境可能与母语习得的环境不同。母语习得通常发生在自然的社会环境中，而二语习得则可能发生在教室、学习机构等形式化的环境中。不同的学习环境可能会影响学习者的语言输入和输出，从而影响他们的语言习得过程。

在认知语言学的视角下，对于二语习得与母语习得之间的关系，研究者认为存在一些本质上的共同点，主要涉及二语习得和母语习得在认知过程中的影响因素。母语因素在二语习得研究中也扮演着重要的角色，它既能促进二语习得，又可能产生遮蔽和阻断的影响。认知语言学认为，二语习得与母语习得都受到一系列认知因素的影响，其中包括频率、提示与结果关系、多个提示之间的竞争、凸显度等。这些因素在语言习得过程中起着重要的作用，影响着学习者对语言知识的接受和理解。例如，频率指的是某个语言现象在语料库中出现的次数，学习者更容易习得那些频率较高的语言现象。提示与结果关系则指的是学习者在接收到一些提示后能够推断出相应的语言规则或含义，这有助于学习者更好地掌握语言知识。母语因素在二语习得中起着重要的作用。由于二语习得建立在学习者已经掌握的母语认知基础之上，母语中的句法、语义、思维方式等因素会对二语习得产生影响。一方面，母语中的某些结构和规则可能与目标语言不同，导致学习者在习得第二语言时受到干扰或出现错误，被称为“干扰效应”，学习者倾向于将母语的结构应用到目标语言中，从而产生错误的表达。另一方面，母语中的某些结构和规则也可能对二语习得产生促进作用。母语中的认知策略和思维方式会影响学习者对目标语言的理解和运用。例如，一些语义概念在母语中的表达方式与目标语言相似，学习者可以利用这种相似性来加速习得过程。学习者在进行语言习得时可能会出现遮蔽效应和阻断效应。遮蔽效应指的是在学习者学习第二语言时，母语中某些结构或规则对目标语言的学习产生阻碍，使学习者难以理解和应用目标语言的知识；阻断效应则是指学习者由于母语中的某些认知习惯，无法正确理解目标语言的表达方式，导致学习出现困难。

在认知语言学的观点中，语言学习被视为学习者认知结构不断变化和重组的过程。[①]当学习者对语言知识进行编码、储存和加工时，他们会对语义进行聚合和切分，并将可分辨的概念按照范畴进行分类和定位，或激活相关的认知图式。这种范畴化过程是一种主动的组织和建构过程，学习者会借助头脑中已有的心理表征和认知模型，提取相似的经验来对新的语言信息进行处理。在每个范畴化过程中，学习者会有意无意地运用已有的认知结构来处理新的语言输入。这种认知结构可能来源于母语或其他先前学习的语言，会在学习者的心智中形成一种基础的认知模式。当学习者接触新的语言输入时，他们会尝试将其映射到已有的认知模式中，从而使其更易于理解和记忆。这种映射过程有助于学习者将新的语言知识整合到已有的认知体系中，从而形成更为稳固和更具意义的学习成果。

原型意义在二语习得中比边缘意义更早被学习者习得。原型意义指在某个范畴中最典型、最常见的意义，而边缘意义则是相对不常见或特殊的意义。原型意义与人们的日常经验和认知图式更为接近，学习者更容易将其与已有的认知结构进行关联。这使得学习者在学习新的语言知识时更倾向于优先掌握原型意义，而边缘意义可能在后续的学习过程中被逐渐习得。在这种认知重构的过程中，学习者的个体差异和学习经历都会对过程产生影响。每个学习者都有自己独特的认知体系和学习策略，这些因素会在语言习得中发挥作用。有些学习者可能更擅长利用已有的认知结构进行映射和组织，从而更快地习得新的语言知识，而有些学习者可能需要更多的练习和反思。因此，教学者在设计语言学习的教材和教学活动时应该充分考虑学习者的个体差异，帮助他们更好地利用自身的认知资源来进行语言习得。

认知语言学在语言习得问题上一直强调使用过程中的习得，即通过实际的语言使用在交流过程中获得语言知识和技能。对于绝大多数国家的二语学习者来说，语言习得通常是在课堂环境下进行的，缺乏真实的交际环境和文化氛围。因此，认知语言学强调二语习得要充分重视学习语境和氛围的构建，提高语言学习者的参与和互动的积极性，丰富其语言体验。在传统的语言学习中，往往将重点放在语法、词汇等语言知识的教授上，忽略了真实的语言

① 王涛.从二语习得到二语发展：一个动态的观点［J］.外语教学与实践，2020（4）：1–7.

使用场景。然而，语言的习得不仅仅是掌握语法规则和词汇，更重要的是能够在实际交际中灵活运用语言，理解并产生意义。因此，认知语言学强调语言学习者需要在真实的交际环境中进行语言实践，通过与母语者或其他语言使用者的交流，积累语言经验，提高语言交际能力。在构建学习语境和氛围方面，教师和学校起着重要的作用。教师可以设计各种真实情境中的交际活动，让学习者在日常生活中运用所学语言，从而增强语言运用的能力。例如，可以组织角色扮演、情景对话、实地考察等活动，让学习者在实际场景中练习语言表达。教师还可以引导学习者参与语言社交活动，如语言角、语言交换等，促进学习者与母语者的互动和交流。丰富语言体验也是重要的一环，通过引入有趣的故事、文化知识、音乐和影视作品等，学习者可以更加深入地了解目标语言的文化背景和特点。如此，不仅能激发学习者学习语言的兴趣，还能帮助他们更好地理解语言的含义和用法。丰富的语言体验也有助于学习者形成对目标语言的情感联系，使语言学习变得更具意义和更加有效。

认知语言学与二语习得研究的结合具有必然性，这主要体现在以下几个方面。其一，语言习得涉及复杂的认知过程。二语习得是一个复杂的认知过程，学习者在特定环境下通过大量的形符输入，将语言信息与已有经验相结合，并进行概括、储存和提取。这个过程涉及认知心理的加工和大脑的加工。但由于这些过程本身并不可视，长期以来，仅仅依靠经验主义的研究难以有效地阐释语言知识是如何与人们的普遍世界知识相联系的。认知语言学的出现弥补了这一不足，它将语言学、心理学、哲学、神经科学等多学科研究相结合，能够帮助人们更好地探索和理解语言习得的认知机制。其二，强调心理和神经机理。传统的二语习得研究更加注重语言学和社会文化因素，忽视了与语言能力发展紧密相关的心理和神经机理。而认知语言学正是强调了这一点，其关注人类语言认知的基本原理和机制，探索语言处理的神经基础和认知过程。通过运用认知语言学的核心概念，二语习得研究也逐渐过渡到以实证研究为主，从而能够更全面地揭示和阐释语言习得过程中的认知机制。其三，融合多学科研究视角。认知语言学融合了语言学、心理学、哲学、神经科学等多学科研究的视角，使得研究更加全面和综合。在语言习得问题上，不仅需要关注语言学习的表层现象，还需要深入探究其背后的认知机制。通过融合不同学科的研究方法和观点，人们可以更好地理解语言习得的本质和规律。其四，实证研究为主。认知语言学倡导实证研究，强调从实际语言使用和实验数据中得出结论。这与传统的内省方法相比更加科学和可靠，可以更准确地了解二语习得者在语言习得过程中的认知机制，从而为语言教学提供更有效的指导。

二、认知语言学对语言习得机制的解释

（一）将二语习得视为二语语法习得

传统的基于语言学视角的二语习得研究主要关注学习者在习得过程中对语法知识的掌握和应用。有关的研究者认为语法是语言的核心组成部分，试图通过对特定语法结构的习得情况进行调查和分析，验证是否存在普遍语法以及普遍语法如何影响二语习得。他们通常通过设定特定的语法知识问题，引导学习者进行相关的提示应答和提示产出，以获取数据进行验证。例如，一些研究者可能探讨在不同语言习得阶段，学习者是否会对特定的语法结构产生普遍性的认知倾向，进而分析这些普遍性是否会影响学习者对特定语法结构的习得。这种基于语言学视角的研究方法在一定程度上能够帮助人们了解学习者在习得过程中对特定语法知识的习得情况，但也存在一些限制。基于语言学视角的研究忽视了社会文化因素对语言习得的影响。语言习得是一个复杂的过程，不仅涉及学习者对语法知识的习得，还包括语言使用的社会文化背景和交际环境。在语言学习的过程中，学习者处于不同的社会文化环境中，他们的习得过程受到诸多社会文化因素的调节。社会文化视角的研究方法可以更好地揭示这些因素对语言习得的影响，深入探讨学习者在社会文化背景下的语言习得过程。基于语言学视角的研究方法通常只关注特定语法结构的习得情况，却忽视了语言习得过程中的其他重要因素。语言习得是一个多层次、复杂的过程，除了语法知识，还包括词汇习得、语音习得、语用能力等方面。这些因素在语言习得过程中相互交织、相互影响，忽视其中的任何一个方面都可能导致对整个习得过程产生不全面的理解。因此，需要综

合多种研究方法，包括基于语言学视角和社会文化视角的方法，来深入研究语言习得的各个方面。基于社会文化视角的二语习得研究将语言学习者与社会融为一体，更加关注社会文化在语言习得中的调节作用以及人与社会文化之间的交互作用。[①] 此种研究方法强调语言习得的发展是复杂多变的，受到多种因素的影响，包括学习者的性别、身份、地位等社会语境因素，这些因素会影响学习者在语言习得过程中的态度、动机、语用策略等。社会文化视角的研究方法能够更好地揭示语言习得发展的复杂性，深入探讨学习者在社会文化背景下的语言习得过程。

（二）充分考虑语言动因对学习者二语习得机制的影响

在二语习得研究中，语言动因是一个重要的考虑因素。语言动因指的是学习者学习第二语言的动机和目的，可以影响学习者对语言习得的投入程度、学习策略的选择和学习成效。[②] 仅凭动机因素是无法完全准确地预测语言结构的，因为语言习得是一个复杂的过程，受到多种因素的影响，影响过程的不仅仅是学习者的动机和目的。认知语言学将基于使用的模型奉为圭臬，强调语言的本质是社会的，语言的形成、运用和习得是学习者在社会互动环境中体验、内化、发展起来的，从而突出了语言与社会互动的密切关系。在社会互动中，学习者通过与他人的交流和互动，不断提高和完善自己的语言能力。同样的情景下，不同语言结构的使用和不同语言背景的认知主体对同一情景的识解方式可能是不同的，这反映了语言的生成和使用与人类认知体验之间的紧密关系。认知语言学还明确指出，语言表征之间存在互动作用。这种作用可以发挥交际效果，并与认知能力、认知过程、身体经验等一起发挥限制作用，最终产生话语。这表明语言的使用不仅仅是简单地将概念知识转化为语言表达，还受到多种因素的综合影响。学习者在语言使用过程中不仅需要运用语言知识，还需要结合自身的认知能力、经验和目标来产生有效的话语。

认知语言学和二语习得的结合点在于对语言运用中的心理表征和认知过

① 马俊波．社会文化理论及二语习得研究的社会文化视角［J］．天津外国语学院学报，2008（3）：9-15.

② 雷淑华，李桦．动机与英语学习探析［J］．科技资讯，2006（35）：214.

程的共同关注，二语习得研究强调学习者在学习第二语言的过程中对语言知识的习得和应用，而认知语言学关注的是语言的生成和使用与认知过程的关系，两者的结合可以帮助我们更好地理解学习者在习得第二语言时是如何运用心理表征和认知过程来处理语言输入和产生语言输出的。深入研究学习者在实际语境中的语言运用，可以进一步揭示语言习得过程中认知机制的复杂性，从而为二语教学提供更有效的指导和支持。在二语习得研究中，应充分考虑学习者的动机和目的，同时要认识到语言习得是受多种因素综合影响的复杂过程。认知语言学的观点可以帮助人们从更广阔的视角来理解语言习得的本质和规律，更好地应用多学科的知识和方法来推进二语习得的研究和教学。研究者应在研究中综合运用语言学、心理学、社会学、神经科学等多学科的知识，从而更全面地认识学习者在习得第二语言过程中的认知机制，为他们提供更有效的语言学习支持。

（三）认知语言学理论具有高度兼容性

二语习得领域的研究手册和专著都充分证明，认知语言学与二语习得理论具有高度的兼容性，这种兼容性主要体现在认知语言学的一些核心理论与当代心理学、构式语法、短语理论和脑认知科学等领域的相关研究成果相互启示和相互映衬，从而为二语习得研究和其他学科之间的互动、影响和渗透提供了契机，也为人们对若干语言现象的研究开拓更宽阔的视野提供了新的可能性。认知语言学中的一些重要理论如框架语义、意象图式原型和范畴化理论等，都得到了实证研究的支持，并且受到了相关学科研究的启发。框架语义理论认为语义知识是以“框架”为基础的，而这些框架与人们在日常经验中构建的认知模型紧密相连；意象图式原型理论则关注人们如何通过身体经验和感官知觉来理解和表达语义概念；范畴化理论则揭示了人们是如何将语言中的词汇和句法结构归类为特定范畴，从而使人们能够更好地理解和使用语言。理论的研究能作为支撑，使人们更好地理解学习者在习得第二语言时是如何运用这些认知机制来处理语言输入和产生语言输出的，还有助于更好地指导二语教学，帮助学习者更有效地掌握第二语言。认知语言学在研究方法上的特点也为其在二语习得研究中的应用提供了优势。认知语言学融合了实验行为学、心理学和神经认知研究的前沿技术，强调对实验材料和实验环境进行严格控制，增加了研究结论的可信度。这些研究方法可以使我们更全面地了解学习者在习得第二语言时的认知过程，从而更好地解释二语习得现象。

（四）二语习得过程是语言再认知的过程

在二语习得中，学习者是在已经掌握母语系统的基础上学习第二种语言，这个过程可以被看作语言再认知的过程。学习者在这个过程中不仅需要掌握目标语言的词汇和语法规则，更重要的是要能够理解和表达客观世界的心理表象和概念。然而，对于某些内容，母语者可能轻而易举地理解和运用，对于二语学习者却是困难重重。比如，多义词、介词、短语动词、熟语等语言现象，这些问题常常困扰着二语学习者。以介词“in”和“on”为例，母语者能够准确感知使用这两个介词时所传达的微妙情感、态度或观点的不同，但对于二语学习者来说，往往很难完全理解这种微妙之处。传统语言学的解释通常只从意义和使用范式进行简单分类，给出一些意义或功能描述，但这往往无法涵盖实际应用中复杂多变的情况。这说明在二语习得中，目标语言的学习与母语习得不同，学习者需要超越表面的语法规则和词汇，更深入地理解目标语言的意义网络结构和图景。产生这种困难的原因在于二语学习者在习得第二语言时，需要将目标语言与母语之间的差异进行比较和映射。在这个过程中，母语因素是不可忽视的，它会影响学习者对目标语言的理解和运用。例如，学习者可能会将母语的语法规则和词汇结构应用到目标语言中，导致语言表达出现错误或不自然。此外，母语和目标语言之间的语言表达方式和文化背景的差异也会影响学习者对目标语言的理解和接受程度。为了克服这些困难，认知语言学为二语习得研究提供了新的视角和方法。认知语言学强调语言与认知之间的密切关系，语言表达是认知过程的产物。在二语习得中，学习者需要将目标语言的语义、句法结构与自己的认知体验相结合，从而形成完整的语言表达。认知语言学还注重实验行为学、心理学和神经认知研究的方法，根据实验数据和研究结果来揭示学习者在习得第二语言时的认知过程和规律，从而为二语习得的教学提供科学依据。

（五）二语习得应重视对语言本质及其运作机制的研究

认知语言学在二语习得研究中的应用为人们提供了深入理解语言习得的新视角和方法，强调对语言本质及其运作机制的研究，并坚持基于语言使用的认知过程与规律进行研究。基于实证研究的方法不仅帮助人们更好地理解语言现象的产生、发展、使用和理解，还从语言认知和人类认知本质属性的角度进行阐释，取得了更好的二语习得效果。研究者在对英语介词的习得进行研究时，利用原型范畴理论对介词的核心空间义项和比喻义项进行区分，取得了更好的习得效果，这直接说明了在二语习得过程中，对于抽象概念的习得，可以借助认知语言学的理论来帮助学习者更好地理解和运用目标语言。另外，对于介词输入频率及母语与目标语言结构相似性的研究也证明了二语习得应充分考虑学习者的认知体验，母语与目标语言之间的结构相似性和输入频率都会影响学习者对目标语言介词的习得。认知语言学的研究为人们揭示了这种影响机制，帮助人们更好地指导语言教学和学习。

研究还发现文化因素在二语习得中也起到重要的作用。在研究二语熟语习得时，文化变量对理解和记忆二语熟语也产生了影响，这说明学习者的文化背景和认知体验会影响其对熟语的理解和记忆。因此，在进行二语教学时，需要考虑学习者的文化背景，以帮助他们更好地理解和运用熟语。

认知语言学的应用不仅局限于上述几个方面，还涉及词汇习得、句法习得、语音习得等多个语言层面。实证研究有助于人们更好地了解二语习得的过程和规律，并为教学提供科学依据。认知语言学的方法强调运用实验行为学、心理学和神经认知研究的技术，通过严格的实验设计和数据分析，增加研究结论的可信度，使得人们对语言习得过程有更深入的认识。

在实际中要加强这两个领域的结合并优化实践应用。坚持理论融合。深入研究认知语言学和二语习得的理论基础，寻找共通点和互补之处。将认知语言学的认知处理机制、心理表征等概念融入二语习得理论，为解释二语学习现象提供新的视角。应关注个体差异研究：利用认知语言学的理论框架，深入研究不同学习者在二语习得中的个体差异。考察不同认知能力、学习策略等因素对二语习得的影响，为个性化教学提供依据。注意教学材料与方法创新：开发基于认知语言学理论的二语教学材料，如词汇学习、语法练习等，以促进学生的认知加工和内化过程。尝试将沉浸式教学法、语言任务教学法等教学方法与认知语言学理论相结合，以提升学生的二语学习效果。借助技术辅助：利用现代技术手段，如人工智能、大数据等，对二语习得过程进行实时监测和数据分析。通过技术手段收集和分析学习者在二语习得中的认知活动数据，为教学实践提供反馈和指导。实施跨学科合作：加强认知语言学、二语习得、心理学、教育学等领域的跨学科合作与交流。通过跨学科研究，共同探索二语习得的认知机制和教学策略，推动相关领域的共同发展。进行实践应用反馈与调整：在教学实践中不断尝试和调整基于认知语言学理论的二语习得教学方法和材料。通过收集教师和学生的反馈意见，不断完善和优化实践应用方案。通过上述措施，可以更好地将认知语言学和二语习得相结合，优化实践应用，提升二语学习效果。同时，有助于推动相关领域的理论研究和实践应用不断发展与创新。

第四章　认知语言学视域下的二语词汇习得及策略

第一节　有意识习得、无意识习得与学习者的因素

一、有意识习得与无意识习得

（一）词汇的有意识习得与无意识习得

词汇习得是一个复杂且多层次的过程，涉及学习者在接触和运用词汇时的认知、心理和语言能力等方面。关于词汇习得是有意识还是无意识的问题，学界存在不同的观点和研究结果。一派观点认为词汇习得是无意识的过程，这种观点认为，学习者在日常交流和语言运用中通过不断接触和使用词汇，逐渐建立起对词汇的认知和理解。这些过程大多发生在非形式的语言环境中，如日常对话、阅读和听力理解等。学习者并不是刻意去背诵和学习词汇，而是通过多次接触和重复使用词汇，潜移默化地掌握它们的含义和用法。另一派观点认为词汇习得是有意识的过程，认为学习者需要在教学和学习的过程中有意识地学习和记忆词汇。特别是对于二语学习者来说，由于缺乏丰富的语境和语言输入，他们通常需要通过教师的讲解和自主学习的方式来学习新的词汇。在课堂上，教师会有意识地引导学习者学习和理解新的词汇，并提供相关的语境和例句来帮助学习者掌握词汇的用法和含义。要实现最佳的词汇习得效果，教学策略和学习环境是至关重要的。课堂环境中的词汇输入方

式、种类、数量、频率等要与学习者的接收方式、程度和心理反应相适应，从而帮助学习者更好地掌握词汇。词汇学习也需要结合学习者的母语词汇概念系统，促进母语和目标语言之间的相互关联和迁移，从而加快词汇习得的过程。因此，词汇习得是一个复杂而综合的过程，既有无意识的成分，也有有意识的成分。教师在课堂上需要巧妙地结合无意识的语言输入和有意识的词汇学习，帮助学习者获得扎实的词汇知识和运用能力；创造良好的学习环境和语境，使学习者能够在实际语言运用中不断巩固和丰富词汇知识，从而达到更好的词汇习得效果。

词汇附带习得作为一个独特的概念在二语习得领域引起了广泛的关注，它与传统的词汇学习方式相对立，强调学习者在进行其他语言学习任务时，无意识地习得词汇的过程。这一概念的提出为人们深入理解语言习得的本质和机制提供了新的视角。

Nagy、Herman 和 Anderson 于 1985 年首次提出了“词汇附带习得”这一概念，用以描述学习者在理解其他语言内容时所伴随发生的词汇习得[①]。例如，当学习者在阅读一篇文章或听一首歌曲时，他们的主要目的可能是理解整个语言内容，而不是有意识地记忆单词。然而，正是在这个过程中，他们潜移默化地习得了一些词汇。

在词汇习得过程中，直接学习指的是学习者有意识地将注意力集中在词汇学习上，例如通过背记单词表来学习新的词汇；而间接学习则是指学习者在进行其他语言学习任务时无意识地习得词汇，这种习得是语言活动的副产品。

词汇附带习得的研究为人们认识语言习得提供了重要启示，表明语言习得并不仅仅发生在有意识的学习过程中，还在语言使用和交际的实际情境中不断进行。在实际的语言活动中，学习者通过不断接触和运用语言，逐渐建立起对词汇的认知网络。而词汇附带习得作为一种无意识的习得方式，为我们理解语言习得的自然性和有效性提供了新的视角。[②] 词汇附带习得也强调了

① 李慧 . 第二语言词汇习得探究［M］. 合肥：中国科学技术大学出版社，2017：11.

② 张萍 . 二语词汇习得研究：回溯与展望［J］. 外语与外语教学，2006（6）：21.

语言习得的环境和情境的重要性。在学习者进行其他语言学习任务时，如果能够创造丰富多样的语言环境和情境，将有助于促进他们的词汇习得。例如，在课堂教学中，教师可以设计一些有趣的语言活动，让学习者在语言交际中不断运用和习得新的词汇。在日常生活中，学习者也可以通过参与各种语言实践活动，如看电影、听音乐、阅读文章等，来增加语言输入和输出的机会，从而促进词汇的习得。

学习者在拥有一定的词汇量之后，才能更有效地通过阅读等任务进行附带习得。当学习者的词汇量在 5 000 左右时，无论是有意识还是无意识的词汇习得都是可行的，并且有可能是高效的。这是因为学习者已经积累了一定数量的词汇，可以通过阅读更多的语言材料来丰富和巩固他们的词汇知识。然而，当学习者的词汇量低于 2 000 时，明确的词汇教学可能会更加有效。这是因为在词汇量较少的阶段，学习者的词汇基础还不够牢固，可能无法从阅读中获得足够多的附带习得效果。在这种情况下，明确的词汇教学可以帮助学习者有针对性地学习和掌握更多的词汇，为他们进一步的附带习得奠定坚实的基础。这一观点在语言教学实践中具有重要的启示。对于词汇量较少的学习者，教师可以采取有意识的词汇教学策略，通过词汇卡片、词汇练习等方式帮助学习者积累更多的词汇。随着学习者词汇量的增加，可以逐渐引导他们通过阅读等任务进行附带习得，以进一步丰富他们的词汇知识。

（二）词汇储存与提取受记忆过程的影响

词汇的储存和提取是语言学习中至关重要的过程，它直接影响学习者在语言运用中表现出的流利程度和准确性。根据研究，词汇学习者在接触新词汇时，首先会将这些信息暂时保存在感觉记忆中，这一阶段持续的时间很短，大约只有 0.5 ～ 1 秒。然后，部分有针对性、目的性的词汇信息会进入短时记忆，短时记忆的持续时间一般不超过 20 分钟，如果在这个时间内没有得到进一步的加工和复习，这些词汇很可能会被遗忘。如果学习者对这些词汇信息进行深入加工和理解，形成心理词汇，这些词汇就有可能获得长时间甚至永久保存。形成心理词汇是对词汇进行更深层次的加工，将其与已有的知识和经验相联结，从而形成更为稳固的记忆。[①]这需要学习者在词汇习得过程中，不仅关注词汇本身的表层意义，还要注意将其融入更广阔的知识网络中。在词汇习得过程中，建立词汇的概念网络具有多方面的好处。将新学习的词汇与已有的知识联系起来，可以加深对这些词汇的理解和记忆，使其在脑海中得到更牢固的储存。概念网络可以帮助学习者更好地理解词汇之间的关联和语义关系，从而在语言运用中更准确地使用词汇。概念网络还有助于学习者更快地识别和理解不熟悉的词汇，因为学习者可以通过已有的知识框架对它们进行联想和推测。在词汇习得中，重视词汇之间的联系和概念网络的建立是非常重要的。学习者可以通过多种方式实现这一目标，如进行词汇复习和应用，参与语境丰富的语言活动，以及使用词汇学习工具和技巧等。教师在课堂教学中也可以采用启发式教学法，鼓励学生通过词汇联想、类比和举例等方式拓展词汇网络，从而提升学习者的词汇能力。

二、学习者内部因素与外部因素对词汇习得的影响

当前，针对学习者内部因素的研究在语言习得领域具有重要意义。学习者内部因素涵盖了学习者个体特点和心理因素，这些因素在语言习得的过程中对学习者的词汇习得效果产生了深远的影响。在研究学习者内部因素时，学者主要聚焦在语言输入和教学技巧方面，并以投入量假设为指导，探索如何通过不同的学习任务和词汇出现方式来提高学习者的投入度和参与度，从而提升词汇习得的效果。投入量假设认为，学习者在语言习得过程中需要充分地投入和参与，较高的任务投入量对词汇初始习得和延时记忆有着显著的促进作用。[②]因此，学习者需要在学习任务中积极投入精力和注意力，特别是对于目标词的特点、出现频率、出现方式等要有深入的认知和理解。另外，学习者的词汇习得顺序也受到关注。除了投入量假设和词汇习得顺序，目标词的复现率也是影响学习者词汇习得的重要因素。学习者并非对遇到的任何

① 戴曼纯．论第二语言词汇习得研究［J］．外语教学与研究，2000（3）：140.

② 吴建设，郎建国，党群．词汇附带习得与“投入量假设”［J］．外语教学与研究，2007（9）：360.

新词都能加以习得，目标词的复现率对于词汇知识的发展有着显著影响。如果学习者能够不断地重复接触和运用目标词，其词汇知识将得到更好的巩固和记忆。研究者还考虑了学习者的个体差异，如母语背景、习得年龄、语言学能、学习动机等因素对学习者的二语词汇习得绩效的影响。① 对于成年学习者而言，他们通常会带着一定的学习动机和目的进行语言学习，因此在研究词汇习得时，研究者会探索与个体差异相关的词汇习得策略、动机以及情感因素。这些个体差异对于词汇习得的效果产生了显著的影响，因此在教学实践中，教师需要根据学习者的个体特点和需求，采用不同的教学方法，以促使他们在词汇习得中取得更好的效果。

近年来，对于词汇学习的研究逐渐呈现出新的趋势，涌现出更多视角，研究者开始意识到仅仅依赖传统的教学方式和词汇输入是不够的，词汇学习需要融合更多显性的、具有新颖“输入”特征的因素来引起学习者的注意，并适应他们的习得特点和心理特征。新的研究方向为人们揭示了影响词汇习得的潜在内因，提供了崭新的视角。传统的词汇教学主要依赖课堂讲解和学生背诵，这种教学方式往往过于死板和枯燥，学习者难以产生持续的兴趣和动力。因此，研究者开始探索如何对语言输入进行调整和强化，以吸引学习者的注意使他们积极参与。例如，可以通过使用多媒体、游戏化学习、添加故事情节等新颖的教学方式，创造出更生动有趣的学习环境，使学习者更愿意投入精力和时间来学习词汇。学习者的习得特点和心理特征对词汇学习有着重要的影响，不同的学习者具有不同的学习风格和学习策略。因此，词汇学习应该根据学习者的个体差异进行个性化设置，灵活运用不同的教学方法和技巧。一些学习者可能适合通过视觉方式学习词汇，而另一些学习者可能更适合通过听觉方式学习。教师应该充分了解学习者的需求和喜好，根据他们的特点进行针对性的教学设计。新的研究方向还注重探讨如何在词汇学习中强调“输入”，即学习者在真实语境中不断接触和使用目标词汇。真实语境中的词汇输入能够帮助学习者更好地理解和运用目标词汇，使其习得更加深

① ELLIS R. The Study of second language acquisition［M］. 上海：上海外语教育出版社，2001：471.

入和自然。因此，教师在教学中应该注重提供丰富多样的语言输入，让学习者在实际交际中不断接触和运用目标词汇。

第二节　心理词汇与其组织模式

一、心理词汇的概念

单词是语言的基本单位，单词的构成、表征以及加工对于语言的理解以及语言的产出有着至关重要的作用。心理词汇是一个由各种词汇组合而成的复杂网络系统，又被称为心理词库、心理词典、大脑词库等，是心理语言学领域中所研究的重要内容。心理词汇主要针对词汇知识的表征结构、词汇通达以及词汇能力发展模式等方面的内容进行研究。[①]

在 19 世纪的失语症问题研究时期，人们开始注意到语言障碍与大脑的关系。然而，直到 1960 年，心理学家 Treisman 才首次提出了心理词汇的雏形概念，这一概念为心理词汇的研究奠定了基础。Treisman 在其关于选择性注意的衰减模型中，引入了心理词汇的概念，认为心理词汇是由许多具有不同激活阈限的词条组成的。具体而言，Treisman 提出了衰减模型来解释选择性注意的过程。在这个模型中，大脑会对接收到的信息进行处理和过滤，只有激活水平超过一定阈限的信息才会被注意和认知，这些激活水平超过阈限的信息被称为词条，组成了心理词汇。当一个词条的激活水平超过一定阈限时，这个词就会被认知和理解。这一观点的提出开启了对心理词汇的深入研究，人们开始关注大脑中词汇知识的存储和组织方式，以及词汇在语言理解和产出中的作用，心理词汇研究逐渐发展成为心理学、认知科学和语言学领域的重要课题之一。随着研究的深入，人们逐渐认识到心理词汇是一个复杂的网络系统，其中每个词条都与其他相关词汇形成联系，从而构成了一个庞大而有机的知识网络。这些联系可以是语义关联、语法关联、形态关联等，共同

① 戴曼纯．论第二语言词汇习得研究［J］．外语教学与研究，2000（3）：140.

构成了心理词汇的表征结构。

心理词汇作为存储在人类大脑中的词汇知识表征，在语言学习和使用中扮演着关键角色。尽管语言学家对心理词汇的定义有所差异，但他们一致认同心理词汇在语言学习中的重要性。这种存储在个体长期记忆中的心理词汇是一个复杂的系统，涵盖了词的形式、意义、句法、语用等多个方面的内容。[①]心理词汇是人脑中句法的基本构成成分，包含了关于这些构成成分的所有信息。它不仅包括语言知识，如词的发音、拼写、意义、词性等，还包括非语言体系的知识。由此可见，心理词汇不仅仅局限于语言，还涵盖了与日常生活中的经验和联想相关的各种知识。因此，心理词汇是一个开放性的系统，随着学习和经验的积累而不断发展，其中词汇的发音、意义和数量也会呈现变化状态。在学习语言的过程中，了解目标词的多个方面对于二语学习者尤为重要。他们需要掌握词汇的形式和意义，理解词汇在句法结构中的位置和作用，并了解词汇在不同语境中的语用功能。通过对心理词汇的全面了解，学习者可以更好地掌握词汇的使用方法，从而提高语言理解和表达的能力。心理词汇的提取可以通过语言信息（如语音和拼写）或非语言信息（如个人日常生活中的联想）实现。当人们听到一个词或看到一个词时，与这个词相关的所有知识和信息都会在大脑中被激活并提取出来。这种提取过程是动态的，随着学习和使用的频率增加，心理词汇的存储和提取能力也会得到增强。因此，心理词汇是语言学习和使用的核心组成部分，对其全面了解和有效提取对于学习者的语言能力发展至关重要。二语学习者在学习过程中应该注重对词汇的多方面学习，通过语言输入和输出的实践来加强心理词汇的存储和提升提取能力，从而更加流利和自如地运用目标语言。

二、心理词汇提取

心理词汇提取指的是人们在大脑记忆中辨认与产生词汇的动态过程，包

① 戴曼纯．论第二语言词汇习得研究［J］．外语教学与研究，2000（3）：140.

括词汇的辨认与提取。[①]由于心理词汇主要存储于人的大脑之中，有着看不见、摸不着的特点，所以语言学家对于心理词汇的提取有着诸多不同见解。以英语为研究对象的有关研究之中，对于词汇的提取主要有三种代表性理论（图4-1）。

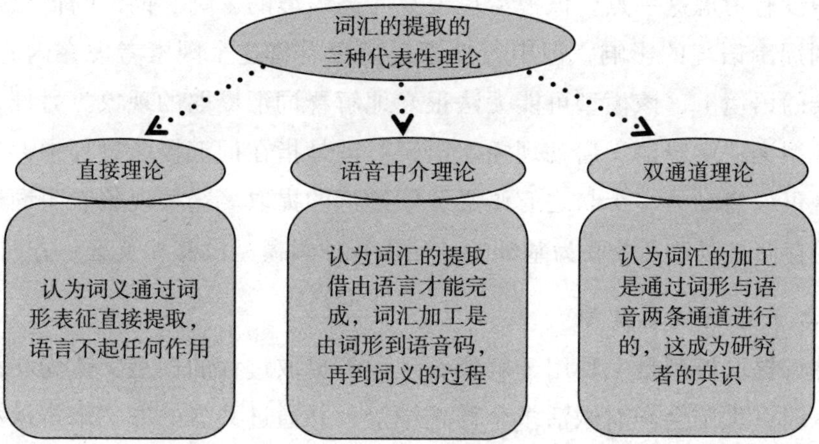

图 4-1　词汇的提取的三种代表性理论

心理学家结合影响词汇提取的因素情况，提出了串行搜索模型与并行提取模型两种具有代表性的提取模型。[②]

（一）串行搜索模型

串行搜索模型是一种用于解释心理词汇提取过程的模型，它包含外围文件和主文件两个部分。在这个模型中，外围文件存储了词汇的特征信息，如词的形式、意义、词性等，而主文件则是用来进行词汇检索的部分。在词汇提取过程中，大脑会根据不同特征的提取文件进行检索，并最终确定匹配的词汇。这个模型对于解释词频效应很有效。词频效应指的是高频词在提取过程中比低频词更容易被检索出来的现象，因为高频词在外围文件中的特征信

① 李红丽 . 浅析影响二语心理词汇有效提取的因素——从中国英语学习者的角度［J］. 科技信息，2012（35）：298.

② 徐晓莹 . 英语词汇学习策略心理学探讨［J］. 东北农业大学学报（社会科学版），2010（6）：56.

息更加容易被激活。串行搜索模型强调了心理词库信息存储的单一性，即所有词汇特征都被存储在同一个心理词库中，这使得词汇的提取过程更加高效。串行搜索模型也存在一些不足之处，忽视了提取方式之间可能存在的相关性。在实际的词汇提取过程中，不同的词汇特征之间可能存在一定的关联，但这个模型没有考虑这一点。该模型也没有考虑语境的影响。词汇的提取过程往往受到周围语境的影响，但串行搜索模型没有将这个因素考虑在内。因此，在复杂的语境下，该模型可能无法很好地解释词汇提取的现象。另外，串行搜索模型无法解释语义启动现象。语义启动是指在词汇提取过程中，一个词的出现可以启动另一个与之有语义关联的词的提取。这种现象表明词汇在大脑中的存储是以语义关联为基础的，而串行搜索模型没有涉及这一方面。

（二）并行提取模型

并行提取模型是一种用于解释心理词汇提取过程的模型，认为在词汇刺激输入时，大脑会同时激活多个候选词语，并通过共享的方式来辨认和提取最终的词汇。并行提取模型主要有两种：一是 Morton 的词汇发生模型；二是 Marslen-Wilson 的交股模型。[①]

1. 词汇发生模型

词汇发生模型包括词汇发生器、认知系统、输出发生器以及反应缓冲器四个部分，词汇发生器又包括听觉词汇发生器以及视觉词汇发生器（图4-2）。

① 徐晓莹 . 英语词汇学习策略心理学探讨［J］. 东北农业大学学报（社会科学版），2010（6）：56.

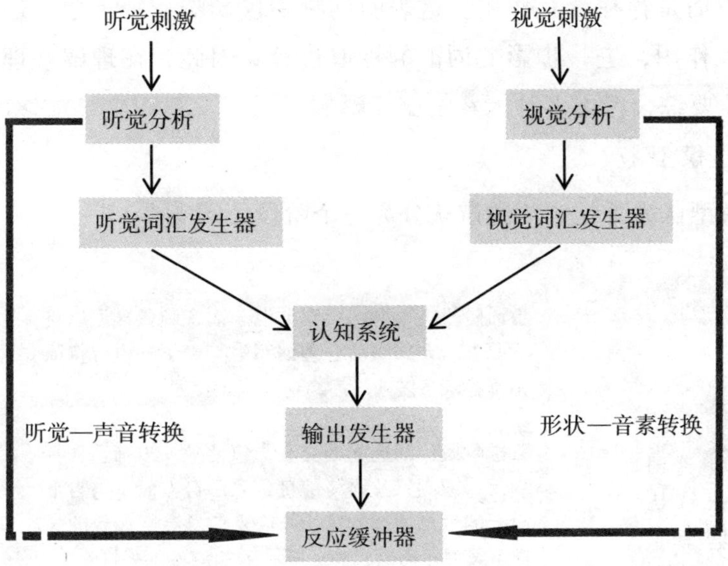

图 4-2　词汇发生模型

词汇发生模型的核心是词汇发生器，这是一种能够计数特征的认知单元，具有特征计数功能，可以记录词项与输入刺激共享的视觉或听觉特征数目，也可以包括其他认知系统的特征，如语境信息等。心理词库中的词汇生成依赖多个输入渠道，包括听觉分析、视觉分析以及语境等信息。在词汇发生过程中，来自多个输入渠道的特征同时输入词汇发生器，词汇发生器的特征计数会随之增加。当特征计数超过一定的阈限时，该词就被辨认出来。当一个词的特征与输入刺激的特征匹配程度较高时，它更容易被辨认和提取。因此，词汇发生模型认为词汇的提取与词汇的使用频率有关，高频词的使用频率较高，它们的特征计数较低，因此辨认阈限较低，更容易被提取；相反，低频词的使用频率较低，它们的特征计数较高，因此辨认阈限较高，辨认过程相对困难。[①] 对于词汇发生模型的词频效应观点也存在一些质疑。一些研究者否认了词频直接影响阈限值的观点，他们发现词频与语境之间的关系有时并非

① 徐晓莹.英语词汇学习策略心理学探讨[J].东北农业大学学报(社会科学版)，2010(6)：56.

简单相加，而是存在交互作用。这表明词频不仅影响特征计数，还可能与其他因素相互作用，进一步影响词汇的提取过程。因此，在理解心理词汇提取过程时，需要综合考虑多种因素的交互影响。

2. 交股模型

交股模型认为听觉词汇的辨认分为三个阶段（图 4–3）。

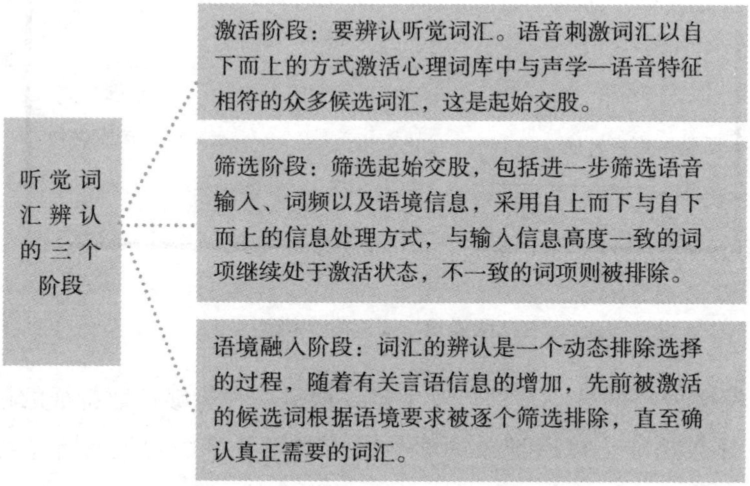

图 4-3　听觉词汇辨认的三个阶段

3. 激活扩展模型

激活扩展模型是对心理词汇提取过程的一种丰富和完善的解释。这一模型认为，在词汇提取过程中，首先开始的是语义阶段，某个语义场域被激活，然后激活范围逐渐缩小。接下来被激活扩展的是语音场域，语音指示标会激活与刺激词语音相似的其他词，这些被激活的词又会反作用于语义，激发更多的相关词汇。这个过程就像电流在复杂的电路中在特定的点之间来回流动，被激活的词汇也越来越多。与刺激词相关的词语及联系会越来越兴奋，而与之不相关的词则不断被抑制，直到某个词被最终激活选定为输出。然而，说话者的注意力、语言能力或其他因素，也可能导致选择错误的词项，从而产生口误现象。激活扩展模型的优势在于能够解释多种类型的口误，并与已知的人脑结构相适应。激活扩展模型充分考虑了词汇在语义和语音层面上的相互作用，揭示了词汇提取的复杂性和多元性。这种模型的建立对于理解口语表达、词汇选择和产生口误的心理过程提供了重要的框架和理论支持。

4. 影响词汇提取的因素

（1）词频。词频在心理词汇的处理过程中起着重要作用，高频词和低频词的区分对于理解人类认知的机制和信息加工过程至关重要。高频词是那些在日常语言中频繁出现的词汇，它们的使用频率较高，因此在心理词汇中占据着重要地位。由于高频词的使用频率高，它们在认知中成为自主词汇，即在信息加工过程中能够自动被提取和处理，无须过多的注意力投入。这意味着高频词的识别和理解速度较快，能够更有效地融入人类的日常交流和沟通中。相对地，低频词则是那些在语言中出现较少的词汇，它们的使用频率较低。由于低频词的出现频率相对较低，它们在心理词汇中属于联想词汇，即在信息加工过程中提取速度较慢，需要较多的注意力和认知资源。低频词的识别和理解过程较为耗时，可能需要更多的认知努力。在阅读、口语交际或其他语言使用场景中，低频词可能会对学习者或交流者产生一定的挑战。研究表明，高频词和低频词的处理方式在人类大脑中体现为不同的认知阈限。

词频效应是心理词汇处理中的重要现象，指的是由于词汇在语言中出现的频率不同，导致人们对这些词汇的处理和反应产生差异。[①]一般情况下，高频词的提取速度和认知反应较快，而低频词的提取速度和认知反应较慢。这一现象在不同的语言任务中都能观察到，包括阅读、口语交际、记忆等。自动搜索模型提出了一个有趣的观点，即心理词库中的词条是按照词频排列的，高频词在前面，低频词在后面。因此，高频词更容易被快速提取和辨认。这种模型也支持了高频词提取速度较快的观点。高频词出现频率高，因此在大脑中的激活水平也相对较高，识别和辨认起来更为迅速。词频效应还与语音中介有关。高频词由于在日常交流中频繁出现，其视觉表征直接到达心理词库的词条，无须通过语音中介转换。相比之下，低频词需要先由文字转变为

① 李红丽 . 浅析影响二语心理词汇有效提取的因素——从中国英语学习者的角度［J］. 科技信息，2012（35）：298.

语音，再进入理解程序，这个过程涉及额外的步骤和认知资源，导致低频词的处理速度较慢。

（2）词汇歧义。歧义词是语言中一个非常有趣且常见的现象，指的是一个词形对应多个不同的词义。这种现象在我们日常交流中非常普遍，而人们能够准确理解对方的意思，往往依赖于上下文和语境的帮助。认知语言学提供了深入研究歧义现象的视角，认为多义现象是通过隐喻和转喻等认知手段实现的，即一个词的中心意义向其他意义的延伸。根据词源和词义之间的联系度，歧义词可以分为两类：同形异义词和多义词。同形异义词指的是一个词形对应多个不相关的意义，例如，英文单词“bank”既可以表示“银行”，也可以表示“岸边”，这两个意义之间并没有直接的联系。而多义词则是一个词形对应多个相关的意义，这些意义之间存在一定的联系，例如，英文单词“book”既可以表示“书籍”，也可以表示“预订”，这两个意义都与“记录”相关。多义词的产生和词义的延伸通常与语言使用者的认知过程密切相关。在使用语言的过程中，人们会根据上下文和语境来理解词义，根据需要进行词义的选择。有时，一个词在特定情境下的使用可能会导致其词义发生转变，这种转变在长期的语言使用中逐渐形成了多义词的现象。

词汇歧义指一个词具有多个不同的意义，对这类词的加工相比单义词的加工更快更准确。研究表明，对于意义联系度较高的多义词，存在着歧义优势，这意味着人们能够更容易、更快速地辨认和提取这类词的不同意义。[①]而对于意义联系度较低的同形异义词，这种歧义优势并不明显。语境对多义词的提取也具有重要影响。语境能够降低词汇的辨认阈限，从而有助于词汇的激活或提取。当某个多义词的多个意义被同时提取时，这些意义会同时被短暂激活，而意义的选择则取决于语境的作用。因此，语境在解决多义词的歧义问题上起到了重要的引导作用。不同词义的频率也会影响词汇意义的提取过程。如果语境需要提取词汇的中心意义，词义提取速度会较快；而如果语境需要提取词汇出现频率较少的次要意义，词义提取速度则较慢。这表明词

① 訾华东．影响言语听辨中词汇提取的因素——一项实例分析考查［J］．外语交流，2023（11）：39.

义的频率在影响词汇意义提取时起到了重要的调节作用。当词汇的多个义项出现频率相近时，即使语境明显偏向该词的某一义项，该词的其他义项也会同时被提取。这说明语境虽然有助于引导意义的选择，但并不能完全抑制其他义项的激活。而当语境明显偏向词汇的中心意义时，次要意义往往没有明显被激活的证据。可见，语境对词义提取的影响是有选择性的，更加倾向于激活词汇的中心意义。

（3）词素结构复杂性。在认知心理学中，对于词汇储存模式有着几种不同的假设（图 4–4）。

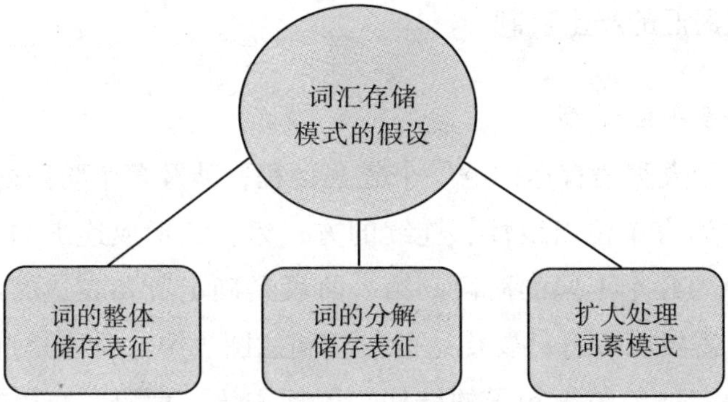

图 4–4 词汇存储模式的假设

（4）词汇性效应。词汇性效应，也被称为真词效应或非词效应，是一种在词汇判断任务中观察到的现象。在这种任务中，受试者被要求判断一个字符串是真词还是非词，如果是真词就接受，如果是非词就拒绝。研究发现，受试者在拒绝合法非词（看上去像真词的非词）时所用的时间比接受真词的时间要长，而在拒绝不合法非词（一看就不是真词）时所用的时间比接受真词的时间要短。词汇性效应反映了人们对词汇的敏感程度和识别的效率。当人们面对合法非词时，由于其具有类似真词的形态和结构，需要更多的认知资源来加以区分，从而导致了更长的判断时间。相比之下，当人们面对不合法非词时，由于其明显不具备真词的特征，可以迅速辨认出其非词性质，因此处理速度较快。这一现象与日常生活中对词汇的频繁接触和使用密切相关。真词是人们日常语言的基本单位，人们对其形态、结构、语法等方面的信息非常熟悉，因此在识别时能够迅速而准确地作出判断。而对于合法非词，虽然它们看似真词，但由于不在人们使用的日常词汇中，因此需要更多的认知资源进行分析，从而导致判断时间增加。

综上所述，影响二语习得中词汇提取的因素是多方面的，包括词频、语境、认知机制以及学习者的个体差异等。这些因素相互作用，共同影响着学习者在二语习得过程中对词汇的提取和运用。通过深入研究这些因素，我们可以更好地理解二语词汇习得的机制，并为提高二语学习者的词汇能力提供有针对性的指导和建议。

三、心理词汇的产出机制

（一）言语产出模型

言语产出是人类语言运用的一个复杂过程，涉及多个阶段的思考和表达。言语过程中的语言单位以线性、连续的方式组合，形成连贯的表达。言语产出的过程可分为几个不同的阶段。第一阶段是确定所要表达的意义。在这个阶段，说话者需要明确自己要传达的信息和意图。第二阶段是选择句法结构，说话者需要决定如何组织句子的结构，包括主语、谓语、宾语等。第三阶段是产生语音外像，也就是语音的轮廓和语调。这个阶段涉及语音的音高和节奏，从而影响了话语的语气和表达方式。第四阶段是提取词项并放入句法结构中。在这个阶段，说话者需要从心理词汇库中提取合适的词汇，然后将其放入构建的句法结构中。第五阶段是给所提取的词项加缀和选择功能词。在这个阶段，说话者需要对选取的词汇进行语法变化，例如，加上时态、人称等，并选择适当的功能词，如冠词、代词等。最后一个阶段是实现音位，也就是将语言单位转化为实际的语音形式。在这个阶段，说话者将构建好的句子通过口述或书写等方式表达出来。

20 世纪 80 年代，语言学家开始采用信息处理模型来解释言语产出，从认知的角度探讨了这一复杂过程。言语产出模型是其中具有影响力的模型之一，它为二语习得和二语言语产出提供了理论基础。言语产出模型是言语产出领域中的重要理论，探讨了人类从概念到语言表达实现言语产生的过程。该模型主要包括三个关键阶段：概念生成器、构成器和发音器。概念生成器阶段涉及语言表达的意图和意义，说话者在这一阶段形成要表达的概念，即所想要传达的信息。这个阶段是与语言表达相关的认知过程，说话者在心中构建了将要表达的概念或意念。构成器阶段负责将概念转化为语言形式，说话者在这一阶段选择词汇、句法结构和语法规则，以将概念转化为实际的语言表达。构成器起到了桥梁的作用，将概念与语言形式连接起来。发音器阶段涉及语音的实际产出，在这一阶段，说话者根据构成器生成的语言形式，通过口述或书写等方式将语言表达出来。发音器负责控制口腔和喉头的运动，从而产生声音和语音形式。这三个阶段在言语产出过程中是相互交互的，也就是说，它们不是线性进行的，而是同时发生的。概念生成器产生了意图和意义，构成器将其转化为语言形式，发音器实现了语音的产出。在这个过程中，每个阶段都能够独立地处理特定的输入，并根据上一阶段的输出来进行下一阶段的处理。①

在言语产出过程中，概念生成阶段是一个关键的前语言阶段，涉及说话者的意图和要表达的内容。在这个阶段，说话者需要运用陈述性知识和程序性知识来准备信息，以便有效地传达自己的意图和目的。陈述性知识是说话者所拥有的关于“是什么”的知识，这种知识包括非语言的知识、百科知识、语境知识和话语知识等，存储在说话者的长时记忆中，为语言表达提供了重要的素材和背景信息。比如说话者要描述一幅画，就需要依靠自己对艺术、色彩、形状等方面的陈述性知识。而程序性知识则是关于“怎么做”的知识，指完成某项任务的操作性步骤。这种知识以成对出现的动作规则（IF/THEN）的形式存在，成为说话者流利表达等熟练行为的基础。在概念生成阶段，说话者根据自己的意图和交际目的，运用程序性知识来组织和规划要表达的内容，使其更具有连贯性和条理性。概念生成阶段的过程是动态的，说话者根据自己的意图和目的来启动信息发生器，并利用已有的话语模型、情景知识、百科知识等陈述性知识做好信息准备。在这个过程中，说话者会有意识地监

① 胡爱梅，刘绍龙．心理词汇网络表征下的译语词汇提取模型研究——基于双语信息加工记忆系统的思考［J］．外语与外语教学，2013（6）：49.

控自己所形成的命题信息，确保其与意图一致和符合交际目的。这些准备工作为后续的语言加工和产出打下了基础。

言语产出模型在构成器阶段具有重要作用，这个阶段涵盖了从概念到语言结构的转化过程。说话者在构成器阶段根据自己的意图和目的，在心理词库中搜索合适的语言形式来表达既定的命题内容。这个阶段涉及多个重要的加工过程，包括词汇选择、语义句法结构的建立和词语的音（形）编码。说话者在构成器阶段通过寻找词目及其表征形式来完成对语法、语音和句法的编码过程，意味着说话者需要在心理词库中寻找合适的词汇来表达自己的意图，这些词汇将为后续的语言形式赋予语法意义和语用意义。这个过程被称为言语化过程，说话者将自己要表达的信息转化为包含词汇概念的语言结构。在构成器阶段，语法编码和语音编码是同时进行的，它们相互独立而不相互作用。可见，语法编码和语音编码的过程并不受对方的干扰，它们分别完成自己的任务。语法编码是将词汇概念转化为语言结构中的句法属性，而语音编码则是将词汇概念转化为语言结构中的词法和语音属性。这两个过程分别负责对语言形式的不同方面进行编码，确保语言的准确表达。之后，经过语法编码和语音编码，产生的言语计划会被暂时存储在中间媒介“语音缓冲区”中。这个缓冲区的作用是让说话人能够对话语进行内在修正，以便在发音器中最终将言语计划转化为实际话语，即人们听到的言语。在这个过程中，自我修正是不断进行的，表明说话者具备通过言语策略对口语表达中存在的问题进行调整、润色和补充的能力。

言语产出模型揭示了言语产生过程是一种高度自动化的并行加工过程。在这个模型中，各个处理层面并不是依次进行的，而是同时发生的，而且整个过程是从左至右进行的，即信息处理在不同的阶段并行进行，并不会等待前一部分话语完全处理完毕后再开始下一部分的加工。[①] 这种自动化的特点使得言语产生过程高效且迅速。在言语产生过程中，概念生成器是言语产生的起点，根据说话者的意图和目的，在心理词库中搜寻合适的语言形式，准备

① 姚晓菲，陈瑶，姜英，等．多语者言语产生中的词汇提取机制［J］．心理研究，2021，14（1）：13–14.

表达所要传递的信息。概念生成器的工作并不会等待之前的话语信息完全处理完毕，而是即时启动下一部分的信息准备，这使得言语产出可以在不断推进的同时快速进行。在整个产出过程中，绝大部分的注意力集中在概念形式上，说话者会不断调整和修正概念信息，以便更好地表达自己的意图。[①]同时，反馈系统也发挥着重要作用，让说话者能够意识到产出过程中的错误或不足，并进行及时的调整。除了概念系统和反馈系统，其他的处理部分都是自动的，不需要意识控制，这种自动化的加工使得言语产出过程高度流畅和迅捷。有研究表明，在信息处理的不同层次中，低水平层次的语言处理自动化程度要高于高水平层次的语言处理。这可能是因为低水平的语言处理包括一些基本的语音和词汇加工，这些加工在日常交流中反复出现，因此自动化程度较高并快速完成。而高水平的语言处理，比如句法和语义层面的加工，可能需要更多的认知资源和注意力，因此其相对于低水平处理来说，自动化程度较低。

（二）言语产出的监控与修正

在言语产出过程中，言语监控是一个重要的机制，它使得说话者能够有效地核查、校验和修正产出的信息，以确保输出的准确性和流畅性。在心理语言学领域，有三大监察理论，即编辑监察理论、激活扩散监察理论和循环监察理论，均涉及言语监控的不同机制。编辑监察理论认为，在言语处理系统中，为了减少产出过程中的错误输出，不同输入的不同阶段都设置了一个编辑者或监督者，负责检查和校对产出的信息，确保其准确性。例如，当说话者在产出过程中意识到一个错误或不合适的词汇，编辑者会立即介入，使得说话者可以及时纠正错误，并输出更加准确的表达。激活扩散监察理论则认为，言语监控是通过激活方式实现的。在永久记忆中，有四个节点层面，即语义、句法、形态和语音。当刺激词激活某一个层面上的节点时，这种激活可以传播到同一层面或其他层面的节点，形成一种扩散效应。举例来说，一旦形态节点被激活，就可以将激活传播到句法节点，从而影响句法结构的产出。这种双向扩散的激活过程使得说话者能够在产出过程中自动监察自己

---

① 刘春燕．语言产出任务对提高学习者书面中介语 流利度、准确度和复杂度效果的研究［J］．中国海洋大学学报（社会科学版），2009（6）：53.

的言语，并发现潜在的错误或不当之处。循环监察理论主要涉及内在的循环性过程。说话者在产出过程中可以不断地回顾和检查自己的产出，以确保其准确性。而内在的循环性过程使得说话者能够对之前的产出进行反馈和修正，直至得到满意的表达。循环监察理论强调了言语产出过程中的自我修正机制，让说话者能够不断调整和润色自己的表达，以确保其符合交际意图和目的。

循环监察理论为人们理解言语产出过程提供了一个强有力的框架。该模型的关键部分包括概念生成器、构成器、发音器、听辩和言语理解系统等五个部分，并涵盖心理词汇、音节、语篇语境和百科知识等多个语言层面。在言语产出的过程中，说话者根据自己的意图利用概念生成器构思要表达的意义，前言语信息被输入到构成器中，通过语法和语音编码，生成了话语的语音计划。发音器随后执行这个语音计划，将其转化为真实的语言，从而形成我们所听到的言语。在整个言语产出过程中，言语理解系统起着关键的作用，不仅能够觉察到说话者的语音计划，还可以提供反馈信息，意味着说话者能够通过监听自己的产出来察觉潜在的错误或不合适的部分，并在需要时进行纠正，这种自我监察和纠正的机制确保了言语的准确性和流利性。循环监察理论还包含三种检查输出结果的循环链：比较本意和前言语信息，以确保信息的一致性；隐性地监察发音前的信息，以避免在发音之前出现问题；发音后再次检查生成的话语，以保证产出的最终语音表达没有错误。这个模型的优点在于它能够解释言语产出过程中各个环节的相互作用和自动化特性。言语产出不是线性的，而是由多个部分同时发生和交互影响的。通过循环监察理论，人们能够更好地理解言语产出的复杂性，并揭示出言语产出背后的认知过程。这对于研究语言习得、语言障碍以及语言产出的障碍等方面都具有重要的意义，为语言学研究提供了有益的理论基础。

循环监察理论不仅在第一语言产出过程中发挥着无可替代的作用，而且在第二语言习得和产出研究中也被广泛运用。在学习和使用第二语言的过程中，说话者常常面临着各种挑战，如词汇选择、语法结构和语音发音等方面的困难，循环监察理论为人们解释第二语言产出中的各种现象提供了一个有力的框架。

四、心理词汇及二语词汇习得研究

语言的词汇系统是一个复杂而相互联系的网络，包含着各种不同习得阶段的词汇。对于学习第二语言的学习者来说，词汇习得是一个重要的任务，而在这个过程中，将母语已掌握的知识与新学习的词汇有机地结合起来，形成二语心理词汇的重组，具有关键意义。心理词汇的激活扩散模型提出词汇之间的语音、词形、语义及概念关系，形成一个复杂的概念网络。[①]在母语中，一个词语可能因为拥有不同的意思而构成不同的概念网络。同理，在学习第二语言的过程中，学习者需要将已经掌握的母语词汇和语义知识与新学习的二语词汇联系起来，构建新的概念网络，此过程并不是简单地在脑海中建立一个新的词义对应，而是需要通过不同层次的联系来实现。对于中高级的二语学习者来说，他们已经积累了相当数量的词汇知识，在二语词汇知识的发展中，重要的任务是将已经掌握的母语词汇和语义知识与二语词汇相互融合，实现心理词汇的重组。所以学习者需要充分利用他们已经理解的母语知识，并将其应用到二语词汇领域中。通过将母语和目标语之间的联系进行转化和拓展，学习者可以更加深入地理解和掌握二语词汇，提高语言的流利性和准确性。在这个过程中，语义、词项、语法形式等不同方面的知识相互影响，形成一个复杂的网络。学习者需要通过不断的联系和实践，加深对词汇之间关系的理解，形成更为牢固和全面的词汇网络。随着学习的不断深入，这种重组的过程会变得越来越自然和流畅，学习者可以更加自如地运用所学的词汇来进行交流和表达。

（一）心理词汇理论视角下的二语词汇习得策略

二语学习者的整个心理词汇学习可以分成三个阶段，即初步学习阶段、巩固性学习阶段以及激活扩展阶段。

1. 初步学习阶段

初步学习阶段是二语词汇学习的关键预备阶段，为了有效地进行词汇学

---

① 胡爱梅，刘绍龙．心理词汇网络表征下的译语词汇提取模型研究——基于双语信息加工记忆系统的思考［J］．外语与外语教学，2013（6）：49.

习，学习者需要做好学习计划和管理。学习者可以根据单词表、单词意义分类或课本章节等来组织词汇学习，同时定期进行复习，这样有组织的学习方式有助于加深对词汇的记忆和理解。在学习过程中，学习者应该采取选择性注意策略，针对不同的词汇使用不同的处理方式。对于学习材料，学习者可以采用分析和对比的方法，选择性地进行学习。例如，通过上下文来猜测词义，并查阅字典来了解词汇的具体含义和用法。学习者还应注意观察词汇在文中的语境，了解词汇的语内意义和语外意义，将这些信息一并记录下来，以便日后在实际运用时能够更准确地运用这些词汇。在这一阶段，学习者正在构建心理词汇框架，建立词汇之间的联系，因此，在学习时，应特别关注学习材料与之前学习的词汇的分类关系和细节联系，通过搭建相连的节点，逐渐构建起词汇的分层网络模型，这样的词汇网络模型有助于在日后的学习和使用中更快地激活相连的词汇。除了在学习过程中建立词汇网络模型外，学习者还可以采用多种学习策略来帮助记忆和掌握词汇。例如，使用记忆法，如联想记忆、词根词缀等，来帮助记忆生词。学习者还可以利用多种学习资源，如语言应用APP、学习社区等，来增加学习乐趣和提高学习效果。

2. 巩固性学习阶段

在初步学习阶段，学习者通过识记生词将其暂时存储在工作记忆中，但这种暂时的记忆很容易受到遗忘的影响。因此，巩固性学习阶段的主要任务是将这些词汇转化为长期记忆，以便日后能够更好地掌握和运用。在巩固性学习阶段，学习者可以采取一些有效的学习策略来加深记忆痕迹。复述是一种有效的学习方式，不断地复述学过的单词或短语，可以增强记忆效果，将这些词汇转化为知识和技能存储到长期记忆中。精细加工也是一种重要的学习策略，深入地理解和分析词汇的含义、用法和搭配等，可以使记忆更加牢固。在巩固性学习阶段，学习者还要善于利用自我监控策略，定期巩固复习已学过的词汇，这是非常重要的。通过反复复习，可以加深记忆痕迹，帮助词汇从工作记忆转移到长期记忆中。学习者可以根据遗忘曲线的发展走向，逐渐减少复习次数，因为在巩固性学习阶段，复习的频率对于记忆的保持和巩固有着重要的影响。

巩固性学习可以采取以下几种词汇学习策略（表 4–1）：

表 4–1　巩固性学习采用的词汇学习策略

反复记忆法	使用词汇表逐词背诵
	反复抄写
	大声朗读、背诵
	使用英语卡反复识记
编码记忆法	联系记忆法
	视觉编码法
	听觉编码法
	词义编码法
	语境编码法
	结构分析法

3. 激活扩展阶段

在词汇学习的激活扩展阶段，学习者开始将已经掌握的词汇应用于实际语境中，并进一步扩展词汇的知识网络。这一阶段的学习涉及分层网络模型和激活扩展网络模型的运用，以便更好地理解和运用词汇。以《新编英语教程 3》Unit 14 中的句子为例，学习者遇到单词“pug”，首先需要学习其词义“哈巴狗”。根据上下文，可知“pug”在句中意为“短而扁平的鼻子”。这里可以利用分层网络模型，将“哈巴狗（pug）”归属为“狗（dog）”的一种，然后将其与其他种类的狗联系起来，如“猎犬（hound）”“牧羊犬（sheepdog）”“雪橇狗（husky）”等。通过这样的关联，学习者能够在更广泛的语境中运用“pug”。除了分层网络模型，学习者还可以利用激活扩展网络模型，将学过的词汇与更多相关词汇进行扩展连接。在学习“pug”这个词后，会激活扩展后的词汇，如“safety”“loyalty”“pet”“bay”“kennel”“dog fight”“wound”等。这些词汇与“pug”在语义上存在联系，比如“pet”是“pug”的同义词，“dog fight”可能与“pug”相关。学习者能够通过激活扩展更好地理解词汇之间的语义关系，提升词汇的使用和理解能力。在激活扩展阶段，学习者需要不断地运用这些学过的词汇，将它们融入真实的语境中。使用词汇可以使学习者加深记忆痕迹，并进一步扩展词汇网络。学习者还可以通过阅读、听说等多种途径不断学习新的词汇，从而进一步丰富词汇系统。

（二）心理词汇对二语词汇习得的启示

1. 二语心理词汇音—形—义网络构建与二语词汇习得

二语词汇习得是一个动态的、渐进的过程，而激活扩展模型为人们提供了对二语心理词汇存储的新认识。在这个模型中能了解到二语词汇不仅在形式、意义和句法等层面存储，而且形成了相互联系的网状结构，这种存储和连接方式对于学习者在非母语环境中习得词汇具有重要的影响。① 词汇获得方式是影响二语习得的一个关键因素。在非母语环境下，学习者主要通过书面文本来获得词汇，这导致他们更加注重词汇的书写形式而忽略了语音方面。然而，如果学习者的语音能力不足，可能会影响到音义和音形之间的联结形成。因此，在二语词汇习得中应该重视语音环节，促进音—形—义之间的联结形成。为了加强语音加工能力和塑造有效的音—形—义联结，口语词汇训练是非常重要的。学习者可以通过口语练习更好地理解和运用词汇的语音特征。对于中国英语学习者来说，他们可以利用英语表音文字的优势，逐步内化字母—音素映射规则，从而实现形—音自动转换和音—形统一。这将帮助他们更自然地掌握英语的发音，并且加强词汇的听说能力。除了注重口语练习，学习者还可以结合阅读和听力，多样化地接触英语语言。大量的阅读和听力实践能帮助学习者不断暴露于不同的语境中，加深对词汇的理解和应用，不仅如此，注重语音训练和口语表达的练习也是至关重要的。

2. 二语心理词汇重组对二语词汇习得的启示

研究表明，二语心理词汇知识在第二语言习得的母语中介阶段往往停滞不前，只有少数学习者能够进入二语整合阶段。这种现象主要是由于二语学

① 胡爱梅，刘绍龙．心理词汇网络表征下的译语词汇提取模型研究——基于双语信息加工记忆系统的思考［J］．外语与外语教学，2013（6）：51.

习者在词汇知识的聚合和组合方面与母语学习者存在一定的差异，导致其二语词汇知识的发展较为缓慢。一方面，二语学习者的聚合知识相对较丰富，即他们掌握了大量的单个词汇，但在将这些单个词汇组合成更复杂的语言结构时，却显得相对薄弱。这导致了他们在词汇知识的整合和运用方面存在困难。另一方面，二语词汇中的联系往往不仅仅是语义上的，还涉及语音、词形、语法等多个层面。与此相比，母语心理词汇的结构更为科学，这使得母语使用者在词汇知识的应用上更加得心应手。因此，二语学习者迫切需要对其词汇知识进行重组和整合，以便更好地掌握和运用二语词汇。

（1）减少母语中介，建立二语词汇语义网络。在二语词汇习得过程中，减少母语中介的影响是非常重要的。尽管母语在初期对二语词汇习得有积极的促进作用，但随着学习的深入，过度依赖母语中介可能会阻碍二语词汇在心理词汇中的融合和流利运用。因此，学习者应该努力建立二语心理词汇的语义网络，以促进词汇的有效融合和快速提取。为减少母语中介的影响，学习者首先需要培养对二语心理词汇的理解和运用能力，可以通过频繁的语言输入和输出实践来实现。结合沉浸式学习，学习者将更多地接触到真实语境中的语言使用，从而减少母语中介在交流中的介入。此外，学习者应尽量避免将母语的语法和句式套用到二语表达中，而是要积极学习和运用目标语言的语法规则和表达方式。学习者应积极构建二语心理词汇的语义网络，这可以通过多种学习策略实现，如利用同义、上下义、反义、部分与整体等语义关系，来帮助记忆和理解词汇。学习者还可以通过词汇联想意识来构建巨长的词汇链。例如，学习者可以将一个词语与其他相关的词汇进行联想，形成一个有机的词汇网络，从而提高词汇的提取速度和运用效率。

（2）发展有意习得与附带性习得兼具的习得方式。二语词汇习得是一个渐进的过程，需要通过不断的学习和复习来加深记忆和理解。研究表明，第一次学习一个词语后，只有很小的可能能够立即记住，因此多次的学习和反复的复习是必要的。在词汇习得过程中，有意习得和附带性习得是两种重要的学习方式，它们相辅相成，共同促进了词汇知识的全面发展。有意习得指学习者在专门致力于学习某个词汇时的有意识努力，每次学习一个词语时，学习者会将该词语从长时记忆中提取到短时记忆中，并激活相关知识。这种有意识的提取和激活过程实际上是对该词语的一次复习，有助于巩固和深化对该词语的记忆。通过多次有意习得，词汇知识逐渐内化成为长时记忆的一部分，使得学习者能够更加流利和自如地运用这些词汇。附带性习得相较于有意习得学习效果可能相对较弱，但它也是词汇习得中不可忽视的重要方式。附带性习得指在学习一个词语的过程中，与该词汇相关的其他知识和信息也会被同时激活和学习。这样的学习方式可以加强词汇知识的广度习得，扩展学习者的词汇量和语言知识。虽然附带性习得不如有意习得那样深入，但它为学习者提供了更多的语言输入和语境，有助于学习者更好地理解和掌握词汇的用法和搭配。因此，对于二语词汇习得，学习者应该综合发展有意习得和附带性习得两种方式。学习者通过有意习得加强词汇知识的深度习得，不断进行有目的的复习和巩固，确保对所学的词汇能够牢固地记忆和运用，并通过附带性习得加强词汇知识的广度习得，扩大词汇量和语言素材，丰富词汇网络，在实际交流中更加灵活地应用所学的词汇。在实践中，学习者可以结合多种学习策略，如多次的有意学习、使用词汇联想、阅读和听力训练等，以综合性的方式加强词汇习得。通过将有意习得和附带性习得相结合，学习者能够更加全面地提高自己的词汇水平和语言运用能力，进而逐步实现对二语词汇的熟练掌握。

五、心理词汇的组织形式

（一）语义网络

语言学家开展了大量的研究来探索心理词汇的语义组织模式，提出了多种多样的网络模型。

1. 分层网络模型

分层网络模型是一种具有语义记忆和表征模型的网络结构，用于描述人类大脑中词汇和概念之间的关系。这一模型被广泛应用于认知心理学领域，并对人们理解词汇的组织和认知过程提供了重要启示。在分层网络模型中，每个词汇都是一个节点，节点之间通过连接线表示它们之间的语义关系。节点之间的连接形成了一个由概念上下级逻辑层次构成的概念网络。这种网络结构使得词汇与词汇之间和概念与概念之间都交织成网，形成了一个复杂而有层次的知识体系。在这个模型中，概念的层次性特点得到了充分体现，覆盖性最强的概念位于模型的顶部，而具体的下层概念位于模型的底部。分层网络模型的优势在于它能够很好地解释人类记忆和信息检索的过程。例如，当我们听到一个词语时，大脑会立即在概念网络中激活与之相关联的概念节点，从而快速地获取词汇的含义。如果一个词语与多个概念相关联，那么它所连接的节点会更多，这也解释了为什么一些词汇在记忆中更加容易被提取出来，因为它们的概念连接更加密集。

然而，随着时间的推移，分层网络模型逐渐受到了挑战。一些研究表明，大脑中的词汇和概念并不是严格按照分层结构来组织的，它们的关系更加复杂并且是动态变化的。有时候，一些词汇和概念之间的关系并不是简单的上下级关系，而可能是交叉或重叠的。因此，在研究词汇组织和认知过程时，需要综合考虑不同的模型和理论，以更好地理解人类大脑中知识的存储和处理方式。分层网络模型虽然有其局限性，但它作为词汇组织的一种重要假设，为人们深入探索人类认知的奥秘提供了宝贵的线索。未来的研究可以进一步探讨不同词汇网络模型之间的关系，以及它们在不同任务和情境下的相互作用，为认知心理学的发展和应用提供更多的启示。

2. *激活扩展模型*

激活扩展模型同样属于语义表征网络模型，但与传统的分层网络模型不同，激活扩展模型放弃了层次结构和特征，而是通过语义联系和语义相似性来连接词汇。在激活扩展模型中，词汇的存储是通过语义联系来实现的。当学习者接触一个词语时，该词语会在大脑中被激活，并通过语义联系扩展到与之相关联的其他词汇。这种语义联系可以是同义关系、上下义关系、反义关系，甚至可以是词汇之间的语音和形态相似性。如此一来，一个词语的激活会自动扩展到与之关联的其他词汇，形成一个相互连接的网络。

激活扩展模型的优势在于能够更好地解释词汇习得过程中的联想和联系，强调了语义联系和语义相似性在词汇习得中的重要性，使得学习者可以更快地扩展和丰富词汇知识。结合词汇之间的联系，学习者可以将新学习的词汇与已有的知识进行关联，加深对词汇的理解和记忆。另外，激活扩展模型也强调了语言学习的渐进性和动态性。词汇的学习是一个渐进的过程，学习者在不断接触和使用词汇的过程中，不断扩展和加深对词汇的理解和记忆。这与之前提到的有意习得和附带性习得兼具的习得方式相吻合。不断激活和扩展词汇网络，学习者可以逐渐地建立起一个更为丰富和复杂的词汇知识结构。

3. 原型理论

原型理论是认知心理学中的一个重要理论，强调了词汇和概念的典型性对于认知和理解的重要作用。每个词汇或概念都有一个原型，它是该范畴中最典型、最具代表性的成员，处于词汇或概念的中心位置。而其他词汇或概念则相对于原型存在不同程度的相似性，被划分为典型概念和非典型概念。原型理论的一个重要观点是，人们通过掌握原型来识别和理解某个词汇或概念。如果一个词语或概念与原型的相似程度较高，它就被认为是典型概念，处于范畴中心位置附近。这些典型概念具有最典型的特征，最能代表该范畴的本质。例如，在动物这个范畴中，狗作为典型概念，具有四条腿、长尾巴、会叫等特征，最能代表动物的特性。相反，如果一个词语或概念与原型的相似程度较低，它就被划分为非典型概念，处于范畴的边界位置。这些非典型概念具有与典型概念不同的特征，相对于原型有一些变化或特例。例如，在动物这个范畴中，企鹅作为非典型概念，虽然也是动物，但具有特殊的生活习性和外貌特征，与典型的动物有所不同。原型理论对于语言习得和理解具有重要的启示。在学习新词汇和概念时，了解其典型特征和与原型的相似性可以帮助学习者更好地理解和记忆。原型理论也揭示了语言和思维之间的密切联系。人们在运用语言进行表达时，常常使用典型概念词来代表整个范畴，这样可以更加简洁和有效地进行交流。

（二）语音网络

心理词汇在大脑中包含了整个词的语义结构和语音结构，所以在心理词汇中，词的语音也是被存储的，它是词汇的一个重要组成部分。儿童母语心理词汇的习得过程是一个渐进的过程。在最初习得母语时，儿童通过在高频词的语言使用过程中进行“假设—演绎—选择”来逐步建立起母语的语音网络。这意味着儿童通过模仿和尝试，从周围的语言环境中推测出语音的规律和特点，并选择最适合的语音形式进行表达。在这个过程中，儿童不断调整自己的语音产出，逐步形成准确的母语语音。

随着儿童接受读写教育，心理词汇知识和词汇网络开始与字形表征融合。儿童逐渐将语音、形态和意义结构表征相互连接起来，形成相互独立又相互联系的音码、形码和义码，进而学会将词汇的语音形式与其意义联系起来，并将其表征为特定的字形。通过阅读和写作的实践，儿童进一步巩固和完善了心理词汇的音、形、义表征。在这个过程中，儿童的心理词汇网络逐渐变得均衡和完备。他们能够准确地辨别和使用不同词汇的语音形式，并将其与相应的意义相匹配。随着词汇量的增加和语言经验的积累，儿童的心理词汇网络不断扩展和深化，使他们能够更加流利地运用母语进行交流和表达。

1. 群集模型

群集模型是心理学中一个有关词语辨认的重要理论，探讨了听者在接收语音刺激时如何在心理词库中进行词语辨认和词语选择。根据群集模型，当听者接收到一两个音素时，这些音素会激活心理词汇中所有以这些音素为起首的词语，形成所谓的“起首词语群集”。然后，听者会将连续的语音信息与群集中的候选词语逐个进行匹配，最终辨认出匹配的目标词。群集模型认为词语的起首语音在心理词库中具有相当重要的作用，因为它能迅速激活与之相匹配的词语候选项。在心理词库中，词语被按照起首语音进行组织，这种组织方式使得听者能够更快地找到与听到的语音信息相符的词语，从而实现快速的词语辨认。然而，群集模型并不是完美的理论，它也面临一些挑战和批评。例如，一些研究发现，词语辨认并不仅仅依赖于起首语音，其他因素如词语的语义特征和上下文信息也会对词语辨认产生影响，并且有些词语可能在心理词库中没有明确的起首语音，或者存在多个相似的起首语音，这可能导致辨认的混淆。

2. 浴缸效应

浴缸效应是一种有关词语记忆和辨认的现象，强调了词首和词尾的语音结构在记忆和辨认过程中占据了更为重要的地位，类似于浴缸中人的头和脚伸出水面，而头的位置更高一些。这一现象是在语音记忆和辨认研究中被观察到的，研究发现受试者对词首和词尾的语音记忆成绩明显高于对单词中间部分的记忆。例如，Brown 和 McNeil 在对 50 多名学生进行的实验中发现，受试者对单词的词首和词尾语音的记忆成绩普遍较好。在一种被称为 TOT(tip of the tongue，“瓶颈效应”）状态的现象中，出现了语音近似词替代目标词的情况。例如，人们可能会在尝试回忆一个目标词时，意识到其词首或词尾的语音特征，却无法立刻召唤出完整的目标词，而使用一个在语音上相似的词语来替代。这种现象也被称为“浴缸效应”，其中词首和词尾的语音特征在召唤目标词时发挥了重要的作用。

浴缸效应的存在并不是偶然的，它与语音特征在记忆中的显著性有关。词首和词尾通常包含更多的辅音和特定音节模式，这些特征在词汇的辨认和召唤中有着重要的作用。浴缸效应与语义相似词语的替代同时存在，表明语音特征和语义特征在词语辨认中相互作用。值得注意的是，浴缸效应并非所有情况下都会出现，在某些特定的语言或文化背景中，可能存在其他影响词语辨认的因素，并且随着词汇量的增加和学习经验的丰富，浴缸效应的影响可能会减弱。

3. 总体韵律模式

关于心理词汇存在总体韵律模式的理论，强调了重读音节在回忆中的显著优势，而弱读音节则更容易被遗漏或被赘加。在心理词汇的存储和回忆中，重读音节通常比弱读音节更易被回忆。这意味着词语在记忆和辨认过程中发生替代性错误时，遗漏或赘加的错误往往发生在词语的弱读音节上。这可能是因为强读音节在语言中通常更加突出和重要，因此更容易被注意和回忆。起首音节往往是词语的首要部分，具有辨认和召唤目标词的关键性。然而，如果起首音节是一个弱读音节，则容易出现错误，因为它可能不够显著或不易被注意到。这也解释了为什么在某些情况下，人们会用一个类似的词语替代目标词，因为替代词的起首音节可能更加显著或容易回忆。相比之下，词语的中间部分通常不太容易回忆。由于它们处于词语的中间位置，可能在记忆中相对模糊或不够显著，导致识别和回忆时产生困难。然而，如果词语中间部分恰好是一个重读音节，它可能会相对容易被回忆，因为重读音节在整个词语中具有突出地位。

4. 综合模型

综合模型是对词汇存储和组织的进一步探讨。相较于之前的分层网络模型和激活扩展模型，该模型更注重词汇间的相似性和联系，以群集方式组织心理词汇库，形成一个动态的网络结构。在这个综合模型中，心理词汇不再是简单地排列组织，而是以丛群方式组织。所有语音相似的词语，特别是起首音节和末尾音节相似的词语，会被归为一个群集，构成一个紧密相连的网络。这样的组织方式使得相关词汇在大脑中紧密连接，相似度越高的词语联系越紧密，而相似度较低的词语联系则相对疏远。这个丛群方式组织的网络结构反映了心理词汇之间的关联性和相似性，有助于加强词汇之间的联系，促进词汇的联想和回忆。当人们想起一个词语时，与之相似的其他词汇也会被同时激活，这有助于快速找到目标词汇并回忆相关信息。这种联系并非不可变的，新的词汇成分不断生成，不断更新和调整词汇网络。这个综合模型强调了心理词汇的动态性和可塑性，它并不是一个静态的词汇列表，而是一个充满着相似性和联系的动态网络。这种网络结构有助于解释词语回忆中的现象，如浴缸效应和替代性错误，以及心理词汇在日常使用和学习过程中的表现。

综上所述，这些网络模型各有特点，它们从不同角度揭示了心理词汇的语义组织模式。在实际应用中，语言学家需要根据研究目的和研究对象的特点选择合适的模型进行探索。同时，随着神经科学和计算语言学的发展，心理词汇的语义组织模式的研究将继续深入，有望为人类更好地理解语言和思维过程提供新的启示。

第三节 认知语言学视域下的二语词汇习得

认知语言学作为一种研究语言习得和认知过程的学科，为人们理解二语词汇习得提供了深刻的认知视角。传统语言学主要关注词义的历时变化和共时意义关系，而认知语言学则更关注词汇习得过程中的认知方式和认知技能。在认知语言学的视角下，词汇的起源是人类对自身和空间的理解。人类首先从自身的感知和经验中形成最基本的概念，如身体部位、空间关系和力量运动，然后通过丰富的想象力和认知策略，如隐喻等，将这些基本概念逐步扩展和联想，进而形成更加抽象和复杂的概念系统。这个过程是由个体的认知能力和语境所驱动的，是一个动态的、不断演化的过程。在二语词汇习得中，认知语言学认为词汇习得不是简单地识记词形和词义，而是一个复杂的认知技能的习得过程。这个过程是循环和动态的，通过不断的实践和经验积累，学习者逐渐建立起对目标语言的词汇系统和概念体系。词汇习得是一个全面的认知过程，涉及对语音、形态、语法、意义等多方面的认知。将认知语言学的相关理论与词汇习得研究相结合，有助于验证已有的词汇习得理论，并从认知主体和认知客体两大方面探讨词汇习得的认知机制。认知主体指学习者的个体认知特征和处理能力，认知客体指学习者对目标语言词汇的认知表征和知识结构。深入研究认知语言学对词汇习得的启示，人们可以更清晰地理解二语习得的本质和过程。因此，将认知语言学的研究路径与二语词汇习得相结合，有助于推动二语教学和研究的发展。教师可以根据认知语言学的原理，设计更有效的词汇教学策略，帮助学习者更好地习得和掌握词汇。此外，研究者可以借鉴认知语言学的方法和理论，深入探究二语词汇习得的机制和规律，为二语习得研究贡献更多的新知。综合认知语言学的观点和研究成果，人们能够更全面地认识语言习得过程，为语言教学和学习提供更有益的指导。

一、二语词汇习得的范畴化研究

语言的本质和人类与客观世界的互动密切相关，语言是人类基于具体的体验感知而产生的。人们面对复杂多样的经验世界时，并不是逐个认知每个事物，而是根据它们的共性特征或规律进行分类和归类，从而形成范畴化的认知。在语言习得过程中，学习者逐步认知和掌握范畴的必要特征集，最先掌握的是属于原型范畴的部分，这些范畴在认知层次上最显著且较少受到脑损伤影响。在范畴化理论的视角下，词汇学习不再是以单个词汇为单位，而是呈现出从中心范畴开始逐渐向语言边缘特征扩展的层级结构。学习者会根据相似性向上或向下扩展、调整范畴，形成上位范畴和下位范畴，并通过隐喻认知模型发展出抽象范畴。这种范畴化的过程是一个动态的、不断扩展和调整的过程，而不是一个固定的单向路径。在二语词汇习得中，范畴化理论的视角为人们揭示了内部动因的重要意义。学习者在习得词汇时，不仅仅是在记忆单个词汇的形式和意义，而且是在不断地拓展和调整范畴，将新学习的词汇与已有的词汇联系起来，形成一个更加丰富和复杂的词汇网络。这种范畴化过程不仅涉及范畴之间的相似性和关联性，还涉及全局的匹配特征和分布式的认知。学习者通过将新词汇与已有范畴进行比较和联系，逐渐将其融入自己的词汇系统中。因此，范畴化理论的视角对于人们理解二语词汇习得过程中的认知机制和动因具有很大的启发意义。它提醒人们在教学中要注重帮助学习者建立起丰富的词汇范畴，并引导他们在词汇习得中进行更加全面和综合的认知活动，这为二语词汇习得的研究提供了新的视角和研究路径，促进了人们对于语言习得过程的深入理解。范畴化理论的应用和研究势必会对二语教学和研究产生积极的推动作用。

在认知语言学的视角下，词汇习得研究的核心部分是对意义习得的探讨。语言中的词语所表达的意义是人们对周围真实世界感知和范畴化的结果。范畴化是人类认识世界的一种高级认知活动，人们能够通过范畴化从各种各样的事物中寻找相似性，将它们划分到同一范畴，从而形成了丰富的概念系统。人们在语言交际中使用词汇意义时，通常会根据上下文进行推断和解释。上下文是在特定语境下的语言使用情境，包括语言的发言者、听者、时间、地点、主题等因素。通过上下文信息，人们可以更准确地理解词语所表达的意义，并在交际中进行有效的沟通。上下文也会影响人们对词语意义的范畴化，因为不同的语境会引导我们关注不同的特征和属性，从而对词语进行不同的分类和理解。范畴化的过程并不是简单地基于共同的特性来划分范畴，而是基于相似性和关联性来进行认知处理。范畴中的成员并不需要具有完全相同的特性，只要它们之间存在某种相似性，且范畴之间没有明显的边缘界限，就可以归为同一范畴。这种相似性认知处理模式被称为“家族相似性”，强调了范畴化的灵活性和动态性，使得人们可以更好地理解和应用词汇的意义。

（一）词义的相似与差异

家族相似性概念为语言学中词汇的语义关系研究提供了重要的理论框架。在这个概念中，任何一组意义相同或相近的词汇，只要它们在语义上存在一个共同的意义核心，就可以被联系在一起。这种联系并不是基于严格的定义或共同的特性，而是基于它们在意义、性质、特征、类别等方面的相近关系。家族相似性概念的重要性在于它为我们理解词汇的语义关系提供了一种灵活而动态的方式。在现实世界中，很少有词汇的意义是绝对固定和清晰的，因为词汇的意义总是根据语境和使用情境而变化的。人们可以通过家族相似性将意义相近的词汇联系在一起，形成一个“家族”，并且在这个“家族”中词汇之间的联系是可伸缩变化的。这样的理论框架使得人们能够更好地理解词汇的语义变化和关联，而不局限于传统的固定定义。在词汇的搭配同现关系研究方面，家族相似性概念为人们提供了一个更全面的视角。词汇在语境中的使用往往是多样且复杂的，通过家族相似性的概念，人们可以将词汇按照它们在意义上的相近关系进行分类，进而理解它们在不同语境中的搭配和同现现象。这为语义的切分和聚合提供了理论依据，帮助人们更好地理解词汇在语言系统中的组织和运用。

语义聚合和语义切分是认知语言学中非常重要的概念，它们对于人们理解词汇的语义关系以及语言的表达和理解过程具有重要意义。语义聚合指的是一组词汇以某一特定意义为中心，形成一个特定的语义场。在这个语义场中，各个词汇在意义上有一定的相似性或联系，它们共同围绕着某个核心意义展开，形成一种聚集的现象。例如，“walk”这个词可以聚合出一系列与“行走”有关的词汇，如“totter”“sidle”“limp”“hobble”“shuffle”“stride”等。这些词汇在语义上有相似的特点，它们共同构成了“行走”这个语义场。与此相对应的是语义切分，指的是对相同或相近的词汇语义进行具体的划分和细化。语义切分可以使人们分辨出词汇个体中更小、更具体、更丰富的语义内涵。例如，在上述“行走”这个语义场中，可以对每个词汇进行进一步的切分，如“totter”指的是踉跄地行走，“sidle”指的是侧身悄悄地行走，“limp”指的是一瘸一拐地行走，等等。通过这样的切分，人们可以更准确地理解每个词汇在具体语境中的意义和用法。

（二）二语词汇习得的原型与边缘

在词汇习得中，简单词汇和复杂词汇是根据词汇的语义结构和认知复杂度来区分的。简单词汇通常指的是基本范畴词汇，即人们在对事物进行类别区分时使用的最基本的心理等级。基本范畴词汇在认知上具有参照点的重要作用，因此在词汇习得中相对较容易记忆和习得。这些词汇是人们对世界进行最直接、最常见分类的词汇，如“桌子”“椅子”“猫”“狗”等，它们通常是人们最早学会的词汇，也是词汇习得的起点。相比之下，复杂词汇则是在词义和语义结构上相对复杂的词汇，其语义关系和概念较为抽象和间接。这些词汇往往属于更高层次的范畴，距离基本层次范畴较远，因此习得难度相对较大。例如，一些具有多义性的词汇、专业术语、抽象概念等属于复杂词汇，这些词汇的认知和运用通常需要更深入的理解和学习。在词汇习得中，遵循由简到繁的渐进过程是非常重要的。学习者应从基本范畴词汇的基本义项入手，优先学习基本范畴词汇。学习基本范畴词汇可以使学习者建立更为稳固的词汇范畴化意识和语义网络，从而为后续学习更复杂的词汇奠定坚实的基础。基本范畴词汇通常与学习者的日常生活和经验密切相关，更容易被理解和运用。

由于原型范畴更接近基本层次范畴，具有更高的感知性和易习得性，因此在词汇习得过程中起着关键作用。其原因在于以下几个方面：第一，原型范畴在整个词汇范畴中具有最具典型性和代表性的特性，能够反映范畴的核心概念，使学习者可以建立起更为全面、丰富的词汇联想和语义网络，从而在语言交流中更加准确地表达和理解。第二，原型范畴不仅最大化了范畴内部词汇的相似性，还通过“线索有效性”最大化了范畴间的区别，这意味着原型词汇在词汇习得中不仅有助于理解和记忆范畴内部的词汇，还有助于区分不同范畴之间的词汇，促进了更准确的词汇分类和运用。许多研究也证实了范畴化在母语和二语习得中的重要作用，学习者在习得词汇义项时，基本范畴词汇的习得优于非基本范畴词汇，说明基本范畴词汇具有更高的习得优势和习得顺序。基本范畴词汇还可以通过词形和语音的相似性划分成形音原型范畴，这种分类方式更有利于学习者记忆和习得词汇。例如，形音完全相同的同形异义词“bear”可以包含不同的义项，而同音异义词“dear—deer”则在发音上相似，但意义不同。基于以上原因，绝大部分词典（特别是学生词典）采用原型或基本层次范畴词汇进行编撰，这样的编排方式更符合学习者的习得特点，有助于他们更好地理解和掌握词汇的不同义项和语义关系。

在词汇习得过程中，基本层次的词汇学习确实具有阶段性。对初级阶段的学习者来说，学习一些基本范畴词汇是必要且有效的，因为基本范畴词汇在语言中扮演着重要的角色，能够帮助学习者建立起最基础的词汇网络和语义框架。然而，随着学习的深入，仅仅掌握一些基本范畴词汇是远远不够的。基本范畴词汇在语料库中的数量是有限的，尤其是在学生词典中，常常只包含 2 000 个左右的基本范畴词汇。虽然这些基本范畴词汇具有概括性强和覆盖面广的特点，但由于它们较少关注感情色彩和语体色彩，因此在具体表达时可能会受到限制，无法满足更加精确和形象的语言需求。因此，在掌握了一定量的基本范畴词汇后，学习者应适时将词汇习得扩展到基本词义的辐射范畴，并进行语义聚合和切分。通过将具有语义联系或语义相似性的节点相连接，形成词汇联想和整体记忆，学习者可以更好地理解和运用词汇。学习者还可以基于意境和语域，将词汇分门别类地进行语义场汇总。这种方法能够帮助学习者将相关的词汇联系起来，形成更为丰富和复杂的词汇网络。通过在不同语境中学习和运用词汇，学习者能够更加全面地理解词汇的用法和含义，进而提高自己的语言表达能力。

词汇习得的动态重构是一个复杂而多变的过程，其动因主要源于学习者头脑中已有的认知模型。这些认知模型是学习者对于词汇的理解和认知方式，在不同阶段都起着至关重要的作用。实验发现，在词汇学习和储存阶段，学习者通常倾向于借助原型范畴层级结构。原型范畴是人们对事物的一个典型表征，能够帮助学习者将相似的词汇联系在一起，形成一个共性概念。而在词汇提取和语义加工阶段，学习者则更倾向于使用基于特征比较的语义推理。这种推理方式能够帮助学习者更准确地理解词汇的含义，并在实际语境中灵活运用。认知模型对于词汇习得具有重要影响，它决定着学习者在特定语境下是否能够产生表达蕴含并预示另一个表达现象的联想关系，即逻辑连续统一。这种联想关系能够帮助学习者更好地理解词汇之间的联系和用法，从而在表达时更加准确和流畅。认知模型对于新词项在心理词汇库的整合和内化也至关重要，学习者通过已有的认知模型来理解和归纳新词汇，将其纳入已有的词汇网络中，从而加强对词汇的理解和记忆。认知模型还能提高词汇的语境化处理效率，通过认知模型的帮助，学习者能够更快地将词汇与特定语境相联系，从而更好地将其应用于实际交流中。

范畴化理论的引入为二语词汇习得研究提供了一种新的视角和理论基础。传统的习得理论在解释二语词汇知识和习得程度时存在一定的局限性，而范畴化理论则能更好地解决这些问题，并为学习者在词汇习得过程中的认知阶段提供合适的序列和模式。利用原型与等级范畴理论，人们可以很容易地找到所有相关词义中最为核心的意义，即原型意义。原型意义是在一个范畴中最具代表性和典型性的意义，是该范畴中其他意义的基础和核心，而其他意义则可以看作在原型意义基础上的辐射或延伸。这种分类和归类的方式有助于学习者更好地理解和记忆词汇，同时帮助他们建立更为丰富和复杂的词汇网络。范畴化理论不仅可以帮助学习者区分和联系相关语义，还能够为词汇习得提供合理的序列和模式。学习者在词汇习得过程中，往往会先学习和掌握基本范畴词汇，这些词汇具有较高的代表性和典型性，易于记忆和理解。此后，学习者可以根据原型意义，逐步扩展和延伸到其他相关意义，形成一个逐渐丰富和完整的词汇网络。这种学习序列和模式符合学习者的认知发展规律，有助于提高词汇习得效率和质量。范畴化理论的引入也有助于增强学习者对词汇的意义感知和记忆效果。通过将词汇归类为不同的范畴，学习者能够更好地理解词汇之间的联系和区别，从而更容易记忆和运用。范畴化理论还强调了词汇的语境化处理，即将词汇放置在特定的语境中，使其更具有实际意义和运用价值。

（三）语言习得策略的分类研究

和语言习得策略的定义一样，语言习得策略的分类也是异彩纷呈的。根据不同的标准和目的，语言习得策略有不同的分类方法。O'Malley 和 Chamot 根据信息处理的理论，将语言习得策略分为三大类：元认知策略、认知策略和社会 / 情感策略。元认知策略指学习者对自己脑力活动的了解及对自己认知过程和结果的意识与控制，起着评价、管理、监控认知策略的作用，它包括提前准备、集中注意力、自我管理、自我监控、自我评估、延迟表达、事先练习等；认知策略用于语言学习的活动之中，主要用于获得、储存、恢复和使用信息的过程，它包括重复、翻译、演绎、推理、想象、利用关键词、迁移等；社会 / 情感策略只是为学习者提供更多接触语言的机会，它包括合作、请求说明、参与小组活动和练习等。①

Oxford 按照策略和语言材料的关系将语言习得策略分为直接策略和间接策略。直接策略要求对所学语言进行认知处理，因而与所学语言直接相关。直接策略分为三类：记忆策略、认知策略、补偿策略。间接策略则通过集中注意力、计划、评估、寻找机会、控制焦虑、增加合作与移情等手段间接地对学习过程产生影响而对语言学习起辅助作用。间接策略也有三类：元认知策略、情感策略、社交策略。直接策略就像“舞台剧的表演者”，间接策略则像“舞台剧的导演”。这六类策略相互联系、缺一不可。

语言习得策略分为管理策略和语言学习策略。前者与学习过程有关，后者与语言学习材料有关。管理策略对语言学习策略的使用具有制约作用，处于语言学习策略之上，具体包括确立目标、制订计划、策略选择、自我鉴定、

① 雷淑华．中学生英语学习观念和策略的调查分析［J］．江西教育科研，2006（3）：55.

自我评价、自我调整，此策略所蕴含的能力具有很强的迁移性，能跨学科、专业和时空发挥作用，使学习者不仅在语言学习上受益，而且可能在其他方面的学习、工作和生活中受益。语言学习策略分为传统和非传统两大类，其理论依据是 Stem 提出的三大争端，即在外语教学中使用母语还是使用目的语作为媒介语教学，外语学习究竟是无意识或潜意识的行为还是有意识和自觉的行为，学习者交际时注意力应放在语言的准确性上还是语言的流利程度上。

Cohen 根据运用策略的目的把语言习得策略分为学习语言的策略和运用语言的策略。学习语言的策略包括识别材料、区分材料、组织材料、反复接触材料和有意识识记，运用语言的策略包括检索策略、排练策略、掩盖策略和交际策略。

以上几种分类中，O'Malley 和 Chamot 的分类和 Oxford 的分类基本相似，Oxford 分类的直接策略与 O'Malley 和 Chamot 分类的认知策略相似，而其间接策略与 O'Malley 和 Chamot 分类的元认知策略和社会 / 情感策略相似。这两种分类在二语习得中有很深远的影响，现在仍然在许多实证研究中被广泛运用。O'Malley 和 Chamot 分类是在实验研究的基础上总结出来的，相比较而言更全面、更具代表性。它的优点是把元认知策略提升了一个高度，认为元认知策略是一种高阶的执行性技巧，从而揭示了策略类别的阶层关系。但他们的分类缺乏对情感策略的关注。事实上越来越多的研究已经表明情感是语言学习中一个至关重要的因素。Oxford 的分类更全面，用 Ellis 的话来说，Oxford 提出的学习策略分类是迄今为止最具综合性的。

Oxford 通过实证研究比较分析语言策略分类的各种理论，她提出的直接策略和间接策略是和学习者实际运用的策略类型最接近的。她将策略细分为不同层次，涵盖了学习的认知和情感过程的各个方面。但 Oxford 把元认知策略和其他策略放在同一个平台上操作，认为它们不存在等级关系，这一点是和 O'Malley 和 Chamot 的观点相左的。文秋芳的分类向前迈进了一大步，具有多层次、系统性、综合性等特点，但其分类和其他三位研究者一样，都具有主观推断性，在实际过程中学习者是否运用这种策略没有得到实验的证实。Cohen 的分类很清楚，但她的分类未涉及元认知策略，也忽视了情感策略在语言学习和运用过程中的作用，这是明显的不足之处。

二、利用图式效应强化二语习得

词汇习得是一个复杂而独特的过程，受到学习者个体差异的影响。不同的学习者在词汇习得时可能会采取不同的认知策略，这取决于他们的学习风格和认知特点。有些学习者更注重词汇的语义细节和用法，他们倾向于深入学习每个词汇的具体含义和在不同语境下的用法；而另一些学习者则更善于从整体上对词汇进行理解和把握，他们可能更关注词汇的大致意义和共性特征。尽管有意识的词汇习得效果更加明显，部分学者却坚持认为附带习得是词汇习得的最优选择。然而，词汇附带习得并非简单的事情，它有一定的前提条件。学习者需要掌握一定数量的基础词汇，通常是3 000～5 000，有时还需要掌握一定数量的专业词汇，否则，学习者很难理解和读懂语言材料的内容，阅读的效果将大打折扣。学习者需要构建起一定规模的词汇语义网络和范畴化意识，只有对词汇的语用知识具有一定的敏感度，学习者才能够在语境中准确地猜测词汇的意思。在实际的词汇教学中，教师应该根据学习者的个体差异，灵活运用不同的教学策略。对于那些更注重细节和语义的学习者，可以采用更加系统和深入的词汇教学方法，帮助他们理解和记忆词汇的具体含义和用法；而对于那些更倾向于整体理解的学习者，则可以通过大量的阅读和语言接触来促进他们对词汇的附带习得。教师还可以通过词汇游戏、语境练习等方式来增强学习者对词汇的语义联想和运用能力，帮助他们更好地在实际交流中运用所学的词汇。

认知语言学对于词汇附带习得的解释是非常有启发性的，认为词汇附带习得之所以成功，是因为学习者在进行视觉或听觉信息处理的过程中，会激活大脑中的图式。这些图式是在学习者原有的知识和经验的指导下形成的认知框架，可以帮助学习者对新的生词进行积极的加工和理解。[①]在这个过程中，一部分信息会经过短时记忆的存储，进而转入长时记忆，从而实现对词汇的习得和记忆。在词汇附带习得的过程中，学习者并非被动接收信息，而是积

① 盖淑华.英语专业学生词汇附带习得实证研究［J］.外语教学与研究，2003（7）：282.

极主动地参与其中。结合自身的认知过程，学习者对生词进行理解、加工和归纳，从而使自己能够更好地掌握这些词汇并将其融入自己的语言体系中。[①]学习策略可以是有意识的，也可以是潜意识的，但不论哪种形式，它们都代表了学习者有意识地进行学习和加工信息的过程。在词汇附带习得的过程中，学习者并非被动接收信息，而是积极主动地参与其中。结合自身的认知过程，学习者对生词进行理解、加工和归纳，从而使自己能够更好地掌握这些词汇并将其融入自己的语言体系中。词汇附带习得的成功还与学习者的学习背景和语言输入有关，如果学习者已经具备一定的语言基础和相关知识，那么在接触新的词汇时，他们的大脑可以利用已有的图式和认知框架来对新信息进行加工和理解。这样，学习者更容易将新词汇纳入自己的长时记忆，并在实际语言运用中灵活运用。然而，词汇附带习得并非完全依赖学习者自身的认知过程，语言输入的质量和数量也是至关重要的因素。如果学习者接触到丰富多样、具有意义和情境的语言输入，那么他们更有可能成功地进行词汇附带习得。因此，教师在教学中应当注重提供多样化的语言输入和创造有意义的语言情境，帮助学习者更好地进行词汇习得。

人脑中存储着各种各样的图式，而语言使用者在接触到一个词语时，从头脑中的词库中找到该词的过程几乎是瞬间完成的，不到 1/4 秒的时间。在这个过程中，图式中的各个节点都处于一种“展开活动”的状态，这意味着对意义的识别、分析和联结是一种精细的加工过程。这种加工过程的动力来自学习者大脑中的词汇语义网络，这个网络内部以及网络之间的互动相互引导着词汇内在认知图式向有利的方向重构，从而简化了词汇信息在大脑中的加工和整合。对中等英语水平的匈牙利中学生进行实验，研究发现接受词语多义现象这一认知机制指导的学生在学习词汇时更能够顺利地激活相关语义，更加轻松地掌握词汇经过隐喻和借代等发展出的多种意义，这表明在词汇习得的过程中，学习者的认知机制起着重要的作用。那些能够灵活运用多义词的学习者往往能够更深入地理解和运用这些词汇，使其语言表达更加丰富和准确。词汇习得是一个复杂的过程，学习者在其中运用着大脑的认知机制和

① 李红，田秋香 . 第二语言词汇附带习得研究［J］. 外语教学，2005，26（3）：52.

记忆网络。在不断接触语言输入的过程中，学习者的大脑会自动地激活与已有知识和经验相关的图式，从而更好地理解和记忆新的词汇。这说明了语言输入的质量和数量对于词汇习得的重要性。只有通过接触广泛的语言输入，学习者才能建立起丰富的词汇语义网络和认知图式，从而更好地实现词汇的习得和应用。

图式效应在词汇习得中的应用是多方面的，不仅可以发生在语音、形态和语义层面，还在语境层面起到重要作用。这种效应提供了一种有效的方法，帮助学习者更好地理解、记忆和应用新的词汇。在语音、形态和语义层面，学习者可以充分利用词汇的特征来进行联想和记忆。在语音层面，学习者可以通过词汇的发音特征来将相似的词汇进行联想。例如，当学习者学习“cat”这个词时，可以联想到类似发音的“bat”和“hat”。在形态层面，学习者可以通过词汇的词缀和词干信息来推测词汇的意义和形态变化。例如，当学习者学习“unhappiness”这个词时，可以通过词缀“un-”和词干“happi-”来推测其意义为“不快乐”。在语义层面，学习者可以利用词汇的原型意义和语义场进行联想记忆。例如，当学习者学习“run”这个词时，可以联想到与其相关的词汇如“walk”“jog”“sprint”等，从而形成关于“奔跑”这个意义的语义场。除了在语音、形态和语义层面的应用外，图式效应在语境层面的作用也是非常重要的。学习者的大脑在处理语言时会激活背景知识和相关图式，这有助于学习者将新的词汇与已有的心理词汇进行同化和内化。例如，当学习者在语境中遇到一个新的词汇时，如果能够将其与已有的图式和背景知识联系起来，就能更好地理解其意义和用法，并将其纳入自己的词汇体系中。众多关键词记忆法的研究也证实了图式在二语词汇习得中的有效性。利用图式效应能使学习者更加高效地记忆和应用新的词汇，这一方法可以在词汇学习和语言教学中得到广泛的应用，帮助学习者建立更为牢固的词汇网络，并提升其语言运用能力。

图式作为一种词汇习得策略，在很大程度上减轻了学习者的词汇记忆负担，并提高了其认知模式的灵活性，使学习者能够更好地适应复杂的语境变化和刺激信息。学习者利用图式效应可以将新的词汇与已有的知识和经验相联系，从而加快词汇的记忆和掌握过程。图式策略的应用使得词汇习得更加高效。学习者在学习新词汇时，将其与已有的词汇图式联系起来，可以更快地将新的信息存储到长时记忆中。这样一来，在日后的应用中，学习者可以更容易地调取已有的图式，并将其应用于语言表达和沟通中。这种高效的记忆和应用方式减轻了学习者的认知负担，使其在学习过程中更加得心应手。图式策略还提升了学习者的认知灵活性，帮助其建立丰富的词汇图式，使其可以在不同的词汇之间进行灵活切换。这样一来，在面对复杂的语境变化和刺激信息时，学习者可以更加灵活地运用已有的知识和经验，并快速适应不同的语境需求，这种认知灵活性使学习者在语言使用中更加自信和流利。图式策略还体现了学习者在刺激信息加工与存储上的认知经济性原则。学习者通过将词汇与图式联系起来，可以将大量的信息存储在一个图式节点中，从而降低了记忆的复杂性。相较单独记忆每个词汇的意义和用法，利用图式的方式可以将众多相关词汇整合为一个整体，从而使得词汇的习得更加便捷高效。

二语词汇习得是建立在语言认知机制的基础之上的。首先，学习者通过接收、处理并输出语言信息，逐渐构建和丰富自己的心理词汇网络。在这个过程中，学习者需要调动注意力、记忆、联想等多种认知资源，以实现对新词汇的有效习得。其次，二语词汇习得受到多种因素的影响。其中，词汇的语义特征、语境信息以及学习者的个体差异等都是关键因素。例如，词汇的语义特征有助于学习者建立词汇之间的联系，形成词汇网络；而语境信息则可以帮助学习者理解词汇的具体用法和含义；同时，学习者的认知风格、学习策略以及情感因素等也会对词汇习得产生重要影响。此外，二语词汇习得的过程是动态且不断发展的。随着学习者语言水平的提高，他们对词汇的理解和掌握也会逐渐深入和丰富。在这个过程中，学习者需要不断调整自己的学习策略，以适应不同阶段的词汇学习需求。最后，认知语言学强调二语词汇习得的互动性和实践性。学习者需要通过与他人的交流和实际语言运用来巩固和拓展自己的词汇知识。因此，在二语词汇习得的过程中，教师需要注重创设真实的语言环境，鼓励学习者积极参与语言实践活动，以提高他们的词汇运用能力。总之，认知语言学视域下的二语词汇习得是一个复杂而动态的认知过程，涉及多个方面的因素和影响。对于语言学习者来说，理解并掌握这些认知机制有助于更有效地进行词汇学习；而对于教师来说，了解并运用这些认知机制则有助于设计更科学、更有效的教学方法。

第五章　认知语言学视域下构式语法与关联理论对二语习得的启示及思考

随着认知语言学的诞生，construction 成为认知语言学研究的关注焦点和核心对象，我国认知语言学界曾经将 construction 译为“构造”“句式”“构块”“构件”“构架”“架构”“框架”“构式”等，后来日渐趋同，现在学界普遍认可的译法为“构式”。[①] 构式语法是认知语言学的一个重要分支，在批判和反思传统语言学，特别是生成语法理论的基础上形成。随着时间的推移，构式语法逐渐成为基于语言使用的语言学主流流派，吸引了众多语言学家的关注和研究。Fillmore、Langacker、Taylor、Goldberg、Croft 等学者对构式语法的发展作出了突出贡献，推动了该领域内涵和外延的发展。构式语法的理论框架日益完善，其核心思想是要关注使用者的心理表征和认知过程。所以构式语法不仅关注语言结构本身，更关注使用语言的人是如何进行思维和表达的，其探究了语言思维和语言表达之间的心智过程，帮助人们更好地理解人类语言能力的本质。构式语法的研究方法也在不断演变，以适应不断增长的研究需求，不再局限于简单地分析句法结构，而是涵盖了更广泛的语言现象，如词汇、短语、篇章等。构式语法认为，语言单位并不是孤立存在的，而是通过构式相互连接形成了复杂的语言网络，而网络化的视角使得人们可以更全面地理解语言的本质和运作方式。

国内外对构式语法的研究思路也呈现出多样化的趋势。一方面，国外学者不断拓展构式语法的应用领域，将其应用于语义、语用等更广泛的语言层面，丰富了构式语法的理论体系；另一方面，国内学者也开始对构式语法展

---

① 张克定 . 认知语言学中的构式观［J］. 语言教育，2022（1）：68.

开深入研究，关注中国语境下的语言现象，探讨汉语的构式特点和认知过程。这种交流和融合有助于促进构式语法理论的全球化发展。

关联理论认为，语言交际是话语使用者基于特定语境，并按照一定的认知推理规律进行的活动。在交际中，人们会根据语境和已有的知识来寻求最相关、最有意义的信息。换言之，关联理论强调了“明示—推理”过程，即根据上下文的线索和信息，人们推理出与之最相关的含义。这种推理过程是基于言语理解者的认知机制的，而非简单地依赖语言形式本身。关联理论的提出极大地丰富了语义学与语用学的研究内容，打破了传统的语言表达与语境分离的观念，强调了言语理解的主观认知过程，使得人们更好地理解了语言交际的本质和复杂性。关联理论的重要贡献在于它提供了一种解释，即为何在某些情境下，人们会选择使用特定的表达方式，并从中获取所需的信息。

随着关联理论的应用，二语习得研究也变得更加丰富和多样化。学者开始关注学习者在语言习得过程中如何根据上下文进行推理，从而理解并准确表达语言。关联理论为人们提供了一个更深入的认知视角，帮助人们了解学习者在接触新语言时是如何根据其已有的知识和语境信息来进行理解和运用的。通过关联理论的研究，人们可以更好地了解语言学习的本质和过程。它提醒人们，语言并不是孤立存在的，而是紧密联系于语境和认知的。因此，在语言教学和二语习得过程中，应该注重培养学习者的语境意识和认知能力，使他们能够更好地理解和运用语言，提升交际效果。

第一节　构式语法研究思路的历时发展

一、Fillmore 的构式语法研究思路

Fillmore 认为，构式语法指的是语言中的任句型，句型被指派一个或多个约定俗成的功能，对其所在结构的意义或用法产生规约性影响。[①]Fillmore

① 张克定 . 认知语言学中的构式观［J］. 语言教育，2022（1）：70.

的构式语法是在其之前提出的“格语法”基础上逐步发展而来的。最初，其目标是解释习语中句法和语义之间的关系，但随着研究的深入，构式语法逐渐成为一种更为全面和综合的语言学理论。构式语法通过将构式描述为四个特征，即包含任何句式的规约性句法表征、词项本身就是构式、由母结构和子结构组成，以及具有习语性，从而完善了语言研究中形义结合的研究思路。构式语法强调句法结构的规约性句法表征，认为构式不仅可以出现在特定的句法结构中，而且可以跨越多种句式。这种规约性句法表征使得构式的使用更加灵活和多样化，不再受限于特定的句法形式，从而更好地解释了习语和复杂句子中的语言现象。构式语法认为词项本身就是构式。传统研究中，语言学家更关注句法结构，而忽视了单词本身的重要性。然而，构式语法将词项视为构式的基本单位，强调了词汇与句法之间的密切联系。这一特征使得构式语法能够更好地解释语言中词汇和句法的相互作用，从而使人们更全面地理解语言的结构和功能。构式由母结构和子结构组成，构式内部包含了更小的构式单元，这些单元之间相互连接，形成了一个复杂的语言网络。这种层级结构使得构式语法能够更好地描述语言中的复杂性和多样性，将语言现象从微观和宏观两个层面进行解释。构式具有习语性。习语是语言中经常出现的固定表达方式，构式语法强调习语在语言中的重要性，并将其作为研究对象之一。习语的特殊结构和含义使得构式语法能够更好地解释语言中的隐含信息和文化内涵。

二、Langacker 和 Taylor 的构式语法研究思路

认知语法是 Langacker 从其 1982 年提出的空间语法逐步建立起来的一种具有系统性的认知语言学理论。[①]Langacker 的认知语法对语言学的任务提出了独特而重要的观点，强调语言学的目标是分析语言是如何通过语音结构和语义结构以及二者之间的象征关系得以构造的。在这个框架下，Langacker 认同 Fillmore 的形 — 义匹配理论，并认为习语是自然语言中不应被排除在研究范畴之外的重要现象，提出将由两个或更多象征单位构成的词汇和句法连续

① 张克定 . 认知语言学中的构式观［J］. 语言教育，2022（1）：72.

统视为构式。Taylor 继承了 Langacker 认知语法的基本思想，并进一步发展了构式的研究。他认为人脑对现实世界的认知是通过图式和实例之间的关系实现的。图式是一种认知结构，是人脑对事物的通用认知模式，而实例则是具体的个体实体。他主张应该从图式 — 实例的关系角度探讨构式的生成机制和图式构式的生成能力。构式生成机制和图式构式的生成能力为构式研究提供了全新的思路，研究图式和实例之间的关系，可以更好地理解语言是如何根据认知模式和具体情境来构建的。图式是人类认知中的重要组成部分，为语言的生成和理解提供了基础；实例则是图式在具体语境中的应用，其丰富了语言的表达和意义。从这一观点出发，构式不再是孤立的语法现象，而是与人类认知紧密相连的认知单位，其反映了人类对世界的认知方式和思维模式。因此，构式的研究不仅涉及语法结构和语义关系的分析，还需要考虑其在认知过程中的作用和生成机制。

三、Croft 的激进构式语法研究思路

Croft 认为言描写就是要比较详细地描写每一个构式的语义、语用和语篇功能，因为构式是象征单位，其功能不仅是构式之形式的一部分，也是语言规约的一部分。[①]Croft 的构式语法的激进观点确实在语言学界引起了不小的争议和关注。他将构式看作构成复杂句法结构和语义结构的对子，这种观点挑战了传统语法理论对句法关系的看法。Croft 坚持构式是语言的原始单位和句法表征的基本单位。传统语法理论通常认为句法结构是由词汇和句法规则组成的，而构式语法将构式作为更基本的单位来分析句法和语义。这使得语言的描述更加简洁和直观，因为构式作为构成复杂句法结构和语义结构的对子已经包含了有关词汇和句法规则的信息。Croft 的构式语法强调构式的句法成分和语义成分之间只有象征关系，而不存在传统语法中所说的句法关系。这种观点颠覆了传统语法中对句法关系的解释，提出了更加简化的语法分析方式。构式之间的象征关系可以帮助人们更好地理解句法结构和语义结构之

① CROFT W. Radical construction grammar：Syntactic theory in typological perspective［M］. Oxford Oxford University Press，2001：120.

间的联系。最激进的观点是 Croft 认为在实际的语言交际中，句法关系并不是非常重要，甚至可以忽略不计。他认为语言中形式和意义之间的映射更加简单明了，句法关系不是必要的。这种观点在语言学界引起了争议，因为传统语法一直将句法关系视为语言结构的核心，而 Croft 的观点挑战了这种传统看法。

四、Goldberg 的构式语法研究思路

20 世纪 80 年代，Goldberg 提出了构式研究的一个重要观点，即应将研究重点从特殊构式扩展到常见构式。她认为语言是由各种不同复杂程度和抽象程度的构式组成的连续统，这些构式之间形式、意义和功能紧密相连，词汇与语法之间也无法严格区分。这一观点为语言学研究提供了新的视角和方法论，丰富了人们对语言本质的认识。Goldberg 进一步提出了构式主义方法，这一方法强调构式是语言的基本组成单位，认为语言本质上是象征性的，即语言结构和意义之间存在密切的联系。她对构式的定义也进行了修改，不再将传统定义中的“不可预测性”作为构式的必要条件。相反，她认为任何语言结构，只要在形式或功能的某个方面不能从其组成部分或其他已知构式中被严格预测出来，就可以视为构式。即使是能够被完全预测出来的语言结构，只要有足够的出现频率，也可被视为构式。这一构式主义方法为语言学研究提供了更为灵活和开放的研究范式。传统语言学常常将语言结构和意义划分为词汇和语法的范畴，而构式主义方法打破了这种划分，将构式视为更基本的单位，强调了语言中形式和意义的内在联系。这使得人们能够更好地理解语言中的复杂性和多样性，更好地解释为何某些语言结构在特定语境下会出现。构式主义方法还对语言习得和语言变化的研究具有重要意义。Goldberg 的观点强调了后天输入、推理、语用等认知能力的作用，认为语言能力并不是自主形成的，而是在认知能力发展的基础上逐步形成的，这为人们理解语言习得的过程和语言变化的机制提供了新的理论框架。

Goldberg 认为，构式本身具有意义，该意义独立于句中的词语而存在，而一个表达式的意义则是词项意义构式义整合而来的。Goldberg 在构式研究

中的贡献不仅在于其提出了构式主义方法，还在于突破了对构式的静态观，提出了构式是以交际为目的的规约化形式 — 意义、功能配对，除了动词与构式之间的互动，构式与构式之间也组成了一个互动的、有继承关系的网络，主要遵循四个原则（图 5-1）。

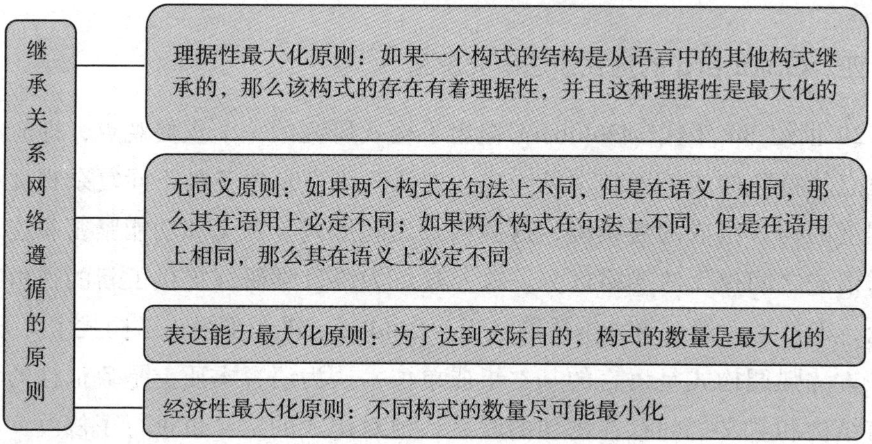

图 5-1　构式与构式之间继承关系网络遵循的原则

以上简要概述了构式语法理论，他们的看法同大于异，都把构式视为语言研究和描述的主要对象，语言中的每一个构式都是形式和意义的结合体，且这种结合具有不可预测性。换句话说，构式的意义不能简单地从其组成部分推导出来，而是需要综合考虑构式整体的结构和语境。

第二节　关联理论视域下二语习得的探究回顾

关联理论视域下的二语习得研究确实涉及了多个学科领域，包括语言哲学、认知语言学和语用学等，因为这一理论提供了独特的认知视角，帮助人们更好地理解学习者在语言习得过程中的认知过程和语言使用的现象。21 世纪以来，学者对关联理论的兴趣逐渐高涨，特别是在二语习得研究领域。他们利用关联理论的概念来探讨二语习得的广泛课题，并取得了大量成果。这些成果不仅拓展了人们对语言习得的认识，还为二语教学提供了更深入的理论指导。

一、理论探讨

法国学者 Dan Sperber 和英国学者 Deirdre Wilson 在补充和发展了 Grice 的会话含义理论的基础上提出了关联理论。[①] 关联理论在二语习得研究中的广泛应用为人们提供了一种全新的视角和研究框架，学者纷纷将关联理论引入二语习得领域，以探索学习者在语言习得过程中的认知和推理规律。与传统的社会认知行动理论相比，关联理论更加具有针对性的指导作用，尤其在探讨本族语者和非本族语者之间的言语互动方面显得尤为重要。在运用关联理论进行二语习得研究时，学者将关注点放在语言迁移现象等问题上。通过关联理论的观点，他们可以更加深入地理解学习者在习得第二语言时，如何利用之前的语言知识和经验来推断和理解新的语言信息。这有助于人们更好地把握学习者的学习路径，从而提供更有效的教学指导。另外，关联理论中的一些要点，如“分析”“控制”和“注意”等，在解释互动交际和语言输入过程时也发挥着重要作用。通过关联理论的框架，研究者可以深入分析学习者在交际中如何根据语境和信息进行推理，从而获取合适的语言意义，这对于了解语言习得过程中学习者的认知策略和心理推理过程非常关键。通过关联理论的研究，人们不仅能够解决某些二语习得的具体问题，还能够更加全面地认识语言习得的本质。关联理论的应用为二语习得研究提供了新的理论支撑，为人们深入理解学习者在习得第二语言时的认知过程和增强语言运用能力提供了宝贵的经验。这些研究成果对于二语教学实践也具有重要的指导意义，能够帮助教师更好地设计教学内容和策略，促进学习者在第二语言习得中取得更好的成效。

尹洪山等国内学者在二语习得研究中的关联理论应用，为人们提供了

---

① 王丹，王晓红．关联理论及其应用［J］．齐齐哈尔大学学报（哲学社会科学版），2005（1）：104.

更加深入和全面的认识。[①] 他们将关联理论运用到二语习得的语言现象描述中，拓展了人们对语言习得的理解，尤其是将关注点从静态的语言学习过程转向对学习者与认知语境相互作用的动态过程的探究。在研究英语时体习得方面，关联理论为学者提供了一种全新的研究视角。基于关联理论的框架，他们能够更加深入地研究学习者在具体的认知语境中如何习得语言知识。这种动态的研究方式将人们的关注点放在学习者与语境之间的交互过程中，帮助人们更好地理解学习者在习得语言时所面临的挑战和机遇。关联理论还为解释一些特殊句法结构习得提供了有益的启示。例如，通过运用最佳关联等概念，学者可以更好地解释学习者对前置句式这类复杂语言结构的习得，有助于揭示学习者在习得过程中是如何根据上下文和语境进行推理和理解的。Blakemore 在研究情态指示语、语篇小品词或语篇连接词等方面，深入探讨了语言中的一些表达方式如何揭示句子的言外之意。[②] 这为人们理解语言理解的过程提供了有价值的线索。通过研究这些语言现象，人们可以更好地了解学习者在理解和运用语言时所依据的推理线索和程序制约。

二、语法研究

近年来，语法层面的二语习得研究引起了学者的广泛关注。其中，一些学者（如 Liszka、Zegarac 等）着眼于语言使用者在语法输出时的欠缺问题，并将其与学习者的母语背景相结合，从关联理论的角度对这一现象进行深入阐释。[③] 他们的研究意味着通过探究学习者在语法输出时出现的问题，人们可以更好地理解其母语对目标语习得所产生的本质影响。在这方面，一些学者关注目标语形态句法的选择性石化现象，一些研究者比较来自不同语言背景的学习者对目标语态的习得情况。他们发现，当学习者在逻辑形式上（如

① 尹洪山．关联理论视角下的二语习得研究［J］．中国海洋大学学报（社会科学版），2009（3）：50.

② 尹洪山．关联理论视角下的二语习得研究［J］．中国海洋大学学报（社会科学版），2009（3）：51.

③ LISZKA S. Exploring the effects of first language influence on second language pragmatic process deficit perspective［J］. Second Language Research，2004（20）：213.

在母语中）提取某一语言特征失败时，他们往往倾向于利用非语言资源（如百科知识）来寻求目标语特征的近似形式，以实现最佳关联。这种将关联理论与语法习得研究相结合的方法，为人们提供了新的研究视角和认知模式。通过关联理论的解释，人们可以理解学习者在习得目标语言过程中面临的种种挑战，特别是在语法输出方面出现的欠缺。学习者由于母语背景的影响，可能在目标语的语法使用中出现一些石化现象，即在特定语法结构上出现固定化的错误或表达方式。例如，对于某些学习者，目标语态的选择可能会受到母语中相应语法结构的干扰，导致他们在使用目标语态时产生错误。在这种情况下，关联理论的运用揭示了学习者借助非语言资源的策略，即试图通过与百科知识等其他领域的知识进行关联，从而尝试找到目标语特征的近似形式，以实现更好的语法输出效果。

在传统英语语法教学中，定冠词“the”的用法常常被认为是一项学习者需要掌握的规则，然而，由于其语义的多样性，传统规则往往无法完整地描述其使用规律。关联理论的应用为解决这一问题提供了新的视角。根据研究，学习者在习得定冠词时应该关注其与特定指称物的联系，并将其概念化。学习者不再简单地把定冠词视为指代特定内容的工具，而是将其与具体的事物或概念相联系，从而更好地理解和运用。这样的认知方式使学习者能够更准确地在语境中选择合适的定冠词，避免使用错误。在面对难以理解的语境时，学习者更容易省略定冠词，导致使用错误增加。然而，在理解较为简单的语境时，学习者使用定冠词的错误相对较少，这说明语境和语义因素对于学习者习得定冠词的过程有着重要的影响。关联理论的应用不仅为解决定冠词习得问题提供了新的路径，还为人们的语言教学提供了一些策略。传统的语法教学注重规则和概念的灌输，然而，在关联理论视角下，人们更注重学习者与语境的交互作用，鼓励他们将语言与具体的情境相联系，从而更加自然地运用语言。对于教师来说，了解学习者在不同语境下习得定冠词的难点和易点，可以更有针对性地设计教学活动，帮助学习者更好地掌握定冠词的用法。

在二语习得中，学习者通常面临着母语和目标语的语法和语义差异带来的问题，由于这些差异，学习者在理解和运用语言时可能会出现一些困惑和歧义。关联原则为人们提供了一种新的视角来解释这些现象。关联原则认为语言交际是基于语境进行的，语言使用者通过对语境进行推理来理解和表达意义。因此，学习者在习得语义解释时，往往会受到参考语境的影响，进而在不同任务设置下采用不同的解释策略。例如，在解释含有句法歧义的 that 从句时，学习者可能会根据上下文信息来选择合适的解释。如果参考语境中提供了明确的线索，学习者往往会倾向于选择与参考语境相符的解释；而在没有明确线索的情况下，学习者可能会更加倾向于使用母语或其他语言的推理策略来解释句子，这可能导致解释得不准确或不自然。类似地，在解释带有歧义的 VP 省略句中的反身回指时，学习者也可能会受到参考语境的影响。根据参考语境中提供的信息，学习者可能会选择不同的指代对象，从而导致不同的解释结果。这些研究结果表明，语境在二语习得中对学习者的语义推理有着重要的影响，教师可以借助关联原则的理念来引导学习者更好地理解和运用语言。教师可以通过提供丰富的语境信息，帮助学习者建立与目标语相关的关联，从而加深其对语义的理解。此外，教师还可以通过设置不同的任务和语境，促使学习者在不同情境下运用不同的语义推理策略，培养他们更加灵活和准确地使用目标语的能力。

关联理论框架下的二语句法习得研究相较于传统语法研究，呈现出更加动态和实证基础的特点。在传统语法研究中，人们往往将语法规则看作静态的、固定的知识点，学习者需要通过死记硬背来掌握这些规则。然而，关联理论提供了一种全新的视角，将语法习得视为一个基于语境推理的动态过程。这种动态的观点使得二语习得研究更加贴近实际语言使用情境，并关注语境因素对学习者的影响。关联理论认为语言交际是基于语境进行的，学习者通过对语境的推理来理解和表达意思。在二语习得研究中，这一观点得到了广泛的应用。学者通过实证研究探究学习者在不同语境下对语法现象的理解和运用。例如，对于定冠词“the”的使用，在静态的语法教学中常常难以提供完整和全面的使用规则，然而，关联理论的动态观点使学者可以考虑学习者在不同语境下对“the”的语义推理。通过对推理较高层次的明示内容进行语义制约，学习者可以更好地理解和运用“the”，避免常见的使用错误。这种实证研究的方法使得语法教学可以更加贴近实际语言使用情境，使学习者能够更自然、更准确地运用目标语言。关联理论还鼓励学者积极寻求相应的解决策略。在二语语法教学中，通过注重语境因素的影响，教师可以设计更具实际意义的教学材料和任务，使学习者在真实情境下学习和运用语法知识。同时，关联理论也为问题诊断和矫正提供了新的思路。学者可以通过分析学习者在不同语境下的表现，发现问题所在，并提供相应的矫正策略。这种以学习者为中心的研究方法，使得语法教学更加实用和有效。

三、关联理论对词汇、短语意义的研究

关联理论强调语言交际是基于语境的，而词汇和短语的意义在实际语用中也是与语境紧密相关的。研究指出，词汇的意义并不是静态的、固定的，而是在交际中根据语境和推理而动态变化的。因此，研究者应该从广义的语用角度出发，关注词汇和短语在实际语用情境下的使用和理解。学习者在习得词汇的过程中，往往需要通过对语境的推理来理解词义。因此，学习者在实际交际中需要不断调整和适应词汇的意义，而不只是简单地记住一组定义。这种动态的词义习得过程使得学习者能够更好地运用词汇，更加自然地表达意思。语用能力指学习者在实际交际中运用语言的能力，包括对语境的敏感性、推理能力等。[①]研究表明，在关联理论视域下，人们可以更好地理解语用能力的发展过程，并为语用教学提供相应的指导。

语篇标记语是一类在口语和书面语中经常出现的词或短语，用于标记话语之间的逻辑关系和语用意义。传统的研究主要关注语篇标记语的范畴属性、语音特征和句法结构等方面，而 Blakemore 的语义制约理论则探讨了语篇标记语的动态意义。然而，这些研究在解释特定语境下语篇标记语的交际功能时存在一定的局限性。为了弥补这一不足，关联理论提供了新的视角，拓展了 Blakemore 的语义制约理论。关联理论认为语篇标记语与话语理解中的推理密切相关，其作用不仅仅是简单地标记逻辑关系，更重要的是制约话语推导含义或赋予话语交际意义。换言之，语篇标记语在特定语境下具有引导交

---

① 李兰香．高中生英语语用能力调查研究［D］．广州：广州大学，2022.

际意义的功能，影响着话语的实际表达和理解。举例来说，语篇标记语“但是”在不同语境下会产生不同的语用意义。在一个正面的对话中，使用“但是”可能是以一种委婉的方式来提出异议或进行反驳；而在一个负面的对话中，使用“但是”可能是在强调前面的内容是错误的或不适当的。这种语篇标记语的语用功能在交际过程中起到了重要的引导作用，决定着话语的具体意义和交际效果。关联理论的拓展不仅提供了对语篇标记语更全面解释的可能性，也为语用学习和语言教学提供了新的启示。在二语习得中，学习者需要理解语篇标记语在特定语境下的交际功能，才能更好地运用它们来表达自己的意思，并更准确地理解他人的话语意图。因此，语篇标记语的学习应该注重实际语境的训练，让学习者能够在不同情境中灵活运用这些标记语，从而达到更加自然和有效的交际效果。

关联理论中的“最佳关联性”在词汇教学中扮演着重要的角色。[①]在词汇教学中，给予学习者明示刺激是非常重要的。教师应该通过明确的指导和提示来帮助学习者理解和掌握新词汇，这样的明示刺激可以是与学习者现实生活紧密相关的内容，从而激发学习者的学习兴趣和意愿。例如，通过将新词汇与学习者熟悉的场景、活动或主题联系起来，学习者能够将新知识融入日常生活中。这种关联可以促进学习者更主动地投入学习，增加对学习内容的关注和理解。学习能力和意愿的最佳关联也是提升词汇能力的关键，学习者的积极性和主动性对于词汇学习至关重要。教师可以通过营造积极的学习氛围和提供愉悦的学习体验，激发学习者的学习兴趣和学习动力，并为学习者提供适当的挑战和奖励，鼓励他们克服学习难题，以及认可他们的努力和成就，这些措施都可以增强学习者的学习意愿和信心。在词汇教学中，教师还可以采用多种呈现方式来促进学习者的词汇学习和记忆。除了传统的定义和例句，还可以运用联想、猜词和相关呈现等方式。联想可以帮助学习者将新词汇与已有的知识和记忆联系起来，形成更为稳固的记忆；猜词则可以激发学习者的推理能力和猜词技巧，加深其对词汇意义的理解；相关呈现方式可

① 刘方圆.关联理论在对外汉语词汇教学的应用及词汇推理心理模型的构建[J].品位经典，2022（19）：42.

以将相关的词汇放在一起呈现，帮助学习者建立词汇网络，加深对词汇之间关系的认识。

关联理论在语用触发语及其与语境关联的研究中为传统语义学带来了新的启示和视角。传统的语义学主要关注词语和句子的字面意义和真值条件，即词语和句子所表达的直接含义和是否为真实陈述。然而，关联理论提供了更广义的语用触发语研究视角，即关注语言表达中非真值条件语义的作用和交际功能。关联理论认为，语言表达不是简单的字面意义和真值条件，而是基于语境和认知推理的交际活动。语用触发语会在特定的语境下产生特定的意义效果，它们与说话者、听话者、情境以及言外之意密切相关。因此，研究者开始关注语用触发语如何在特定语境下触发非真值条件的语义，以及在交际中起到什么样的作用。在认知语言学中，非真值条件语义研究成为一个重要的研究焦点。研究者开始关注诸如暗示、隐喻、歧义等非字面含义的语言现象，并探讨它们在交际中的认知处理和理解机制。关联理论的视角使得研究者能够更全面地理解语用触发语在交际中的意义和功能，进一步揭示了语言表达背后复杂的推理过程。例如，在语用触发语的研究中，研究者可以探讨隐喻和暗示的使用。隐喻是一种常见的非真值条件语义现象，通过比喻和类比的手法传递深层次的含义；而暗示则是指说话者有意暗示某种意思，而非直接陈述。关联理论的视角有助于研究者更好地理解这些语言现象背后的认知推理和交际动机，从而深入探究其产生和理解机制。

四、关联理论对语言技能培养的研究

在二语习得研究中，语言技能的掌握一直是一个焦点，涵盖听、说、读、写、译等多个方面。关联理论为理解和指导二语技能培养提供了新的视角。然而，当前的研究成果显示，大多数研究仍在论证关联理论对语言技能培养的指导意义，而在一些研究中，由于对问题处理简单化或将技能获得结果与获得过程等同，导致研究局限于表征系统而未能深入探究和动态发展。关联理论框架下的二语技能研究着重强调语境对于技能获得和运用的影响。学习者在语境中进行交际时，需要根据关联理论进行推理和解释，从而实现对语言技能的应用。然而，目前的研究大多集中于探讨关联理论对技能培养的指导意义，而缺乏对学习者在实际语境中如何动态地发展技能的深入研究。部分研究存在将技能获得结果与获得过程等同的问题。语言技能的获得是一个渐进的过程，而研究者有时倾向于将技能的最终表现与学习者的获得过程直接等同，忽略了中间的发展阶段，这样的研究可能忽略了技能的动态特性和发展过程中的关键因素。有些研究过于简单地处理问题，仅局限于技能的表征系统而未能深入探究其动态发展。在关联理论框架下，技能的发展是与语境和认知推理紧密关联的。然而，一些研究过于简化问题，仅停留在技能的静态表征，未能深入研究学习者在不同语境下技能的变化和适应过程。为了更好地理解和指导二语技能的发展，未来的研究可以采取更加综合和动态的研究方法。研究者可以结合实际交际语境，探究学习者在不同情境下技能的变化和运用，还可以关注学习者在技能获得过程中所经历的发展阶段，深入探究技能的渐进性和复杂性。研究者还可以从认知角度出发，探究学习者在语言技能培养过程中的认知推理机制，从而更好地理解技能的发展和运用。

Taguchi 的研究以英语对话为基础，旨在探究母语为日语的学习者在听力理解过程中如何处理英语听力话语中的寓意。为了准确获知学习者的解码模式，研究采用了内省式访谈的研究方法，让学习者在完成每个听力问题后，描述其答题思维过程和听力理解策略。研究结果显示，学习者在理解听力话语中的寓意时，能够从语境中寻求关联，但在使用背景知识和关键词进行推理的策略上，不同语言水平的学习者存在差异。具体而言，高水平学习者相比低水平学习者更频繁地使用依赖背景知识和关键词进行推理的策略，高水平学习者在理解听力话语时能够更充分地利用其所掌握的语言知识和背景知识，从而更准确地捕捉和理解说话者隐含的意思，而低水平学习者在这方面的运用频率相对较低，可能因为他们在语言水平上尚未达到充分运用和理解的水平。研究还发现，语言水平越高的学习者，越倾向于使用预期目的进行寓意辨识。这意味着高水平学习者在听力过程中能够更加敏锐地抓住对话中的线索，更容易从中推断说话者的意图和目的。相比之下，低水平学习者可能对这些线索反应较慢或未能准确捕捉，从而导致在寓意辨识方面的表现相对较弱。该研究为人们理解二语学习者的听力理解过程提供了有益的启示。学习者在听力理解中不仅依赖语言知识，还需要运用背景知识和结合上下文信息，从而准确捕捉说话者的意图和目的。因此，教师可以通过鼓励学生培养对语境的敏感性和积极使用背景知识来提升他们的听力理解能力，还应该根据学习者的语言水平，针对性地提供听力训练，帮助他们提高对语言线索的敏感性和准确捕捉能力。这样的教学策略有助于促进学习者的听力技能发展，提高其对语言信息的理解能力，从而更好地适应实际语言交际环境。

五、课堂语言的研究

词汇与语境的结合是语言交际中至关重要的一环。在语境的作用下，词汇的语义不仅限于其基本概念，还可能发生动态变化，从而赋予其崭新的概念和意义。这种语义的变化是受到句法结构和成分的制约的，同时是基于语境形成的。正是通过这种动态变化和与语境的互动，人类交际得以更好地进行和实现。所谓语境，关联理论认为它是由定识构成的集合，这个集合包括多个方面，首先是上下文所构成的语言语境，包含了语句所处的具体情境和相关的语言信息。[①]其次，即时的话语场景中的非语言信息或物质语境也是语境的一部分，包括说话者的语音、语调、面部表情等非语言要素。最后，语境还涵盖了语言使用者为加工新语句所调用的定识，如特定的记忆、经历、百科知识和社群知识。这些因素在语境中相互交织，共同影响着人们对词汇的理解和使用。在语境的影响下，词汇的语义可能发生多种变化。例如，某个词汇在不同语境中可能会有不同的含义，甚至产生隐含意义。这种语义的变化有助于丰富语言表达，使得词汇在不同语境中能够传达更为精准的意思。而句法结构和成分的制约则是确保词汇在不同语境中得到适当运用的关键，它们决定了词汇在句子中的位置和功能。关联理论为人们对语境的理解提供了新的视角，认为语境是一个动态的概念，涵盖了多种因素，而不仅仅局限于语言的上下文。语境的形成与个体的记忆、经验和知识密切相关，这些因素共同构成了个体对语言信息的理解和运用的基础。在实际的语言交际中，

① 高媛媛．言语交际中认知语境的关联理论分析［D］．重庆：西南大学，2013.

人们常常根据语境来解读和理解对方的意图和意义，这使得交际更加顺畅和有效。

在课堂教学中，教师的语言输入扮演着至关重要的角色。教师运用最佳关联原则进行语言输入，能够更好地激发学习者的学习兴趣和主动参与，从而提高教学效果。学习者对教师语言的理解直接影响着教学的效果。因此，教师需要充分理解学习者的语言理解方式，以便为他们提供更有效的语言输入。最佳关联原则是指学习者在理解语言时，会根据上下文和语境寻求与之最相关的意义。在课堂教学中，教师可以通过精心设计语言输入，将知识点与现实生活紧密结合，从而激发学习者的学习兴趣。例如，教师可以引入实际案例、趣味故事或与学习者生活密切相关的话题，帮助学习者更好地理解所学内容，并将其应用于实际生活中。教师还应该关注学习者的语言反馈。教师可以通过观察学习者对教学内容的反应，了解他们的理解情况，并及时调整教学策略。如果学习者出现理解失败的情况，教师可以根据其反馈找出原因，并对语言输出进行必要的修正。教师及时纠正学习者的理解错误，能够帮助他们获取最佳关联，从而提高学习效果。除了语言上下文外，语境中的非语言信息和学习者个人定识也是影响语言理解的重要因素。教师可以充分利用语境要素，将语言输入设计得更加丰富和有意义。例如，通过图片、视频、实物等非语言信息，教师可以帮助学习者更直观地理解语言含义。教师还可以鼓励学习者将个人经验和背景知识与所学知识相结合，以便更深入地理解和运用语言。

深入研究教师课堂话语关联性对于理解课堂师生交互的本质和规律具有重要的现实意义。课堂交互是教学过程中不可或缺的部分，而语言作为交际的媒介，其关联性对于交流的有效性和效果起着至关重要的作用。通过深入探究教师课堂话语关联性，可以揭示课堂交互的本质，从而更好地理解教学和学习的过程。教师课堂话语关联性是指教师在教学过程中所使用的语言输入与学习者的学习背景、经验以及语境之间的联系和一致性。当教师的语言输入能够与学习者的认知结构和语境相契合时，学习者更容易理解和接受所学知识。因此，研究教师课堂话语关联性有助于发现哪些语言输入方式更符合学习者的认知特点，帮助教师更有针对性地设计教学内容，提高教学效果。深入研究教师课堂话语关联性还有助于探寻一些有利于语言输入及语言点掌握的授课技巧。通过了解学习者的背景知识、兴趣爱好和学习需求，教师可以根据最佳关联原则进行语言输入，以引起学习者的兴趣和激发学习者主动参与。例如，教师可以运用具体的例子和生动的图片来说明抽象的概念，从而让学习者更加深入地理解和记忆所学内容。研究教师课堂话语关联性还可以帮助教师更好地监控课堂交际的过程。分析教师和学习者的话语互动，有助于教师了解学习者在课堂上的理解情况和学习进度。如果学习者在某个环节出现理解困难，教师可以及时调整教学策略，以帮助学习者获得最佳关联，促进其学习效果提高。

第三节 认知语言学视域下构式语法对二语习得的心理诠释与启示

一、认知语言学视域下构式二语习得认知的心理诠释

基于使用的构式习得理论是在儿童母语发展研究成果的基础上提出的，强调学习者按照不同层级对海量语言数据进行存储，并通过一系列的步骤，经历从惯用语句到低域模式再到构式的逐步习得过程，这种构式习得的发展是学习者在具体语言知识积累基础上的抽象、范畴化过程。研究表明，学习者在习得过程中偏好使用高频动词，并通过使用过程逐步固化“NP- thinks-S”这种构式。这一偏好和固化过程不仅是词汇习得的结果，还是构式习得中的重要机制。研究人员对儿童复述高低频动词的句子进行分析发现，他们偏好使用高频动词，特别是“think”这类动词。即使在描述的内容中没有出现这些高频动词，他们在复述句子时也倾向于使用它们，其出现率高达88%。这说明学习者在使用过程中逐步将“NP-thinks-S”这一构式固化下来。这种固化过程使得学习者能够更快速地识别和运用这一构式，从而促进构式的习得

和应用。高频词语在语言输入中的频繁出现使得学习者更容易注意到它们，并将它们与特定的构式联系起来。随着时间的推移和实践中的反复使用，这些构式逐渐被学习者固化在记忆中，成为他们运用语言的一种习惯性方式。因此，基于使用的构式习得理论为人们深入理解学习者在语言习得中是如何从低级层级到高级层级，如何通过观察、模仿和运用构式来逐步形成抽象的语言知识提供了有益的研究视角。这一理论对于语言教学和教育实践也具有重要意义。教师可以根据学习者的语言水平和习得进程，提供更多的高频词汇和构式，帮助学习者加速习得过程，提高语言运用能力。对于学习者的自主学习和语言交流来说，理解构式习得的过程和机制也能够更好地指导学习者有效地掌握和应用语言。

第一语言获得的后天环境论和先天决定论都存在一定的优势和不足，认知心理学家皮亚杰在认知说的基础上提出第一语言获得是先天与后天相互作用的结果。[①] 在二语学习过程中，学习者会不可避免地受到母语体系的影响。他们在学习二语时，会倾向于按照母语词块的结构和用法进行构式的重构。这种现象常见于中国学习者的英语表达中，他们可能根据中文的习惯表达方式来构造英语句子，从而导致表达不地道甚至错误。例如，将中文表达的“学习新知识”直译为“learn new knowledge”，或者将“达到某一目标”翻译为“reach the aim of”。这种语言输出的问题与学习者是否拥有地道的词块密切相关。地道的词块指在特定语境中经常出现的、具有固定用法的词语组合。如果学习者没有掌握地道词块，他们就会倾向于使用母语的结构和习惯进行翻译，而不是根据目标语言的构式来表达。因此，对于构式习得，适时的偏态输入是必不可少的。偏态输入指的是在学习过程中接触到更多真实语境中的语言输入，包括地道的词块和构式。通过接触更多的地道表达，学习者可以逐渐习得目标语言的构式，从而在语言输出中更准确地运用。Goldberg、Casenhiser 和 Sethuraman 等学者进行的实验也证明了这一点。在他们的实验中，在保持总形符频率和类符频率不变的情况下，学习者接受更

① 欧阳偶春，雷淑华．外语教学新思路——心理语言学视角［M］．长沙：中南大学出版社，2021：32.

多偏态输入后能够更快、更准确地习得构式。这表明，学习者在学习过程中应该多接触地道的语言输入，以便更好地理解和运用目标语言的构式。为了帮助学习者更好地习得构式，教师可以采取一些策略，如提供丰富多样的真实语境下的语言输入，包括地道的词块和构式。通过阅读、听力和交流活动，学习者可以更好地理解和掌握目标语言的用法。教师应鼓励学习者对目标语言表达进行反复加工和练习，使他们能够在语言输出中更自如地运用所学的构式。教师还可以引导学习者积极参与语言交流和实际应用，为他们提供更多的偏态输入和实践机会。

二、认知语言学视域下构式语法理论对于二语习得的启示

（一）构式习得序列及频率效应对二语能力发展的启示

在语言学习和应用中，经济性最大化原则在语言习得过程中的作用十分显著。人类在学习语言时倾向于遵循经济性最大化原则，优先学习高频成员和典型范例。语言学习者更倾向于从简单的、常见的语言结构入手，再逐步扩展到更复杂、不那么常见的语言结构。这种由简到繁、由易到难的学习过程，与人类认知和学习方式密切相关。构式语法理论强调了语言是由相互作用和制约的语言项构成的，这些语言项包括词汇化项、习语化项和抽象能产性构式。语言学习者通过接触不同的语言项，逐渐掌握语言中的规则和结构。在母语学习过程中，儿童借助直觉判断哪些声音或单词的组合是可能的，这得益于他们抽象语言构式能力的发展。构式的形符频率和类符频率在这一能力的形成和发展中扮演着关键角色。形符频率有助于巩固非规则形式和习语，而类符频率则影响学习者语言的能产性。二语习得中确实存在频率效应，但产生频率效应的原因是什么，学界至今没有达成共识。Gries 认为频率的作用被过于夸大，频率效应并不能说明二语习得的本质。Gilquin 发现接触更多语言输入的二语习得学生并不具有显著的二语水平优势，特别是在句法结构的准确率上。[1]

---

① 许睿可，高顺全. 构式语法在二语习得中的应用献疑［J］. 外语教学与研究，2023（5）：682.

一些研究者还提出了“词汇化项→习语化项→能产性构式”的构式发展序列，这一序列有助于人们理解语言习得的过程。在学习过程中，学习者首先习得一些基本的词汇和表达方式，然后逐渐形成习语和习惯用法。最后，他们通过连续的语言输入和实践，逐渐掌握能产性构式，能够自如地运用语言表达自己的思想和意图。这种序列性发展的构式习得对于提升学习者的写作输出能力和语言表达能力至关重要。在跟踪分析中国学习者英语输出中出现的石化、中式化问题时，研究者发现，构式习得的发展序列对于帮助学习者解决语言输出中的问题具有指导意义。通过注重语言输入，特别是注重高频成员和典型范例的学习，学习者能够更好地掌握语言的使用规则和习惯用法，避免中式英语产生。此外，通过增加与英语母语者的交流和实践，学习者可以更好地掌握能产性构式，提升英语写作输出的质量和流利度。由于中国学生很少有第二语言输出的机会，母语与第二语言的输入、输出处于极大不平衡的状态，所以在语言输出时，大部分学生习惯用中文构思为依据 ，再从脑海里找出可以与之等价交换的单词或词组来代替，要克服英语输出的中式化和石化现象，在大学英语教学中尽可能地强化第二语言的输入和输出。①

在二语习得中，学习者面临着与母语习得不同的学习环境和条件。母语习得通常发生在丰富而真实的语言环境中，学习者通过自然交流和隐性学习来习得母语构式。然而，二语习得主要依靠课堂讲授和书本知识进行显性学习，这导致了语言输入和社会交互等方面的失真。尽管存在这些差异，母语构式习得的频率效应对于二语习得仍具有很大的启发意义。频率效应在语言习得中是至关重要的，学习者需要通过反复接触和练习目标语知识，实现对知识的储存和图式化。频繁的语言输入有助于学习者更好地掌握语言结构和表达方式。因此，在教学过程中应重视对目标语知识的反复强化和实践，以确保学习者对构式的学习和掌握。教学大纲和教材的编写也应考虑构式表达的频率效应。构式是语言的基本组成单位，具有重要的语言功能。因此，教学大纲和教材应该合理安排构式的学习顺序，并确保学习者接触到足够频率

① 徐晓琼，熊丽君．构式习得序列发展与大学英语写作输出研究［J］．鄂州大学学报，2013（1）：55.

的语言输入，以弥补有限真实语料对语言习得的影响。增加构式在教学中的重要性，可以促进学习者更好地理解和运用语言结构。母语构式会对二语习得产生影响，因为二语是基于母语的概念形式而发展起来的。学习者在习得二语时可能会受到母语构式的影响，这也意味着教学应该注重帮助学习者更好地理解和区分母语和目标语之间的构式，避免语言干扰。

在跨语言学习中，构式的认知机制成为许多学者的研究焦点。研究发现，二语构式习得往往遵循着一种类似于母语习得的路径，即“惯用语→低域模式→构式”。这一路径表明，学习者在习得大量惯用语后，通过概念图式将它们整合成更广泛的语言域，然后通过反复使用、巩固和加强逐渐获得表征图式，进而形成具有能产性的构式。构式语法理论认为，语言学习就是构式的学习，而二语习得中的这种发展顺序说明学习者需要充分接触目标语来逐步习得这些“变化受限的预制块”。由于构式的数量繁多，仅靠记忆是不够的。构式习得首先需要学习者不断重复单词组合，然后将语境和构式分割成语义单位和抽象共性，从而习得其概括意义。通过这样的过程，学习者可以创造性地使用从未接触过的构式，进而习得二语的习语性，并达到自如使用的程度。在这个习得过程中，学习者需要从大量接触具体事物的体验中逐渐发展出抽象的语言图式。图式化能力的发展在很大程度上取决于构式的类型频率和示例频率，即通过不断暴露于不同类型的构式和频繁的示例中，学习者逐渐形成对语言的抽象认知，从而能够更好地运用语言表达自己的意思。这种构式习得路径的重要性在于能帮助学习者建立对目标语言的深刻认知和理解，通过学习和使用不同类型的构式，学习者能够更自如地运用语言，使表达更加准确和自然。同时，这种构式强调语言输入在语言习得中的关键作用，学习者需要接触到丰富的语言输入，包括惯用语和不同类型的构式，从而逐步习得并掌握语言的表达方式。

在语言习得中，习语性是一个重要的目标，特别是在构式层面。构式层面的习语性指的是那些具有特定语义功能和行事功能的短语构式和句子构式。在这些构式中，短语构式（包括论元结构）因为具有单词组合的潜势和概括意义，相较于句子构式更能体现习语性的本质特征。统一模式强调融合母语与二语的习得和加工，着重考虑了程序化和组块对于将语言组织成连贯、共同激活的神经环路的特殊作用，以促进学习者培养基于直觉的语言能力，从而更好地分辨声音或单词组合。然而，对于二语学习者来说，构式认知受到动词、论元、构式及其原型性与形式 — 功能映射等的多重影响，对构式动词及其与句法框架进行互动匹配并产生多个具体表达的抽象化是一个核心问题。尤其是当动词允许存在多个论元时（如双宾句），这个问题就变得更加复杂。因此，探讨构式形式和意义配对的认知机制对于跨语言习得路径具有重要的启示。在解决这一问题的过程中，教学者可以采用多种策略：提供丰富的语言输入和实践机会，让学习者不断接触不同类型的构式动词和相关句法框架，从而培养学习者对构式的敏感性和认知能力；鼓励学习者进行大量的反复练习和巩固，帮助他们逐渐理解并运用这些构式的抽象概念；引导学习者进行语言归纳和比较，帮助他们发现不同构式之间的共性和差异，从而更好地掌握其形式和意义之间的关系；设计一些有趣的学习活动，如游戏和角色扮演等，帮助学习者在实际交际中应用所学的构式，从而增强其语言运用能力。最重要的是，要鼓励学习者大胆尝试、不断探索，从错误中汲取学习经验，逐渐形成对构式的熟练掌握和灵活应用能力。

随着学习者二语水平的不断提高，他们的构式加工能力也会逐渐提升。构式加工能力指学习者在理解和运用语言构式时的能力，涉及从具体语言表达到抽象语言概念的转化过程。随着学习者在目标语言环境中不断接触和使用构式，他们会逐渐习得这些构式，并在语言表达中更加自如地运用。然而，在学习过程中，母语构式与目标语构式之间可能存在竞争，这就是负迁移现象。负迁移指学习者在使用目标语时，由于母语的影响而产生错误或不恰当的表达。这种现象在构式习得中尤为常见，因为学习者在运用目标语构式时可能会受到母语构式的干扰。为了减少负迁移的影响，教师可以通过有针对性地比较母语和目标语构式的异同，引导学习者意识到其中的差异，并帮助他们形成对目标语构式的正确认知。在教学中，有一些基于用法的语言学家认为学习者在习得构式时会遵循由易到难的认知发展顺序。学习者在初期会更容易掌握具体、简单的构式，然后逐步向更抽象、更复杂的构式发展，这一认知发展顺序可以通过学习者在构式使用和认知中习得的序列和频率效应得到证明。因此，在教学中，应该从具体、简单的构式开始，帮助学习者建立坚实的语言基础，然后逐步引导他们掌握更抽象、更复杂的构式。在教授构式时，教师还需要考虑学习者的语言水平和母语影响。每个学习者都有自己的学习特点和需求，因此教学应该因材施教。同时，教师可以探索显性学习和隐性学习相结合的方法。显性学习指通过教学材料和规则明确地教授学习者语言知识，而隐性学习则是通过大量的语言输入和反复实践来促进学习者自然地习得语言。这两种学习方法的结合可以使学习者在学习中更全面地习得构式。

（二）构式语法对二语中特殊语言表达习得的启示

允许广泛概括和更受限制的格式介入分析，这一方法为儿童语言习得的概括过程提供了有益的解释。在语言习得的早期阶段，儿童面临着大量的语言输入，需要从中概括出构式和语言规律。构式主义方法认为，儿童在习得语言的过程中，会根据接触到的语言材料，逐步概括出一系列的构式，并形成语言的基本结构。对于儿童语言习得来说，过度概括是一个需要注意的问题。过度概括指的是儿童在学习语言时过于广泛地应用某一种构式，而忽视了具体语境中的细微差别，这可能导致他们在语言表达中出现错误或不恰当的用法。为了避免过度概括，教师和家长可以在儿童语言习得的过程中给予适度的引导和纠正，让儿童在不同语境中逐步理解和运用构式，并形成准确的语言表达能力。近些年的纵深研究也为构式主义方法在二语习得中的应用提供了支持。研究发现，二语习得也是从惯用语开始的。对成人和儿童进行实验研究发现，他们在面对不同句法表达时，更倾向于选择符合构式识解的表达方式。这表明，在二语习得的过程中，学习者也会优先掌握具有惯用性的构式，再逐步学习更复杂的语言结构。二语学习者在学习初期并没有清晰的构式意识，即使是高水平的二语学习者也很难自动对构式形成完整的概括。[①]

① 许睿可，高顺全．构式语法在二语习得中的应用献疑［J］．外语教学与研究，2023（5）：680.

成人的二语习得与儿童的母语习得有很大的区别。母语习得是在丰富的自然输入和社会交互中进行的，而二语习得则主要依靠显性学习途径，如教材、教师指导和多媒体资料等。这使得二语习得相比母语习得更加复杂，因为学习者需要在既有的概念知识基础上，通过有意识地学习和练习来掌握目标语言。构式主义方法为二语习得提供了一种有效的学习策略，能够显著提高学习者的语言能力。研究表明，利用构式进行语言学习对学习者的语言能力提高效果更为显著，尤其对于中高级水平的学习者来说，他们更善于利用核心词汇所在的句型构式来判断句子的含义。这说明构式在语言学习过程中起到了重要的引导和框架作用，帮助学习者更好地理解和运用语言。二语学习者习得动词后，在应使用动名词还是不定式的问题上可能会遇到困难，研究者对这一现象进行研究，证实了二语构式的存在。基于语料库和行为实验，研究者得以验证学习者对不同格式表达的认知方式，并确认二语构式在学习者的语言词库中扮演着重要角色。构式的学习对于形成中介语词库也起着关键作用，学习者将各种语言表达形式以构式的方式储存在词库中，这使得他们能够更快地获取并运用语言知识。尤其在学习者对于动词后跟不同格式表达的选择中，构式能够提供更为便捷和灵活的学习方式。再者，成人习得二语的目的性较强且学习时间有限，利用特征词存储或触发语义信息是更为经济的选择。①

二语习得发展顺序——“惯用语→低域模式→构式”为人们展示了学习者在习得目标语言时的一个重要学习路径，其中，惯用语在语言中扮演着普遍而特殊的角色，是构式语法研究中常见的自然语料。惯用语的习得相较于单纯的词汇习得更为复杂，因为它们包含了特定的固定语言表达，学习者需要在记忆中大量储备这些晦涩且不变的表达。惯用语的习得涉及对语言特殊性的理解，而这种理解是从了解语言的一般性开始的。构式语法的研究方法通常采用“自上而下”的方式，从动词的参与角色和构式的论元角色能否融合的层面寻求解释。诸多学者对惯用语的形式特征和语义结构进行了深入的分

① 许睿可，高顺全．构式语法在二语习得中的应用献疑［J］．外语教学与研究，2023（5）：681.

析，将其视为形义配对的统一体，从多个方面进行研究，包括语义、句法和语用等。这种综合性的研究方式为人们理解惯用语在构式中的习语性识解提供了重要线索。在构式语法的视角下，惯用语是一种形式和意义紧密结合的语言现象，它们在语法和语义模块上的匹配较为固定。因此，对于学习者来说，习得惯用语涉及对这种特定形式和意义的认知和掌握。然而，由于惯用语形式多样且数目众多，单纯的记忆是不够的。学习者还需要通过实际的语言使用和语境理解来加深对惯用语的认识。在实际教学中，教师应该引导学习者从具体的惯用语开始，逐步掌握更为抽象和复杂的构式。教师通过提供丰富多样的语言输入和语境，使学习者能够更好地理解和运用惯用语，从而提高语言表达的准确性和流利性。学习者在学习惯用语的过程中，也会逐渐认识到语言的特殊性和多样性，为自身理解和运用其他构式奠定坚实基础。

在构式理论视角下，句法不被视为生成语法所倡导的具有自主性的结构，而是被看作构式系统中的一个组成部分，这一观点为二语习得的研究提供了新的思路。学界认为，学习者掌握抽象和复杂的规则系统并非必须依赖内部语言知识，而是可以通过对特殊语言的表达，如习语和谚语的研究，来深入理解语言的结构和功能。在研究习语和谚语的二语习得过程中，除了关注这些特殊语言表达的句法现象，学者还强调要关注其构成元素的形态、句法、语用及语篇功能等多项特征。通过对影响习得过程的相关因素进行尽可能完整的刻画，人们能更好地理解学习者在习得习语和谚语时所面临的挑战，从而提供更有效的教学方法。在二语习得过程中，学习者会面临来自母语的干扰，如直译或语义差异等。因此，研究者通过对习得过程中的语用、语境和交际等方面因素进行综合分析，探究学习者如何逐渐将这些特殊语言表达融入目标语言的构式系统中。这一研究方法有助于人们更好地理解“形式 — 意义”对构式系统的外部作用机理，如隐喻和转喻等语言现象。深入研究习语和谚语的二语习得过程，可以发现学习者在掌握这些特殊语言表达时并不是简单地套用规则，而是通过实际语境的体验和多次运用来逐渐掌握它们的使用方法。这种学习过程更加灵活和富有创造性，与生成语法所倡导的规则生成相比具有较大差异。

从词汇习得到构式习得的转变对于学习者的语言发展具有重要的影响。词汇习得是语言学习的早期阶段，学习者通过逐个学习单词来获取最基本的语言知识。然而，随着学习的深入，学习者需要逐渐从依赖单个词汇的表层习得转向依赖构式的深层次语言处理。构式习得涉及对构式的语义、句法特征及规律的理解和掌握。学习者通过对构式的学习，能够更好地把握语言的整体结构，从而更快地提高语言水平。一些研究者在英语为二语的学习者身上进行了实验，发现当学习者了解习语的作用机理并将之作为一个完整的形义结合体进行加工时，他们会更加自觉地利用图式及文化信息，在交际性语境中寻求意义与形式的统一。这表明构式习得有助于学习者在实际交际中更加灵活地运用语言，从而增强其语言交际能力。在构式习得的过程中，学习者不仅需要掌握构式的形式和意义，还需要了解构式在特定语境中的使用规律。构式与语境的关系密切，其应用和理解需要结合具体的交际情境和文化背景。因此，对构式的学习不仅是对语言形式的学习，更是对语言背后深层次意义和文化内涵的学习。

随着认知语言学的发展，许多研究者提出把认知语言学中的理论应用于词汇教学与记忆。[①] 构式语法在习语、谚语等习得方面的应用为二语习得与语言教学领域提供了新的思路和方法。研究者通过对构式的研究，发现语言习得的机制与认知其他事物的能力是相通的，这为人们理解语言习得的本质提供了新的视角。在研究习语和谚语等特殊语言表达时，研究者发现动词对初学者的影响较为显著，而中、高级水平的学习者更倾向于依据论元构式来理解句子的意义。这说明随着语言水平的提高，学习者逐渐从单词层面转向构式层面进行语言处理。因此，在语言教学中，将构式作为核心进行词汇教学能够帮助学习者更好地理解形式和意义的关系，从而超越简单的词项真值条件语义，获得更加客观合理的语言解释。对于构式教学效果的研究也证实了构式教学在句法结构识别和产出方面的优势。学习者通过接受构式教学更容易掌握复杂的句法结构，并且所学的知识持久性更强。这表明构式教学有助

① 胡丹娟，欧阳偶春．基于原型范畴理论的大学英语词汇教学［J］．校园英语，2019（14）：24.

于学习者在实际语境中更灵活地运用语言，从而提高语言运用能力。对构式的研究不仅可以帮助人们改进语言教学的方法，还可以更深入地探索人类的认知规律。从构式整体角度探索人类的认知规律，对于构建通达开放的理想认知序列模式具有重要意义。这样的研究有助于提高语言学习者的语言能力，拓展人们对人类认知的认识。

习语、谚语和惯用语等在语言中承载着丰富的文化内涵和隐喻性，它们常常是特定文化背景下的独特表达方式，给学习者的识记和图式化带来了较大的障碍。由于这些表达形式在不同文化中有着不同的含义和用法，对于二语学习者来说，理解和运用这些习语变得尤为困难。学习者在获取习语意义时往往采取预备和猜测两种策略。预备策略指学习者通过了解习语背后的社会、文化、隐喻和来源等背景知识来理解习语的意义，而猜测策略则是指学习者根据特定的语境进行语义推理，试图从上下文中推测习语的含义。这些策略在一定程度上有助于学习者掌握习语的意义，但由于习语的多样性和复杂性，这并不是一个简单的过程。研究者对中国英语学习者进行的实验显示，接受过意象图式和概念隐喻指导的实验组在习语、谚语及概念隐喻的理解和记忆方面的表现优于未接受指导的控制组。这表明相关社会背景知识对于隐喻习语认知有着积极的影响，通过了解提供背景知识和接受相关指导，学习者能更好地理解和运用这些表达方式。因此，在英语隐喻习语教学中，将学习者置于大的语言背景中，有助于其建立有效的认知体系。了解熟语中隐藏的概念隐喻也有助于缓解学习者的习得压力。由于习语和谚语常常涉及隐喻，学习者可能在最初接触时感到困惑和难以理解。然而，一旦学习者了解到其中的概念隐喻，对于这些表达方式的理解将会更加自然和顺畅。

构式语法作为一种基于用法事件的语言学理论，强调语言习得是由输入驱动的过程，为语言习得过程和教学实践中的复杂认知操作提供了相对简单的分析视角。这一理论不仅在母语习得研究方面具有指导价值，对于二语习得研究也是极具意义的。构式语法强调语言习得是通过输入驱动的过程，即学习者通过不断接触和使用语言来获取规律和模式，并逐步形成语言能力，这与母语习得过程中儿童通过暴露于丰富的语言环境中自然习得母语的过程是相似的。在二语习得中，学习者通过与目标语言的实际使用接触，不断感知和理解语言结构和表达方式，逐渐形成对目标语言的认知和使用能力。构式语法将语言习得与学习者的主观认识、背景知识、社会文化等百科知识功能性编组紧密关联，学习者在语言习得过程中不是被动地接受语言输入，而是积极地将语言知识与其他领域的知识相结合来进行认知和理解。例如，学习者通过将目标语言的词汇和句法结构与其自身的文化背景相联系，更容易理解和运用目标语言中的习语和谚语等文化表达。构式语法为语言习得过程和教学实践中的复杂认知操作提供了相对简单的分析视角，关注语言中的构式，即特定的语言结构和用法事件，学习者能够更加系统地理解和掌握语言规律，这为语言教学提供了重要的指导。教师可以针对不同的构式进行教学设计，帮助学习者更好地掌握目标语言的表达方式和用法。

（三）动词中心论与构式中心论对二语习得的启示

构式语法理论的关注点涵盖了语言中的三个重要方面：动词、句法结构和构式意义。这些方面在理论语言学和心理语言学领域被视为分析句子处理模式的核心问题，因为它们之间的互动对于理解语言结构和意义至关重要。

以往的研究者都将动词视为句义的最佳预测因子，Goldberg 则主张构式具有与动词相当的线索有效性。[①] 构式语法关注动词的作用。动词在句子中担当着关键的角色，不仅仅表示动作或状态，还参与构成不同的句法结构和构式，动词的选择和使用可以影响整个句子的意义和结构。通过研究动词在不同句法结构中的使用和意义变化，构式语法揭示了动词在语言中的重要地位。构式语法关注句法结构。句法结构指句子中不同成分的组织和排列方式，不同的句法结构决定了句子的语法正确性和语义合理性。构式语法研究了不同句法结构的使用和意义，从而使人们深入理解句子的构造和表达方式。构式语法关注构式意义，构式意义指特定的语言结构和用法事件所传达的意义。一个构式包含了一系列的词汇和句法结构，它们共同构成了一个特定的意义。构式语法通过分析构式意义的形成和运用，揭示了语言中常见的表达方式和

① 许睿可，高顺全．构式语法在二语习得中的应用献疑［J］．外语教学与研究，2023（5）：681.

特殊的用法事件。在词汇和构式之间的互动中，两者之间的语义和句法关系决定了构式意义的生成。当词汇之间的句法和语义相融洽时，句子按照正常的句法关系生成正常的构式意义。然而，当词汇之间的句法和语义不相融洽时，在构式结构的强制下可能会产生额外的“异常意义”。这一现象被称为构式中心论或构式压制，指的是构式的特殊结构对词汇意义的约束和影响。

在构式语法理论中，构式是由多个成分组成的，这些成分相互作用形成整体意义。动词作为构式中最重要的成分之一，其承载的信息量显著高于其他成分，因此在构式意义的生成过程中发挥着核心作用。动词作为语言中的核心成分，承载着丰富的语义信息。不同动词可以传达不同的动作或状态，从而决定了句子的整体意义。动词还可以携带论元结构信息，即动词所需的句法成分，如主语、宾语等。这些论元结构与动词的选择紧密相关，对句子的形式和意义产生深远影响。动词在构式中对其他成分施加着一定的压制作用，即使其他成分具有自己的语义信息，也可能在构式中受到动词的限制。动词在一定程度上决定了构式中其他成分的选取和排列方式，从而形成整体意义。当前，关于构式中心论和动词中心论的争论仍在学术界持续进行，而相关研究也为这两种理论提供了支持。学者通过不同的实验和数据分析，对这两种理论进行了深入研究，以探讨动词和构式在句子意义生成中的相对作用。Garnsey 等人通过视觉跟踪和移动视窗阅读法的实验，分析高频动词和特殊词语组合对歧义句理解的作用，支持了动词中心论的观点。他们的研究结果表明，动词在句子理解中起着实质性的作用，对句子的意义有较大的影响。有研究支持动词中心论，也有研究支持构式中心论，表明动词和构式在句子意义生成中都发挥着重要的作用，并且相互之间可能存在着复杂的关系。在现实语言使用中，动词和构式往往是紧密结合的，它们相互依赖、相互影响，共同构成了丰富多样的句子意义。

Goldberg 等人在研究儿童语言数据交换系统（CHILDES）相关语料库时提出假设—对于形式和意义在论元结构层面上的紧密联系是可以习得的，为人们理解语言习得过程中的动态发展提供了重要线索。他们的研究指出，儿童最初在语言习得中倾向于依据具体动词和论元空格对构式意义进行概括。

在这一阶段，他们把动词视为论元框架最好、最能准确预测句子总体意义的信号。然而，随着语言能力的发展，儿童的句法结构敏感度逐渐提高，构式在句子生成和意义理解中的权重也随之增加。这个假设进一步印证了学习者在语言习得过程中，从依赖单词表面形式到逐渐认识构式和句法结构的转变。初期的语言习得主要依赖于学习者对具体词汇和短语的记忆和理解，但随着语言能力的提高，学习者开始意识到构式在句子生成和意义表达中的重要性，他们逐渐学会将具体词汇嵌入更大的句法结构中，进而形成更复杂的表达。这个过程涉及对语言规则和语义规律的掌握，以及对不同构式在不同语境下的灵活运用。

第四节　认知语言学视域下基于关联理论的二语习得探究与思考

一、关联理论对于二语词汇语义认知的阐释力

词汇语义的动态性是词汇习得中一个重要的方面，二语学习者在词汇习得过程中常常遇到的一个问题是在特定语境下理解词汇的确切含义。尽管他们可能掌握了该词的指称意义，但由于词汇在不同语境下可能产生偏离字面意思或编码意义的表现，导致学习者难以在特定语境中准确理解该词的释义。在语言习得的实践中，学习者通常倾向于将这种困难归咎于词汇量不足。然而，学者通过对词汇能力的全面考察，发现词汇量只是词汇能力的一个维度，除此之外还有其他维度，如指称能力、推理能力等。指称能力是学习者对词汇的基本意义和指称特征的掌握能力，推理能力则是学习者在特定语境下进行逻辑推理和语义推断的能力。[①] 这两个能力对于学习者理解词汇在不同语境下的确切含义非常重要。在研究中，学者探究了这三个维度上的表现（表

① 于翠红，张拥政．关联语境视角下的二语词汇习得——一项基于词汇语义认知的实证研究［J］．现代外语，2012（3）：271.

5-1)，并从中得出结论。[①] 这样的研究对于理解二语学习者的词汇习得过程非常有价值，揭示了词汇习得中不仅仅涉及词汇量的问题，还涉及学习者的推理和推断能力。在语言教学中，教师可以根据这些研究结果，更加重视对学习者的推理能力的培养，引导学习者在不同语境中进行逻辑推理和语义推断，从而提高他们对词汇的准确理解能力。

表 5-1　研究考察的因素与层面

变量	层面	接受性词汇
自变量	指称能力	词汇意义
	推理能力	搭配
		类联结
因变量	特定语境下词汇的释义能力	理解与释义

（一）研究材料

研究充分利用了三份不同的试卷收集数据。

1. 词汇指称能力测试卷

词汇指称能力测试卷是一种基于 Nation、Schmitt、Clapham 等学者的词汇量测试设计的评估工具，其主要目的是考察学习者在语义理解方面的能力。这样的测试在语言学习和教学领域具有重要意义。词汇指称能力是指学习者对词汇的基本意义和指称特征的掌握程度，是词汇习得中一个重要的维度，影响着学习者在交际中对词汇的准确理解和使用。进行词汇指称能力测试可以更全面地了解学习者在这方面的表现，从而为教学提供有针对性的帮助。这样的测试通常包括一系列涵盖不同语义领域的词汇任务，学习者需要根据给定的语境或句子，将正确的词汇填入空白处，或者从多个选项中选择与给定词语最相近的意思。这些任务涉及学习者在特定语境下理解词汇含义的能力，以及对词汇之间的联系和关联进行推断和判断的能力。通过词汇指称能

① 于翠红，张拥政．关联语境视角下的二语词汇习得——一项基于词汇语义认知的实证研究［J］．现代外语，2012（3）：272.

力测试，教师和研究者可以了解学习者在不同语义领域的词汇掌握情况。这对于教学实践具有重要的指导意义。例如，如果学习者在某些领域的词汇掌握情况较差，教师可以有针对性地设计教学任务和活动，帮助他们加强对相关词汇的理解和运用。对学习者在特定语境下的推理能力和语义关联能力进行评估，也可以帮助教师更好地了解学习者的认知过程和策略，从而更有效地进行教学引导。

2. 词汇搭配测试卷

该测试主要包括形容词和名词之间的搭配以及动词和名词之间的搭配，旨在考察学习者对词汇语义及其在短语和句子中的搭配和类联结等语用知识的掌握，同时考察他们的语义推理能力。词汇搭配在语言表达中扮演着重要的角色，学习者不仅需要掌握词汇的基本意义，还需要了解它们在不同语境中的固定搭配和用法，形容词和名词之间的搭配、动词和名词之间的搭配等都能够赋予词汇更具体、更具表达力的意义。人们可以通过词汇搭配测试了解学习者在这方面的能力，并对他们语言表达的准确性和自然性进行评估。此类测试通常会提供一系列含有特定搭配的句子或短文，学习者需要根据给定的语境，选择正确的搭配词汇来填空，或者从多个选项中选择与给定词语最相近的搭配。这样的任务不仅可以使学习者加深对词汇的语义理解，还可以使其学会如何在不同语境中正确运用搭配，增强语言表达的准确性和流利度。除了对搭配的掌握，这样的测试也涉及学习者的语义推理能力。在遇到陌生搭配或语境不明确的情况下，学习者需要借助自己的语义推理能力来猜测词汇的意义和用法，这种能力对于学习者在语言交际中的理解和表达都至关重要。此外，词汇搭配测试可以使教师了解学习者在形容词、名词、动词等词汇搭配方面的能力水平，进而有针对性地设计教学任务和活动，帮助他们加强对相关搭配的理解和运用。词汇搭配测试还可以使教师发现学习者在语义推理方面可能存在的困难，从而为他们提供更多的学习支持和指导。

3. 特定语境下词汇释义能力测试卷

特定语境下词汇释义能力测试卷是一种用于评估学习者在特定语境中对一词多义词汇释义能力的测试工具。在语言学习中，许多词汇都有多个不同的意义，而对这些意义的理解往往依赖于特定的语境。因此，这样的测试卷旨在考察学习者在特定语境下对目标词汇进行释义的能力。为了更准确地了解学习者在特定语境下的释义机制，该测试卷使用一词多义的目标词，将这些目标词置于特定语境的句子中，并要求学习者对其进行释义。在完成每个题目的释义后，被试还需要从提供的四个选项中选择最接近其词义理解依据的一项，并简要注明选择的依据是接受性知识、语境推理、背景知识还是其他因素。人们可以结合这样的测试设计深入了解学习者在特定语境下释义词汇的能力和策略。接受性知识是指学习者已经掌握的与目标词汇相关的一些基本释义，而语境推理是指学习者通过上下文信息和句子结构等进行推测释义的能力，背景知识则指与目标词汇相关的任何额外信息或领域知识，其他选项则可能包含学习者的个人经验、直觉或其他学习策略。这样的测试对于语言教学和学习有着重要的意义，可以帮助教师了解学习者在释义词汇时的策略和依据，从而有针对性地指导学习者在特定语境中正确理解词汇。教师还可以发现学习者在释义时可能存在的困难，比如对特定语境缺乏理解或背景知识储备不足等，从而为教师提供更多的教学支持和帮助。此外，这种测试有助于培养学习者的语境意识和推理能力，在提高其词汇释义能力的同时，有助于提升他们在语言交际中表达的准确性和流利度。

（二）数据收集与分析

1. 三种词汇能力发展情况

学习者在三个维度的词汇能力发展上存在不均衡现象，这主要表现为接受性知识有较大的发展优势，而产出性知识的发展相对滞后。这种现象可能受到多方面因素的影响，其中语言输入和认知推理是两个主要方面。二语学习者的词汇习得往往依赖于单个词汇的记忆和课堂学习，他们接触到的语言输入主要来自教材和课堂上的语言示范，缺乏真实语境化的语言输入。这种情况可能导致学习者的词汇知识仅停留在词义与语义的搭配上，难以建立起语义推理所需的丰富语义网络。而在真实语境中，词汇的含义和用法会更加多样化和复杂化，因此缺乏真实语境的练习可能导致学习者在语用意义的理解和产出上相对滞后。学习者在言语理解和产出的过程中，需要将头脑中的经历、百科知识等多种信息运用到语义的推理中，同时构建适切的图式，这意味着词汇信息与语境的匹配是一个动态的认知推理过程。如果学习者没有足够的经验和背景知识，或者没有建立起适切的图式来帮助他们理解和表达意思，就会导致认知推理受阻。因此，产出性知识的发展相对滞后可能与学习者在构建适切图式和整合背景知识方面的能力不足有关。要解决这种不均衡现象，教师在词汇教学中可以采取一些措施：第一，提供真实语境的语言输入，如通过实际场景和真实对话来呈现词汇的用法，帮助学习者更好地理解词汇在不同语境中的含义和用法；第二，鼓励学习者积累更多的背景知识和经验，通过阅读、听力和实际交流等方式来丰富他们的语言输入来源。教师还可以引导学习者进行多样化的语言输出练习，帮助他们建立起完善的产出性知识体系。

2. 三种词汇能力的相关度

学习者在特定语境下的词汇释义能力与推理能力的相关度大于其与指称能力的相关度，这表明特定语境下的词汇释义能力更加依赖人们头脑中储存的定识和推理能力。[①] 这是因为在特定语境下对词汇进行释义不仅仅涉及与词汇本身相关的语义、句法和形态等信息，还需要与头脑中其他语言知识（包括先前的语言知识、非语言知识、语篇语境线索等）进行交互作用。在这个释义的过程中，词汇推理能力起着重要的作用，学习者需要运用推理能力来获取词汇的词形信息、识别语义以及运用多种知识源来建立网络联系。成功的语境语义推理包括两个主要部分：形成推理和元认知控制。形成推理涉及大量相互连接、相互作用的基础知识块，如词汇块和文章构思图式块等；而元认知控制则指语言使用者在打算作出推理或验证推理时所采取的一系列决策步骤，包括决定使用何种方法以及何时从语境中获取线索等。特定语境下的词汇释义能力与推理能力的相关性较高也意味着学习者需要能够灵活地应用推理能力来解决词汇释义的难题，他们需要将词汇与上下文相结合，理解言外之意，捕捉隐含信息，并在头脑中构建适切的图式。这种推理过程不仅

① 于翠红，张拥政．关联语境视角下的二语词汇习得 —— 一项基于词汇语义认知的实证研究［J］．现代外语，2012（3）：274.

依赖词汇广度，更需要学习者能够灵活运用各种语言和非语言知识，并在不同语境中进行交互作用。

（三）对二语词汇语义认知教与学的启发

词汇指称能力是进行有效语境推理的基础，特别是在二语学习者的语言习得过程中。学习者只有掌握了足够广度的词汇量，才能够在特定的语境中进行准确的词汇释义和语义推理。因此，在二语学习环境下，学习者首先要努力增加自己的接受性词汇知识储备，这将为其他语言能力的发展提供基础和可能。在语言学习的早期阶段，学习者主要依靠单个词汇的记忆和课堂学习来积累词汇知识。随着词汇量的增加，学习者逐渐能够应用这些词汇知识进行简单的交流和表达。然而，在真实的语言使用场景中，词汇的含义往往会受到语境的影响，不同的语境可能会赋予词汇不同的意义。因此，学习者需要在更多的语境中接触和运用词汇，逐渐形成对词汇的丰富语义理解。

增加接受性词汇知识储备不仅意味着学习更多的单词，更重要的是学会在不同的语境中理解这些词汇的不同含义和用法。学习者需要接触丰富的语言输入，包括阅读各种类型的文章、听取不同口音和语速的语音材料等，以便在日常生活和学习中更好地应用这些词汇。学习者也可以通过参加讨论和交流活动，与母语为英语的人士进行交流，从而进一步提高自己的语境推理能力。增加接受性词汇知识储备不仅对于学习者的词汇习得至关重要，而且对于其他语言技能的发展也有着积极影响。通过在不同的语境中学习和应用词汇，学习者可以逐渐培养出更强的语言理解和表达能力，并提高听、说、读、写的综合语言能力。扩大词汇广度也为学习者更深入地理解和运用语言提供了更多的资源，有助于他们在真实的交际中更加自如地应对各种语言情境。

词汇深度知识与特定语境下词汇释义能力的相关性较高，这表明在教学过程中，教师应引导学习者不要过于追求词汇广度，而是鼓励他们从最大关联性的角度出发对高频词汇进行深度认知加工。学习者可以通过建立词与词之间丰富的语义网络，深入体会语境与语义的结合，从而不仅仅掌握词汇的表面本义，还能深刻理解语言内部的词汇概念之美。教师必须认识到，指称能力与推理能力需要同时并进、共同发展，这样才能保证学习者词汇能力的均衡发展，从而能够使其更好地进行词汇语义信息的语用选择。在词汇教学中，教师应该引导学习者建立起对高频词汇的深刻认知，而不是简单地停留在表面记忆。教师运用多种教学方法，使学习者可以更好地理解词汇的多义性和在不同语境中的变化含义。例如，教师可以通过提供丰富的例句，让学习者观察词汇在不同句子中的用法，以及根据上下文推断其意思。教师还可以引导学习者进行词汇联想，将词汇与其他相关词汇联系起来，从而形成更为牢固的语义网络。教师在教学中应该鼓励学习者进行主动思考和探索，学习者可以通过讨论和交流的方式，与同伴一起探讨词汇的意义和用法，从而加深对词汇的理解。教师可以提供一些有趣的语境和语言材料，让学习者在情境中感知词汇的实际用法，培养学习者在语境中推理词义的能力。在教学过程中，教师还应该重视学习者词汇输出能力的提升。鼓励学习者运用新学到的词汇进行写作和口语表达，可以帮助学习者巩固对词汇的记忆，并增强其在特定语境下释义词汇的能力。

为了促进学习者语境推理能力的顺利发展，教师在日常对词汇的显性词义教学之余，还应积极对词汇的隐性词义进行扩展。所以在教学过程中，教师不仅要关注词汇的字面意思，还要引导学习者去探索词汇在不同语境下的隐含意义。通过引入更加真实、生动的语境，教师可以帮助学习者更好地理解和运用词汇，并提高他们的语境推理能力。在备课过程中，教师应该慎选例句而非简单地从参考书上随意选取。理想的例句应该具备一定的特点：它们必须具有强烈的语境性，能够帮助学习者将词汇放置于实际交际场景中；例句应该趣味性高，能够吸引学习者的兴趣，让他们在学习中保持积极性；例句还应该具备代表性，覆盖不同语言用法和句型结构，帮助学习者全面理解词汇的用法；最重要的是，例句要与学习者的日常生活紧密联系，让学习者能够在实际生活中感受到词汇的实用性。通过学习原汁原味的例句，学生可以逐步激活自己原有的定识，并在语境中实现知识的迁移和灵活应用。这有助于提高学生的综合认知水平，使他们能够在真实的交际环境中更加自如地运用所学词汇。除了例句的选择，教师还可以通过其他方式来提高学习者的语境推理能力。例如，组织学习者参与角色扮演活动，让他们在情景中运用词汇；开展小组讨论，让学习者就特定主题展开对话；进行实地考察，让学习者在真实环境中体验词汇的用法；等等。通过这些多样化的教学方法，学习者可以进一步在不同的语境中实现对词汇意义的推理和理解。

二、关联理论视域下二语习得的探究思考

关联理论的介入为二语习得研究带来了独特的视角和动态解释，促使研究者更加关注语言习得的逻辑和规律。传统上，语言习得研究主要关注静态的语言现象，而关联理论将重点转向了语境和语用的角度，强调语言现象的动态发展和实际应用。这使得人们能够更加全面地理解二语习得过程中学习者的认知和表征系统，并有助于揭示学习者语言能力的动态演化过程。通过关联理论的框架，研究者可以更好地探讨有关二语表征和学习者语言能力的问题。关联理论将语言看作一个由多个相关概念和经验组成的网络，这些概念和经验之间通过关联联系在一起。在语言习得过程中，学习者通过与现有知识和经验建立联系来理解和运用新的语言知识。这种关联机制使得语言习得不再是简单的知识积累，而是一个复杂的认知过程，涉及与先前知识和经验的连接和比较，这为研究者提供了深入探究学习者的认知过程和知识结构的机会。然而，尽管关联理论在二语习得研究中有很大的优势，但也存在一定的欠缺和局限；虽然关联理论强调了语境和语用在语言习得中的重要性，但在具体实践中，如何准确地衡量和评估语境和语用对学习者的影响仍然是一个挑战；关联理论过于强调学习者的先前知识和经验，可能忽视了语言输入和教学对于学习者知识结构和认知发展的重要作用；关联理论尚未解决所有的语言习得问题，仍需要与其他理论和方法相结合，以进一步深化人们对二语习得过程的理解。

（一）对研究内容与范围的思考

关联理论作为一种认知语用学理论，在二语习得领域具有广阔的应用前景。在目前的二语教学实践中，关联理论指导下的研究仍相对有限，且存在一定的不足之处，限制了该理论在教学实践中的应用和推广。关联理论在其

他领域的后续研究也较为匮乏，缺乏一定的连贯性，这导致没有形成完整有效的教学实践和理论体系。为了进一步促进关联理论在二语习得研究中的应用，需要进行更多的深入研究，特别是在实践中找到有效的方法来培养学习者在特定语境中对语义和语用的关联能力。在第二语言的学习过程中，可以通过设计更多的真实语境来引导学习者理解和应用第二语言，从而使其不仅在课堂上掌握理论知识，还能在实际交际中灵活运用。对于跨语言交际中出现的问题，也需要进一步研究并提出解决方案，以确保学习者能够在真实交际中有效地应用所学的语言知识。

（二）对研究方法的思考

在二语习得研究领域，研究者的研究方法和目标呈现出多样性。早期的研究以描述语言现象为主，主要描述学习者在习得第二语言过程中的表现和问题。然而，随着研究的深入，越来越多的研究者开始采用实验设计、数据收集和分析等方法，以验证和检验既有的理论假设，这种基于实证的研究方法为二语习得领域带来了丰富的启示。尽管建立在实证基础之上的研究为二语习得带来了有益的启示，但由于不同研究者在方法、参数设定和研究目的等方面存在差异，其研究结果也可能存在一定的差异和争议。例如，关于携带歧义的 VP 省略句中反身回指的问题，不同研究者可能得出不一致的结论，进而导致结论存在争议。这些争议反映了在运用关联理论解释二语习得的相关问题时，必须考虑到各种可能的因素，并且进行仔细的论证和分析。然而，这些争议也为丰富和发展关联理论提供了有益的参考。对不同研究成果进行对比和综合，可以逐渐完善该理论模式，并使其更加贴近实际的语言习得过程。同时，不同的研究方法和观察视角可以互为补充，从而得到更加全面和深入的认识，这样的跨学科研究将进一步推动关联理论在二语习得领域的应用和发展。

（三）对研究过程的思考

尽管关联理论在二语习得研究中引起了广泛的关注，但其应用也面临一些挑战和限制。由于很多关联推理是在无意识的语言系统之上建立的，研究者只能通过对言语行为进行分析，间接推断语言使用者的心理表征。这使得直接评估和衡量语言能力变得困难，因为语言习得涉及许多复杂的认知过程，很多时候学习者自身也无法准确描述其习得过程。因此，研究者需要综合运用不同的研究方法和工具，以深入了解学习者的语言习得情况。运用关联理论核心概念进行相关二语习得问题的探索需要大量的研究投入和持之以恒的努力。研究语言习得是一个复杂而持久的过程，涉及多个维度和变量的交互影响。为了得出可靠的结论，需要进行大规模的研究和长期的数据收集，以确保研究结果的可信度和有效性。此外，很多问题可能需要更加有力的数据佐证，以支持关联理论在二语习得领域的应用和发展。尤其在某些领域，如句法结构和词的形态领域，目前学界仍然难以给出完全令人满意的解释。这些问题可能涉及更加复杂的语言知识和认知过程，需要更深入的研究和探索。在未来的研究中，研究者可以继续加强对这些问题的探索，运用更多的实证研究方法和跨学科的视角，以获得更全面和更深入的认识。

21 世纪以来，关联理论在二语习得领域得到越来越多二语学习者的关注，并在这个新的研究框架下涌现出一系列崭新的特征，这些特征为二语习得研究提供了新的视角和理论支持（图 5-2）。

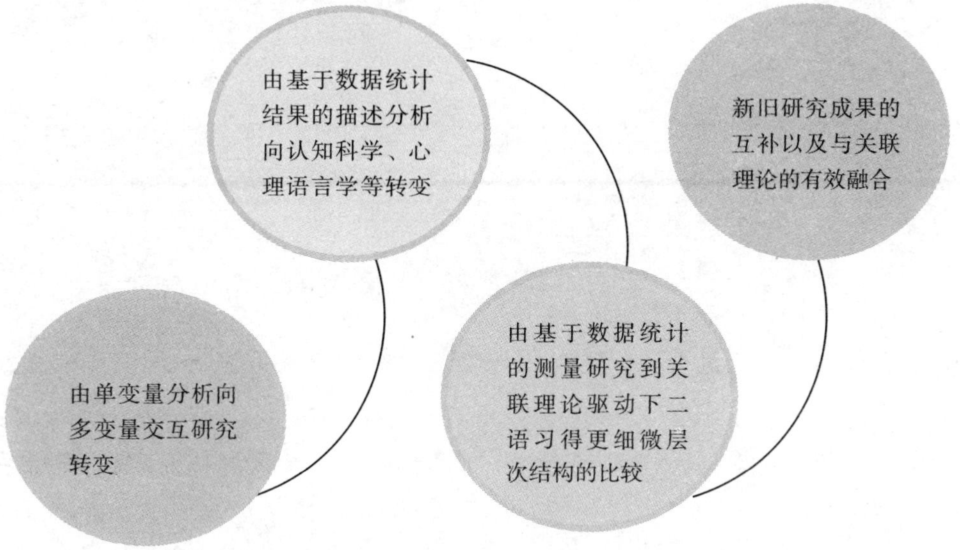

图 5-2　关联理论框架下的二语习得研究新特征

众多研究成果充分证明了关联理论在二语习得研究中的积极意义和重要作用，关联模式为心理语言学和超心理学提供了重要的启示，为二语习得的理论化提供了有效的补充，特别是关联理论所涉及的元表征能力为深入研究二语习得的适应性提供了坚实的理论基础。值得关注的是，关联理论在母语习得与二语习得的比较方面产生了丰富的研究成果。通过比较母语习得和二语习得的过程，人们可以更好地理解学习者在习得第二语言时可能遇到的挑战和困难，从而为教学实践提供更有针对性的建议。关联理论也为学习者的认知风格和学习策略提供了指导，帮助学习者更好地选择合适的学习方法和策略，提高学习效果。另外，关联理论在培养学习者的交际能力以及中介语的使用方面也发挥了重要作用。教师可以通过关联理论的指导更好地帮助学习者在真实语境中进行交际实践，提高他们在语境中的语言运用能力。关联理论也对学习者的中介语使用进行了深入研究，这能够帮助人们更好地理解学习者在习得第二语言时所形成的中介语系统，从而更好地帮助学习者实现对目标语言的熟练应用。

第六章　认知语言学视域下隐喻能力与二语习得的关系

第一节　隐喻能力与二语习得的关系

一、认知隐喻观

认知语言学中的隐喻研究是一个以体验人本主义为哲学基础的学科领域，其核心观点是将隐喻视为人类认知世界的基本方式。隐喻不仅是一种语言表达手段，更是一种思维和认知的方式。当人们尝试理解抽象概念时，常常借助具体的事物或形象来描绘和表达，这种认知机制就是隐喻认知的体现。在日常生活中，人们经常使用隐喻来描述和理解事物，如“时间是金钱”“他是我的左膀右臂”等就是常见的隐喻表达。这些隐喻不仅是为了满足修辞的需要，更是因为人类思维倾向于使用熟悉的、具体的事物来理解和表达抽象的概念。隐喻可以将陌生的抽象概念转化为具体的形象，从而帮助人们更好地理解和记忆。认知语言学将隐喻视为人类思维的底层机制，并探索语言表达与认知层面的映射关系，研究隐喻可以使人更深入地了解人类的思维方式和认知过程。隐喻不仅存在于语言表达中，也贯穿于人们的思维和认知之中。人们可以通过隐喻将一个陌生的领域映射到一个熟悉的领域，从而更好地理解和解释复杂的概念和现象。

隐喻在人们认识世界和表达语言时具有重要作用，能够帮助人们理解抽象概念并产生深刻的影响。例如，在文学和艺术创作中，作家和艺术家常常使用隐喻来传递深层次的情感和意义，使作品更加生动和更具感染力；在教育和科普领域，使用隐喻可以帮助学习者更好地理解抽象的概念和原理，促进其对知识的掌握和应用。隐喻研究不仅对语言学具有重要意义，还深刻影响着认知科学、心理学、教育学等多个学科领域。随着研究的深入和发展，人们对隐喻在人类认知和语言理解方面的作用将会有更加全面深入的认识。隐喻也将继续在实际生活中发挥重要作用，帮助人们更好地认识世界、表达情感，以及推动知识传播和交流。

隐喻作为一种认知现象，是人类建构概念的基本方式，是一种普遍存在于人类认知过程中的心理现象，是将一个概念从一个领域借用到另一个领域，从而帮助理解和解释另一个概念。[①]隐喻的本质是在不相干的事物之间建立新的关联性和相似性，不仅是对已知相似性的认知，更是创造相似性的过程。隐喻是概念系统中的跨域映射，打破了传统范畴的常规与壁垒，创造了新的秩序与范畴，并产生了新的意义。人们可以通过隐喻将一个抽象的概念映射到一个具体的形象上，从而更好地理解和表达。例如，人们常用“时间就是金钱”这个隐喻来表达时间的宝贵和重要性，将时间和金钱这两个不同的领域进行映射，形成了新的意义。在隐喻的过程中，认知主体进行高级、复杂的认知心理活动。他们通过将两个独立的概念域进行部分映射匹配，合成新的概念，这个过程被称为概念合成。概念合成是隐喻激发认知主体创新意义的重要过程。通过隐喻能够产生新的假设和意义，拓展和丰富人们对世界的认知。隐喻不仅在日常语言表达中起着重要作用，还在科学、文学、艺术等各个领域发挥着重要的作用。在科学领域，隐喻常被用来解释和表达抽象的科学概念，使其更容易被人们理解和接受；在文学和艺术创作中，隐喻常被用来表达象征意义和意境，从而使作品更具表现力和感染力。

二、隐喻的意义解读

隐喻的表现形式多样，有些隐喻是明显的比较和类比，其中喻体与本体

① 王鑫．汉英双语者隐喻认知加工的神经机制研究［D］．西安：西安外国语大学，2021.

之间的联系从外在的字面语词中就能显示出来。这样的隐喻通常具有一致、从属、包含或交叠等关系，读者很容易理解作者所要表达的意义[①]。然而，还有许多隐喻是隐含性的，喻体与本体之间看不到明显的联系，似乎是随意串联的。在这种情况下，隐喻的创造者将解读的任务抛给了读者或听者，使隐喻的解读成为作者和读者之间的一场解谜游戏。作者出谜，读者要对谜面进行解读。这种隐喻需要读者基于原文字面解读，但又不能完全局限于原文字面的意思。读者需要听从作者的引导，但又要避免被作者愚弄。聪明的读者需要运用智慧才能真正理解作者的深意。举一个例子："The path to my fixed purpose is laid with iron rails，whereon my soul is grooved to run. Over unsounded gorges，through the rifled hearts of mountains，under torrents' beds，unerringly I rush!"（Melville, 1851）这句话的解读需要超越字面意义上的"铁轨""峡谷""山峦""急流""奔腾"，而去理解"铺设有铁轨的人生之路""无声响的峡谷"以及"奔腾的急流"等隐喻含义，思考"灵魂在这些地方奔腾"又意味着什么。读者只有解读这些隐喻，才能真正与作者进行对话，理解他所要表达的意境和情感。这种隐喻的解读需要读者具备一定的文学修养和批判性思维。隐喻作为文学创作的重要手法，不仅是语言的美化，更是对语言深层意义的探索。通过隐喻，作者能够把复杂的情感、思想和主题传递给读者，从而使作品更具有启示性和内涵。因此，读者在解读隐喻时，应该积极思考，从多个角度去理解作者的用意，这样才能更好地领略文学作品的内在美和思想性。

隐喻的意义与普通字面表达的意义之间存在着差异。隐喻意义通常不如字面意义透明、明了。在理解一个语句时，人们往往首先关注字词，尝试理解其字面意义，再尝试获取其中的隐喻意义。因此，字面意义是隐喻意义存在的基础和前提。隐喻意义的解读是认知语言学家、心理学家和认知心理学家共同感兴趣的话题，因为它关系到认知主体概念形成的过程。有些隐喻的字面意义和隐喻意义之间联系紧密，透明度高，解读相对容易，而另一些隐喻的字面意义与隐喻意义联系度较低，隐喻意义在加工时占据优势，使字面

---

① 吴念阳. 隐喻的心理学研究［M］. 上海：上海百家出版社，2009：11.

意义较为不透明。然而，定义隐喻意义和字面意义之间的差异并不是一件容易的事情，因为隐喻涉及复杂的思维和认知过程。不同的个体可能会对同一个隐喻产生不同的理解，这种意义的不确定性是值得探讨的。认知科学家希望能够更深入地研究人们对隐喻意义的解读过程，以及其在认知主体概念形成中的作用。对于认知主体概念形成过程来说，隐喻的作用是非常重要的。隐喻能够帮助人们理解抽象概念，将一个概念映射到另一个具体的事物上来进行认知。这种跨域映射使得复杂的抽象概念变得更加具体和可感知，使人们能够更好地理解和记忆。因此，认知科学家对于隐喻意义的研究，不仅可以帮助人们更好地理解语言表达的深层意义，还有助于揭示人类思维和认知的本质。

（一）字面意义与隐喻意义的加工

传统语言学认为字面意义是概念的本义，是独立于语境的固定意义，具有明确、可描述、客观和透明的特点。然而，在隐喻解读中，常常可以发现字面意义与隐喻意义之间存在着冲突，甚至字面意义也可能与语境产生冲突。这时，人们需要依赖认知主体的认知和推理能力，以及其他相关因素的帮助来成功解读隐喻意义。关于字面意义在隐喻解读中的作用，学者存在不同的观点。传统的语用观点认为字面意义是首要的，隐喻意义是在字面意义之上产生的。也就是说，人们首先会理解字面意义，然后再在此基础上推理出隐喻意义。隐喻的理解需要在理解字面意义之后进行，并且可能需要更多的时间和额外的认知努力。举个例子，当人们听到或看到句子“Cigarettes are time bombs”时，首先会理解字面意义，即香烟是一种在一定时间后会爆炸的炸弹。但随后，人们会意识到这个解释与语境不符，因此会推测说话者的真实意图是表达香烟对人体的延迟毁灭性伤害，而不是真的会爆炸。然而，随着对认知语言学的深入研究，也有学者提出了不同的观点，认为在隐喻解读过程中，隐喻意义与字面意义是并行的，并相互影响。[①] 人们可以同时感知到字面意义和隐喻意义，而不是等待字面意义被理解后再推理隐喻意义。这

① 孙毅，张子龙．隐喻认知机制与心理语言学研究发微［J］．浙江外国语学院学报，2023（6）：50.

种并行处理的观点认为，隐喻意义的产生并不依赖于字面意义的解释，而是通过认知主体对多种线索和上下文的综合处理来实现。无论是传统的依赖字面意义的观点还是并行处理的观点，都强调了认知主体在隐喻解读过程中的重要作用。隐喻解读是一项复杂的认知活动，涉及多个认知过程，包括注意、记忆、推理和联想等。对于认知主体来说，解读隐喻并不是简单的一步到位，而是需要综合运用各种认知能力来进行推理和解释。

直接通达观与传统观点有着明显的不同。按照直接通达观的理论，隐喻并不构成一个特殊的语言集合，其在使用和理解上与其他语言表达并无本质上的差别。因此，隐喻的认知过程与字面意义的理解、加工和产出过程并无区别，不存在所谓独特的隐喻认知机制。① 直接通达观认为，人们解读隐喻并不需要先依赖字面意义，然后抛弃字面意义，再形成对隐喻意义的理解。相反，隐喻意义的提取速度在某些情况下甚至更快，人们可以直接从语境中提取与之最相关的意义。交际双方并不特别关注字面意义与隐喻意义之间的区分，而是根据最大关联的原则选择最合适、最相关的意义，并过滤掉不相关的意义。在这个过程中，并不存在特殊的认知努力或加工，只需一次性选择与语境最契合的意义。直接通达观认为隐喻意义的加工过程与字面意义的加工过程并无差别，无论是字面意义还是隐喻意义，只要符合语境的最大关联原则，其处理过程和花费时间都相同。这种观点强调隐喻意义的提取是一次性的，不需要后续的修正或处理，因为语境已经激活了与之最相关的意义。直接通达观为隐喻解读提供了一种全新视角，这种观点为人们理解人类语言认知的复杂性和语境在交际中的作用提供了重要启示。然而，虽然直接通达观在某些情况下能够解释隐喻解读的快速性和直接性，但仍然有一些复杂的隐喻情况需要更深入的研究来解释。因为在某些隐喻中，人们可能需要更多的认知努力和推理才能理解隐喻的真正含义。因此，研究者仍在不断探索隐喻解读的机制，以期更全面地理解隐喻在语言和思维中的重要作用。

分级凸显意义假说为隐喻解读提供了一种新的视角，突出了意义的凸显

① 杨波，庞超伟．基于三大模式的比喻语言加工时间进程研究综述[J]．外语研究，2015(6)：28.

程度在隐喻理解中的重要性。根据这个假说，隐喻的解读并不需要区分字面意义和隐喻意义，而需要关注意义的凸显程度。凸显意义指的是心理词典中更常用、更具原型特征的意义，这些意义能够被直接激活，无须依赖特定的语境。[①]在隐喻的加工过程中，凸显意义被优先激活，不论语境信息的强弱，凸显意义总是首先被处理。这意味着即使有一个具体的语境，凸显意义仍然会在加工过程中占据主导地位。与直接通达观不同，分级凸显意义假说认为字面意义和隐喻意义可以同时被激活，并且加工速度由意义的凸显程度决定。这个观点强调了意义凸显在隐喻解读中的重要性，意义的凸显程度影响着意义在加工过程中的优先级，具有更高凸显程度的意义会更快地被激活和处理。这也解释了为什么有些隐喻的理解过程似乎很快，因为这些隐喻的意义凸显程度较高，可以直接被激活和理解。虽然分级凸显意义假说为隐喻解读提供了一个新的视角，但在实际的语言理解过程中，仍然存在一些复杂的隐喻情况。有些隐喻的意义可能没有明显的凸显，或者在不同的语境下凸显程度可能不同。因此，研究者仍需要深入探索意义凸显在隐喻解读中的具体机制，并考虑其他可能影响隐喻理解的因素，如语境、个体差异等。

不完整性假说为隐喻解读提供了另一个重要的角度，突出了语境在隐喻理解中的关键作用。该假说认为语境在消除歧义、确定恰当意思方面发挥着重要作用，并且在快速选择字面意义还是隐喻意义上具有同样的消除歧义作用。意义的加工被视为逐步累积的过程，从初期的模糊意义开始，随着语境信息的增加，意义被逐步完善并最终确定下来。语境起着推动意义完善的催化作用，修正初级激活的意义，使之成为最精确、完整、贴切的意义，完成整个意义加工过程。在隐喻的解读中，字面意义和隐喻意义可能存在冲突，而语境的介入有助于消除这种冲突。语境提供了更多的信息，帮助人们更准确地理解所遇到的隐喻表达。根据先前知识和经验，人们能够在候选意义之间逐步进行选择和修正，从而找到最贴切的意义。在这个过程中，初级激活的意义是模糊的、不完整的，需要依靠语境来进一步完善和确定。语境的重

① 孙毅，张子龙. 隐喻认知机制与心理语言学研究发微[J]. 浙江外国语学院学报，2023(6): 47–57.

要作用不仅体现在确定隐喻意义上，还在选择字面意义或隐喻意义时发挥着消除歧义的作用。当人们遇到一个隐喻表达时，语境信息可以帮助人们迅速判断应该选择哪种意义。人们能够通过与先前的语境信息相结合，快速将注意力集中在最有可能的意义上，从而更加迅速地理解隐喻的含义。不完整性假说的观点强调了语境在隐喻解读过程中的关键作用，突出了意义加工的渐进性，并指出语境的介入在消除歧义、推动意义完善上具有重要意义。然而，这一假说并不否认意义凸显和直接通达的观点，而是将这些因素与语境相结合，认为它们在隐喻解读中共同发挥作用。

隐喻作为一种引人入胜的语言现象，其意义的不确定性和不透明性使其备受研究者和学者的关注。在隐喻意义的加工过程中，不同的观点和新兴的神经心理学研究都为人们提供了深入的洞察。传统观点认为在隐喻的解读过程中，人们首先需要理解字面意义，然后通过推理和联想来获得隐喻意义。然而，新兴的直接通达观则挑战了这种传统观点。研究表明，在某些情况下，人们能够直接通达隐喻意义，而不需要依赖字面意义的先导，所以隐喻意义的加工过程可能比传统观点认为的更为高效和直接。隐喻意义和字面意义在一定语境下是同时并存的，这就意味着人们在解读隐喻时，并不是完全抛弃字面意义，而是在意义的竞争中进行选择。加工速度相等或解读隐喻意义甚至更快的情况，表明隐喻意义在某些情况下可能具有更强的认知优势。值得注意的是，隐喻并非一种统一的语言现象，其解读过程非常复杂。隐喻的意义受到认知主体、社会文化环境等多种因素的影响，每个人的认知和思维方式都可能会对隐喻的解读产生影响，从而导致不同的个体可能会对同一隐喻表达产生不同的理解。这种差异性表明隐喻的解读不是由单一客观因素所决定的，而是涉及认知主体感知相似性的结果。意义的确定不仅受内部因素影响，还受制于外部语境和认知主体的自洽性。隐喻的解读是一个复杂的交互过程，涉及主体的思维活动和个体的认知差异。

（二）隐喻相似性

隐喻作为人们生活中的重要纽带，连接了不同概念域的事物，并在意义的构建中扮演着关键角色，这种纽带关系体现在客观相似性和主观相似性两个方面。客观相似性是隐喻成立的基本因素之一，指的是实体之间在形状、色彩、声音、质料、位置等方面的相似性。[①]当人们在生活中遇到一个隐喻时，其中涉及的概念往往具有某种客观相似性，即它们在某些方面有着相似的特征或属性。这种相似性使得人们能够将一个概念领域中的信息应用于另一个概念领域中，从而产生隐喻意义。主观相似性也是隐喻的重要组成部分，主观相似性是指认知主体将心理、情感、想象投射到实体上创造的带有主观意识的相似性。[②]这种相似性是因为人们的认知和情感本质使其倾向于将某些概念联系在一起，即使在客观上它们并没有明显的相似之处。例如，人们可能会用“燕子飞翔”来形容一个优雅的舞蹈动作，虽然燕子和舞蹈在形态上并无关联，但是人们通过主观相似性，将它们联系在了一起，产生了新的隐喻意义。相似性是隐喻解读的关键因素，在隐喻的生成和理解过程中起着重要作用。在隐喻解读过程中，人们会寻找和选择相似性，通过将不同概念域的相似之处联系在一起，来理解隐喻的意义。在隐喻解读中，人们将两个不同的概念域联系起来，即使这两个概念域本身并不完全相同。有些隐喻中的概念相似性是较为明显和直接的，人们可以轻易辨别出它们之间的联系；而有些隐喻中的概念相似性可能较为抽象或新颖，需要花费更多的心思和认知努力来寻找和理解[③]。

相似性在认知过程中是指不同事物之间的共享特征或相似属性，这种相似性既可以是客观存在的，也可以是主观意识下构建的。相似性的存在是人们主观意识对客观相似性的探索。客观相似性指的是实体之间在形状、色彩、声音、质料、位置等方面的共同点，当遇到隐喻时，其中涉及的概念往往具有某种客观相似性，这种相似性使得人们能够将一个概念领域中的信息应用于另一个概念领域中，从而产生隐喻意义。主观相似性是认知主体将心理、情感、想象投射到实体上创造的带有主观意识的相似性。在隐喻中，人们可能会借助主观相似性将两个不同领域的概念联系在一起，从而产生新的隐喻

① 赵茹梦．隐喻相似性问题的探讨［J］．现代英语，2021（9）：111.
② 赵茹梦．隐喻相似性问题的探讨［J］．现代英语，2021（9）：111.
③ 束定芳．隐喻学研究［M］．上海：上海外语教育出版社，2000：58.

意义。例如，用“燕子飞翔”来形容优美的舞蹈动作，就是通过主观相似性将燕子的飞翔形态投射到舞蹈中，创造了新的意义。隐喻相似性在词义的发展和演化中起着重要作用，是词义扩展的主要建构力量。隐喻是词义变化的催化剂，通过将熟悉的始源域映射至较为陌生的目标域，词义得以延伸和发展。隐喻意义的产生和传播是一个动态的过程，随着认知主体对相似性的感知和思维的不断探索，词义会不断演化和扩展。通过隐喻，人们能够用一个概念域中的已知知识去理解另一个概念域中的未知知识，从而丰富词汇的含义和表达方式。

（三）身体体验与心理模仿

隐喻作为一种认知现象，其本质是基于人类身体经验的体验哲学和认知体验观。人类是通过感知和体验来建构自己对世界的理解的。隐喻的创造和理解并非超出普通人的能力范围，而是建立在人们对世界的实际身体经验和认知基础上的。身体是人们与世界交互的媒介，通过感觉和肌肉运动，人们对外界事物有了深刻的体验。这些身体经验对于人们理解和解释抽象概念非常关键。隐喻就是将人们的身体经验投射到世界上的事物中，从而帮助人们理解那些抽象的、难以直接感知的概念。人们通过隐喻将自身的感觉和行为特征投射到外界事物中，以自我为参照来理解未知世界，从而减轻认知负荷。体验哲学和认知体验观强调身体感官对于思维发展的重要性，重新将身体提升至哲学与认知的中心地位。隐喻的理解和创造并不是一种超验的抽象活动，而是与人们的身体体验紧密相关的认知过程。在隐喻联系中，可以看到互动的物（客观世界）、我（认知主体）以及思维与存在的综合。这种联系不是随心所欲的投射，而是受到身体机能与经验的限制和影响。人们能够通过隐喻，用熟悉的事物来理解陌生的事物，用具体的体验来把握抽象的概念，从而使认知过程更加生动和易于理解。隐喻的创造和理解并不是一种特殊的天赋，而是每个人都能通过感知和体验来实现的认知活动。每个人都能借助身体经验这个媒介，用隐喻来拓展自身对世界的认知，并且随着体验的积累和认知的深化，创造越来越多富有创意和意义的隐喻来丰富自身的思维世界。因此，隐喻不仅是一种语言现象，更是人们认知世界的重要方式之一。

抽象概念域，如“生活”是人们难以直接认知的，但通过隐喻，人们可以将先前的身体体验投射到“生活”上，从而建构其意义。身体体验包括视觉、听觉、嗅觉、味觉和触觉等感官知觉，这些感官体验对于人们对物体的大小、重量、高低等的认知起着重要作用，也为人们理解抽象概念提供了一种依据。隐喻的理据之一就是身体体验，人们将物理力、感觉等身体体验投射到其他抽象事物上来理解隐喻，这样的投射过程并非一刀切的，而是有选择性的。在隐喻中，部分特征会被强调，而有些特征则被忽略。概念隐喻观认为，隐喻是从始源域到目标域的映射，但并非始源域的所有特征都会完整地投射到目标域上，这种投射是有限制的。

人类的思维和体验具有更为原始、与身体体验密切相关的基础隐喻，这些基础隐喻以身体体验为基础，对于人们理解隐喻起着重要作用。通过将物理力与生活联系起来，人们可能产生“生活如同承担重物，充满挑战和辛劳”的隐喻；或者通过将味觉体验与生活联系，人们可能产生“生活是酸甜苦辣的调味料”的隐喻。这些基础隐喻为人们的认知过程提供了一种基本的模式和理解框架，帮助人们在面对复杂的抽象概念时能够更好地理解和表达。隐喻的存在使得人们能够将抽象概念转化为更具体、更容易理解的形象，并且通过与身体经验相联系，使得这些概念更加生动和深刻。因此，隐喻在人们的日常语言和思维中扮演着重要的角色，帮助人们建构世界的意义，并且让人们能够更好地理解和表达自己的思想和情感。人们通过隐喻将身体经验与认知相融合，从而更深刻地认知和理解这个世界。

具身认知是一种重要的认知理论，其认为概念的形成和语言理解是基于身体知觉、感官和运动系统的，大脑的活动与身体的感觉在认知活动中发挥着重要作用。[①] 在具身认知的观点中，身体经验被视为认知过程的基础，涵盖了物理的、现实的体验，也包括心理模拟过程，即对事物或事件的替代体验。知觉的模拟在具身认知中扮演着重要角色，人们通过模拟他人或他物的感觉和知觉来理解他们的情感和经历，这种移情能力使人们能够更好地与他

① 王倩 . 不同二语水平双语者对权力词的具身认知加工及表征差异研究［J］. 解放军外国语学院学报，2016（6）：86.

人产生共鸣，增进人际交流和理解。例如，在隐喻中，人们可能使用“他的心像冰一样冷”这样的表达来描述一个人的冷漠态度，这是因为人们能够将自己的身体感受（冰冷）与别人的情感状态联系起来，从而理解他们的感受。行动的模拟也是具身认知的重要组成部分，人们能够通过模拟他人的行为来预测他们的意图和感受。这种模拟使人们在交际中更加敏锐，能够更好地解读他人的非语言表达和姿态。例如，在日常对话中，人们常常根据对方的肢体语言和面部表情来理解他们的情绪和意图，这能够帮助人们更准确地解读他人的内心状态。预期和预判断在语言理解中也有着重要作用，大脑能够快速将眼前的语言事件与先前的经验进行联结，从而作出快速而无意识的判断。这种预判断机制使人们能够更快速地理解语言，而不需要花费过多认知资源。例如，当人们听到“下雨天，带把伞出门”这句话时，大脑便会自动预期这是一种关于防雨措施的建议，因为人们已经对“下雨天带伞”的经验形成预判。

三、隐喻理解能力的发展

隐喻被认为是一种思维方式，帮助人们用一种事物谈论另一种事物。对于儿童来说，理解和产出隐喻是一种复杂的认知能力。隐喻的习得和发展与儿童的社会体验和知识累积密切相关，随着儿童年龄和认知能力的增长而逐渐形成。研究表明，儿童隐喻能力的习得不是天生的，而是随着年龄的增长逐步发展的。儿童心理学家皮亚杰认为，儿童真正的隐喻能力在童年后期才形成，而之前的阶段儿童主要表现为魔幻水平、转喻水平和原始隐喻理解阶段。隐喻产出和理解能力在儿童成长过程中呈现渐进式的发展，从幼儿阶段开始逐渐成熟。隐喻产出能力的发展始于隐喻理解，随着年龄的增长，儿童的隐喻产出能力逐渐增强，同时隐喻理解能力也随之提高。隐喻理解能力在儿童成长过程中也与年龄相关，随着年龄的增长，儿童的隐喻理解能力逐渐提高。小学三、四年级是儿童发展隐喻能力的关键期，六年级时这种能力趋于成熟。儿童的抽象逻辑思维能力的发展是促进隐喻理解能力发展的关键因素。

隐喻理解能力是一个涉及两个独立概念域的相似性判断和类比推理的复杂过程，随着儿童概念域知识的增加，这种能力逐渐得到发展。概念域知识是指儿童对不同事物和概念的理解和认知，包括对事物特征、关系和属性的认知。这些知识为儿童理解隐喻提供了基础，因为隐喻的理解涉及对两个不同的概念域之间的相似性判断和类比推理。随着儿童认知心理的成熟和概念理解能力的提高，其隐喻理解能力逐渐增强。在儿童的认知发展过程中，他们从初级知觉隐喻逐渐过渡到真正的隐喻，甚至能够理解更复杂、更抽象的隐喻。这标志着儿童认知能力的发展和成熟。到了青春期，隐喻理解能力基本趋于成熟，儿童能够更灵活地运用隐喻来表达和理解概念。成人的隐喻理解能力发展是一个开放性的过程，随着年龄的增长，其隐喻理解能力可能会出现减弱的趋势，这与抑制机制的减弱有关。抑制机制是大脑对多个可能的解释进行筛选和选择的过程，而随着年龄的增长，这种抑制机制可能会变得不那么强大，从而导致隐喻理解能力的减弱。受教育程度高的成人在理解非常规隐喻时表现更优秀。他们在面对隐喻时更容易超越字面意义，主动寻求隐喻背后的含义，而受教育程度较低的成人则更容易停留在字面意义本身。

四、思维中的隐喻：跨语言隐喻认知对比

（一）思维隐喻

心智是人类思维和认知的综合性成分，涵盖了知觉、注意、记忆、情绪、语言、决策、思维、推理等多种心理机能。在日常活动中，心智活动贯穿人们的决策过程、思考方式等方方面面，而在某些非凡人物的头脑中，心智更显得卓越出众。然而，虽然心智活动在人们的日常生活中无处不在，但要深刻理解其运作机制却是一项极其复杂的任务。历史上，不同心理学学派对心智的探讨各有侧重。构造主义和机能主义心理学聚焦于研究心理和大脑思维的本质，但它们忽略了身体整体性结构和活动在心智运作中的重要性；行为主义心理学则强调身体行为与环境的相互作用，但将认知活动降低到了动物层次，未能充分考虑人类大脑与动物大脑的本质区别。

随着现代生理学和大脑研究的发展，人们对于心智的认识逐渐清晰。近

代的研究明确指出，大脑是思维的器官，承担着心智活动的核心功能。大脑是复杂的神经网络，通过神经元之间的连接与通信，实现了感知、思考和决策等高级认知功能。不同的大脑区域负责不同的心智活动，这些区域相互协作，形成了复杂而高效的认知过程。心智的运作涉及许多层面的活动，从最基本的知觉和感知开始，到对信息的注意和记忆，再到情绪的体验和语言的表达，以及推理、决策等高级认知过程。所有这些心智活动在大脑中相互交织、互相影响，共同构建了人们对世界的认知和理解。尽管如今人们对心智有了更深刻的认识，但心智的运作机制依然是心理学和神经科学领域的热门研究课题。

传统的无身思维观念将思维视为超越身体、专属于大脑的高层次抽象认知活动，这种观点在历史上占据着重要地位。然而，现代认知科学和神经学的发展逐渐突破了这种观念，指出认知活动是与身体紧密相关的综合性行为，大脑虽然是思维的器官，但并非唯一的认知器官。在现代认知科学的视角下，身体在认知中扮演着决定性的角色，所有的认知活动和思维都以身体为基础，而不是超越它的抽象过程。因此，真正的认知不是仅仅关注大脑的功能，而是依赖于全部身体器官的协调作用。莱考夫和约翰逊的观点强调认知活动根植于身体的特性、大脑的神经结构以及日常活动中的身体经验。这一观点反对将思维视为独立于身体之外的理性官能，而是强调理性与身体的紧密相关性。思维并非超越自然和身体的神秘能力，而是由人们的身体特性、大脑结构和日常身体经验所决定。身体经验和认知之间存在着密不可分的联系，人们的认知活动受到身体感觉、运动和情感等方方面面的影响。举例来说，人们在解决问题时常常会运用身体的感知和运动经验来辅助思考，用手比画、画图、模拟行动等都是在认知过程中借助身体来辅助理解和解决问题。人们对世界的认知也受到感官的限制。人们通过视觉、听觉、嗅觉、味觉和触觉等感官来感知世界，这些感官信息会影响人们对世界的认知和理解。因此，认知活动的本质是综合于人们的身体特性、感官经验和大脑神经结构的，它们共同构成了人们的思维方式和认知能力。现代认知科学的发展促进了人们对思维和认知的更加深入的理解，也强调了身体在认知中的重要地位，使人们对人类思维和认知的本质有了更为全面和深刻的认识。

长期以来，人们对于思维本质的认知一直受到身体与思维之间关系的影响。在身心二元论和无身思维观的影响下，人们曾认为思维是超越身体的高度抽象过程，难以被研究和理解。然而，具身思维观的兴起为人们提供了一种全新的认知方式，它将大脑思维和身体活动紧密联系起来，并将研究身体活动视为研究大脑思维的有力工具。具身思维观强调人的思维活动是基于身体体验的，人们的思考和推理行为都是基于外部自身体验建构而成的。这种观点认为思维是隐喻式和充满想象的，人们通过身体感知和运动经验来进行思维活动。所以人们的思维活动并不是直接映象，而是通过类比、隐喻和想象等方式来构建的。在具身思维观下，人们可以将思维活动映射到身体活动，进而更好地理解和研究思维的本质。观察和分析身体活动能更直观地了解思维过程中的变化和特征，例如，人们可以通过观察人们在解决问题时的手势和动作来了解他们思考的方向和思维的复杂程度。这种方法让人们有机会“看到”思维活动这一活生生的东西，而不再将思维局限于抽象的概念和符号之中。

具身思维观对于认知科学和心理学的发展具有重要的启示意义，提醒人们认识思维活动时不能忽略身体的参与，大脑和身体是密不可分的整体，它们相互作用、相互影响。人们的感知、运动、情感等身体活动都与思维密切相关，这种综合性的认知机制是思维能够运作的基础。在思维研究过程中，具身思维观为人们打开了一扇新的窗口，让人们更深入地了解人类思维的本质和运作机制。思维活动不是超越自然和身体的神秘能力，而是由人们的身体特性、感官经验和大脑神经结构决定的。综合性的理解有助于人们更好地认识自己和他人的思维活动，推动认知科学和心理学不断发展。令人比较惊叹的是，虽然西方思想史上曾经严重割裂了身体与思维的关系，但是语言表现并非如此。英语以及其他多种印欧语都普遍存在一个基本的思维隐喻，也就是“思维是身体”，这也充分反映了具身思维的民俗根基。“思维即身体”这一概念隐喻具有一个庞大的子系统，包含了几个最重要的基本事实（图6–1）。

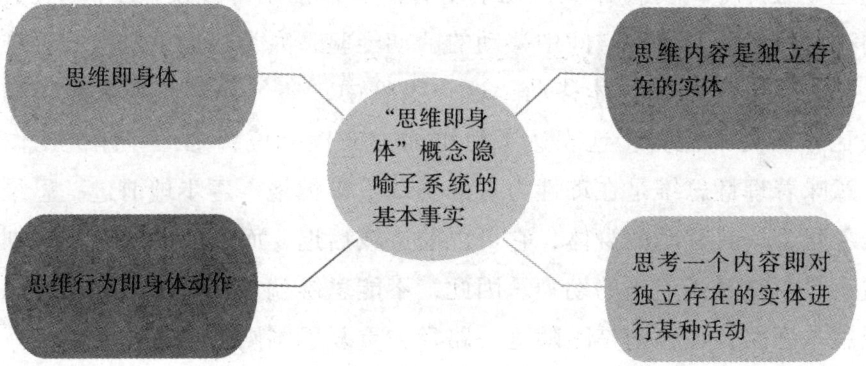

图 6-1 概念隐喻子系统的基本事实

思维即身体的概念隐喻是一种普遍存在于世界各语言文化中的现象。研究词汇演化的过程可以发现，人们常常用与身体知觉或活动相关的词汇来表达思想、情感等较为抽象、复杂的活动。例如，用“听话”表示遵守命令，用“抓住要领”或“seize an idea”表示理解了意思。身体在人类对于思维、情感等复杂活动的概念化和认知中发挥着不可低估的作用，不同文化之间在具身化认知方面存在着高度的一致性。然而，虽然存在共性，但是否还存在不为人知的细微差异，这就需要从跨语言文化的角度对思维的隐喻化认知进行深入的对比分析。具体而言，思维活动作为一种丰富、复杂的认知过程，可能在不同文化中表现出一些稳定且均质的特征。结合理想认知模式（idealized cognitive model）的分析，人们可以探索这些特征。这种模式是对思维活动的一种抽象化表达，旨在寻找普遍存在的认知模式和结构。跨语言文化的比较分析对于人们理解思维隐喻化的普遍性和差异性至关重要，比较不同文化中的思维隐喻可以发现其共同点，进一步探索人类思维的普遍规律。比较不同文化中的思维隐喻还能发现其文化之间的差异，这有助于人们认识文化对于思维方式和认知模式的塑造作用。

1. 思维即身体移动

思维即身体移动的隐喻是一种极具生动性和普适性的认知方式，这种隐喻源自人类获取信息的原始途径——在现实世界的空间位移。人类对空间的认识基于最原始的身体体验，几乎所有的身体活动都涉及在空间中的移动。借用这些熟悉的身体在空间中移动的活动经验，人类建构了对内心思维活动的认知。在“思维即身体移动”这一隐喻中，还包含着几个次级隐喻。将想法比作所处的位置，这表达了思维的方向性和位置感；理性被比作推动力，意味着理性思维是在理性力量的推动下审慎地、逐步地前进；思维过程被具象化为一具移动的身体，它可以前进或后退，而内部的理性推动则是驱动这个具象化身体前进的动力。因此，不能思维就意味着不能移动，思维的路径就是思路，理解则是跟随这一路径，重复思维则是重走这条路径。在英语及其他印欧语系中，这种隐喻有着丰富的语言表达。例如，“My mind is racing.”表达了思维快速运转的状态；“My mind wandered for a moment.”暗示思维飘忽不定；“I want to find a quick-minded defense lawyer.”则表达了对敏捷思维的需求。这种“思维即身体移动”的隐喻在不同语言中都有着广泛的应用，反映了人类普遍的认知方式。此种隐喻使得抽象的思维过程得以通过具体、生动的身体运动进行表征，使得人们更容易理解和交流思维活动。这种隐喻也给思维赋予了一种动态性和结构性，使得人们能够更好地理解思维的起点、路径和终点，以及动力推动思维的过程。

在不同语言和文化中，人们可以发现许多类似的表达方式，用于隐喻思维的灵活性和方向性。这些隐喻不仅是语言的独特表达，更反映了人类共同的思维方式和认知特点。在汉语中，“敏捷”一词既可用于描述身体行动的灵活迅速，也可用于比喻思维的灵活敏捷，这种双重含义表明了人们对于思维和行动之间的紧密联系的认知。相反，“迟滞”“原地不动”等词语则传达了思想迟疑、彷徨或停滞不前的状态，强调了思维活动的方向性和动态性。英语中同样存在类似的表达方式，比如，“get stuck”或“stuck by a decision”用于比喻思维被困，无法前进或改变观点。这种隐喻将思维与被阻塞的运动相联系，使得思维活动更具形象性和易于理解。另一个共通的隐喻是关于思维的路径和方向性的隐喻。在汉语中，常用“思路”来表示思维的路径和方向，而在英语中，则有“line of thought”这一表达方式。这些隐喻使得抽象的思维过程得以通过具体的空间概念进行表征，使得人们更容易理解和交流思维活动。在思维过程遇到障碍时，人们常使用类似的隐喻来表达这种困境。在汉语中，有“不撞南墙不回头”的表达，在英语中则有“blind alley”。这些表达方式都用于表示思维陷入僵局或无法变通的状态，暗示了思维活动的灵活性和需要克服困难的能力。类似的隐喻不仅体现了语言的丰富多样性，更反映了人类普遍的思维模式和认知特点。无论是汉语还是英语，这些隐喻都将抽象的思维过程映射为更具体、更易于理解的形象，帮助人们更好地理解和交流思维活动。这也表明了语言与思维之间存在密切的联系，以及在不同文化和语言中，人们对于思维过程的普遍理解和共同认知。

从语言发展过程中可以看到，不同文化和哲学传统对思维的推动力量有着不同的侧重。在英语中，推动思考的力量常常是理性思维，即对外界事物进行分析和逻辑推理。这种理性思维强调通过逻辑和证据来推动思维发展，以达到深入理解和解决问题的目的。理性主义的哲学传统重视逻辑、科学和系统性，认为通过理性的推理和分析，人们能够获得客观真理和普遍知识。而在汉语中，思维的推动力量常常来自突然迸发的内心感悟，即悟性思维。悟性思维强调直觉、感悟和灵感的力量，通过一瞬间的领悟或内心感悟来推动思维发展。这种悟性主义的哲学传统重视个体的主观体验和直觉洞察，认为通过内心的感悟和领悟，人们能够达到超越理性的境界，获得深邃的洞察力和智慧。

2. 思维即身体知觉

人体的感觉系统是人类与外部世界相连接的重要途径，包括视觉、听觉、触觉、味觉和嗅觉等五种感觉。感觉器官接收外部刺激并将其转化为感觉信息，这一过程被称为感觉；感觉信息在经过大脑的加工和解释后，形成了人们对外界事物的认知，这一过程被称为知觉。感觉和知觉是紧密联系的过程，它们共同构成了人们对世界的感知和理解。感觉是初始的、自下而上的加工过程，提供了对外部刺激的初步探测；知觉则是对感觉信息的进一步处理和辨识，它依赖感觉系统和大脑对刺激的感知，同时受到先前存储在记忆中的知识和经验的影响。在印欧语系中，人们经常使用一些来自可及感官世界的概念和词汇来表达不可及的抽象概念，如推理、判断等思维活动，这反映了人们将思维活动与感官体验联系在一起的认知模式，即“思维即身体知觉”这个概念隐喻。这种隐喻将人们对外部世界的感觉体验与内心的思维活动联系在一起，强调了感觉系统在认知过程中的重要性。研究者对各类知觉动词的语义扩展进行了深入研究，建立了一个较为完整的概念隐喻模式（表6-1）。这些研究揭示了感觉和知觉之间的紧密联系，以及人类思维活动如何借助感觉经验来进行表达和理解。

表6-1　知觉动词的概念隐喻

知觉	视觉	听觉	嗅觉
知觉始源域	接收视觉信息：眼睛看（see）	接收语音信号：耳朵听（listen，hear）	接收气味：嗅、闻（smell）
思维目标域	知识，理解，见识	间接知道、接受他人的看法，顺从	直觉判断危险或者不好事情的发生
隐喻表达式	理解即看	得知即听，顺从即听	直觉判断即嗅

身体与思维之间的联系在语言中体现得淋漓尽致，不仅存在直接的心身反应，还存在着许多间接的隐喻式表达。这种语言现象反映了人类认知的特点，即意义由具体身体感觉经验至抽象的精神活动跨域投射，这是人类认知的共性。心身反应是身体与心理之间密切联系的一个例子，心理因素的变化可以引起身体的变化，这就是心身反应。例如，当一个人感到紧张或有压力时，他可能会出现肌肉紧张或四肢抽搐等生理反应。这显示了心理状态与身体反应之间的紧密关联，即身体对于心理状态的反应。这种联系表明了身体与思维之间的相互作用，心理状态可以通过身体的生理变化表现出来。许多间接的隐喻式表达也反映了身体与思维之间的联系，例如，“痛苦”并非真实的身体疼痛，而是用来描述情感上的痛苦或苦难。同样地，“sweet revenge”（甜蜜的复仇）中的“sweet”并不是真正的甜，而是用来形容复仇时产生的满足感和快感。隐喻表达显示了身体感觉和情感体验之间的转换，人们通过

借用描述身体感觉的词汇来描述情感和心理状态。跨语言证据进一步证明了意义是由具体身体感觉经验至抽象的精神活动的跨域投射的普遍性，这种投射是单向的，即从具体的身体经验投射至抽象的精神活动，没有反向。可见，人们更倾向于用身体感觉和经验来隐喻和表达心理状态和思维活动，而不是将心理状态直接映射到具体身体感觉中。

（二）英汉情感隐喻

对于情感系统的本质及其在不同文化中的表现，人类学家和心理学家的观点存在分歧。一方面，文化原型观认为情感系统在人类之间具有普遍性，大部分情感原型在不同文化中是相似的，因为人的身体生理构造和心理基础是相似的。人类共享某种情感的核心体验，无论文化背景如何，人们在面对类似情境时，都会产生类似的情感反应。文化原型观强调了人类情感系统的基本共性，并将其归因于人类共通的身体构造和心理机制。另一方面，社会建构观和具身文化观则强调情感是社会和文化建构的产物。根据这些观点，不同文化之间的情感系统可能存在差异，并且情感的原型认知模式也可能因文化背景的不同而相异。社会建构观认为文化和社会条件塑造了人们对情感的认知和表达方式，因此，不同文化会赋予情感不同的意义和评价。

1. 愤怒隐喻

从认知语言学的角度来看，情感隐喻研究中一个备受关注的概念就是“愤怒”。在世界各种文化中，愤怒被认为是一种因为目标受挫或愿望无法实现而产生的紧张和不快情绪。研究者通常将愤怒事件简化为两个基本结构：原因引发的愤怒情绪产生以及愤怒情绪的表达。在情感隐喻的研究中，“容器隐喻”是关于愤怒研究最为广泛的一个原型概念，在英语、汉语、日语和匈牙利语等不同语言中都存在共同的表达方式。容器隐喻将愤怒比作被压制在容器内的能量，以形象地表达情感的特点。举例来说，英语中有表达“He was filled with anger.”，而汉语中则有“满腔怒火”和“义愤填膺”等类似表达。这种共通的容器隐喻在不同语言中的存在，表明了情感在人类认知中的普遍性。人们通过将情感映射到容器的形象中，以更好地理解和表达愤怒这一抽象的情感体验。通过这种隐喻，愤怒被描述成一种充满力量的情感，就像被压抑在容器中的能量一样。这种隐喻不仅丰富了情感的表达方式，而且在文化间也存在着共通性，这意味着人类在面对愤怒时，有着类似的情感体验和表达方式。

英语和汉语“愤怒”隐喻的共同点在于将愤怒视作一种存放于身体容器内的强大能量，且这种能量在两种语言中常常表现为“火”。① 英语中“愤怒”隐喻最原始的始源域是“hot fluid”。“hot fluid”和“fire”都将这种能量视为高温、危险和具有伤害性的。相比之下，汉语中“愤怒”隐喻的原始始源域是“气”和“火”，其中，“火”的使用与英语类似，但“气”这一概念是汉语文化思维独有的。在汉语中，“气”与“火”都成为“愤怒”的常见表达，特别是“气”这一概念已经深深融入中华民族的思维习惯中，并成为“愤怒”的代名词。另一个共同点是，“愤怒”概念的建构是通过隐喻和转喻的互动组合而实现的。通过用“愤怒”引起的生理表现来代替“愤怒”情绪本身，或者用局部事件来代替整体概念，人们在英语和汉语两种语言中都利用了隐喻和转喻的认知机制。在这种认知过程中，经验基础与抽象机制共同作用，构建了“愤怒”的认知框架。这种互动组合的认知过程在英语和汉语中都能找到共通性。然而，虽然英语和汉语中“愤怒”隐喻有着共同点，但它们也存在一些微妙的差异。例如，汉语中对“气”的理解是汉语文化独有的，不仅仅表示愤怒，还表示其他情感和意义，此种差异可能源自不同文化的价值观和思维模式。因此，在研究语言中的隐喻时，需要考虑不同文化间的差异和共通性，以更全面地理解语言与文化之间的关系。

2. 快乐隐喻

英语和汉语中“快乐”隐喻的主要概念隐喻是方位隐喻，即将快乐与“上”或“向上”联系起来（happy is up/upward）。② 方位隐喻，也称“空间隐喻”，是一种最常见且基本的隐喻方式。空间是人类最早建构的基本概念之一，在人类认知中起着重要作用，是认知起点的基石。人类利用身体感知和

① 宋雪茹 . 英汉愤怒情绪的概念隐喻对比研究［J］. 现代交际，2021（22）：90.

② 陈伶俐，刘思危 . 英汉语中关于“快乐”的情感隐喻对比［J］. 中国多媒体与网络教学学报，2019（5）：208.

空间位置来理解远近、上下等基本空间概念，并将这些概念推广到其他事物，以认知自身以外的世界。方位隐喻的方向性并非随意，而是扎根于物理和文化体验中，具有很大的理据性和连贯性。人们对快乐情绪的认知是通过人在空间内身体的状态和变化建构的，快乐带来的身体变化在世界各文化中是相似的，这是由身体基础的普遍性决定的。当人感到快乐和欣喜时，往往会抬头挺胸，形成向上的身体姿态；相反，当人感到悲伤或难过时，往往会垂头丧气，身体呈现向下的姿态。这种“快乐即上”的隐喻在英语和汉语两种语言中都普遍存在，并且在文化中具有共通性。例如，在英语中常用“on top of the world”来形容非常快乐，而在汉语中也有类似的表达，如“高兴得飞上天”，这些表达方式都反映了快乐与“上”这一方向的联系。

在汉语和英语中，对于“快乐”这种情感的隐喻方式存在明显的差异。汉语中，“快乐”通常被隐喻为存放在“心”里，是一种内部的、内敛的体验。人们认为快乐是一种情感状态，存在于内心深处，往往不容易被外界观察到。这种表达方式反映了中国文化对内在感受的重视，强调情感的内敛与含蓄。相比之下，英语中“快乐”被隐喻为存放在“容器”内，将快乐比喻为一种液体。这种隐喻方式暗示快乐可以被“盛放”在身体内，当快乐充满时，它就会溢出来，表现在外在的行为和表情上。这反映了西方文化推崇外向性格和个性表达的特点，人们更加开放地表达自己的情感，无论是积极的还是消极的情感。这种表达差异源于中西方不同的民族文化和性格特点。中国文化强调内敛、含蓄，鼓励情感的内化和自我控制，因此，在汉语中，人们倾向于将情感存放在“心”里，不轻易外露；而西方文化注重个性和自我表达，因此在英语中，情感被比喻为一种容器内的液体，更容易被外界观察和感知。无论是“愤怒”还是“快乐”，汉语和英语都利用转喻的方式，通过身体的反应来代替情感本身。例如，汉语中用“心”来象征内心快乐，而英语中常用“eyes light up”“dance with joy”等表达方式，将快乐与眼睛发亮、舞动身体等身体反应相联系。

3. 悲伤隐喻

悲伤作为一种基本负性情感，在人类的情感体验中占据着重要的位置。

它是由分离、丧失、失败等引起的情绪反应，包含了诸如沮丧、失望、气馁、意志消沉、孤独和孤立等情绪体验。[①] 悲伤的程度可以细分为遗憾、失望、难过、悲伤、极度悲痛等不同层次。在表达悲伤情感时，人们往往借助隐喻性的语言描写，通过将私人情感转化为熟悉的身体体验来传达内心的细微感受。这样的隐喻性表达使得悲伤情感成为一种可理解、可共鸣的外部情感，促使他人更好地理解并共情。在英语和汉语两种语言中，悲伤情感都存在着方位隐喻，即悲伤被隐喻为“下”，这与快乐情感的“上”的方位隐喻恰好相反。当人们感到悲伤时，身体往往会不由自主地呈现下垂的姿势，表现出情绪的低落和沉重。在汉语中，悲伤情感的表达也借助了与“下”相关的隐喻，如“垂头丧气”“情绪低落”“消沉”“陷入绝望”等。这些表达方式使得悲伤情感更加具象化，让人们能够更直观地感受到情感的压抑和沉重。悲伤情感在人类文化中普遍存在，它是生活中不可或缺的一部分。人们能够通过语言的隐喻表达更好地理解和共鸣他人的悲伤情感，促进情感的沟通和情感共鸣。这种共通性的情感体验也是跨文化交流的一个重要纽带，让人们能够更好地连接彼此，理解彼此的情感世界。

在英语和汉语中，悲伤情感都被隐喻为特定的颜色，但又有着完全不同的色彩选择，这种差异反映了不同文化对于颜色的不同认知以及对情感的不同体验和表达方式。在英语中，悲伤情感常被隐喻为蓝色，即“grief is blue”。例如，“in a blue mood”表示处于悲伤的情绪中，而“holiday blue”则指假期中个人无聊烦闷的情绪。另外，“Blues”也指代象征忧郁的蓝调音乐。蓝色在英语文化中通常与忧郁、沉闷和冷静等情感联系在一起，这种颜色选择可能与西方文化中蓝色的普遍象征含义有关，同时与英语国家在历史上对于蓝色的情感联系有关。相反，在汉语中，悲伤情感常被隐喻为灰色。例如，“灰心丧气”“灰溜溜”“灰色的忧伤”“心灰意冷”“万念俱灰”等都将悲伤与灰色联系在一起。在汉语文化中，灰色通常与沉闷、失落、无望等情感相联系。这种颜色选择可能与汉语文化中人们对灰色的认知及其象征含义有关，也可能是受到历史和传统文化的影响。这种颜色隐喻的差异体现了不

① 张丽．汉维语中“悲伤”情感概念隐喻对比研究［D］．乌鲁木齐：新疆师范大学，2022.

同文化对非焦点颜色的不同选择，也反映了不同文化对情感的不同感知和表达方式。颜色作为一种非语言符号，在语言中的应用不仅仅是简单的描述性意义，还更多地承载着文化的象征和情感体验。这样的颜色隐喻在不同文化间的差异不仅丰富了语言的表达方式，还让人们更深刻地认识到文化对情感认知的影响和塑造。通过了解和尊重不同文化对颜色和情感的认知，人们能够更好地理解和交流，促进跨文化的交流与理解。

悲伤情绪作为一种强烈的情感，常常超越了简单的语言表达能力。因此，人们借用身体疼痛的隐喻来表达内心的痛苦，是一种富有表现力和共鸣力的文化现象。这种“悲伤即身体疼痛”的隐喻表达结构特征存在于不同语言和文化中，从而成为一种普遍的情感表达方式。在英语中，人们常用疼痛隐喻来描述悲伤情绪。例如，“under pain of imprisonment”表示“受到监禁的威胁”，形容悲伤带来的压迫感。又如“the sight of her grief tore at his heart”中，“tore at his heart”表达了对心灵的折磨。这些隐喻将悲伤情绪与身体疼痛进行类比，使复杂的情感更具象化，更容易引起他人共鸣。而在汉语中，同样也存在大量的用疼痛隐喻来表达悲伤情绪的现象。例如，“伤心”一词就是将心灵的痛苦直接与身体疼痛联系在一起。还有“心如刀绞”“痛彻心扉”等表达，都是通过将心灵痛苦比喻为身体的疼痛，使情感更具体、更深刻。这种“悲伤即身体疼痛”的隐喻表达揭示了人类情感与身体感觉之间的密切联系。情感作为一种主观体验，常常无法直接被他人感知，但将其隐喻为身体的疼痛，使情感更具有触动力和传达力。这样的表达方式在跨文化交流中也起到了重要的作用，让人们能够更好地理解他人的内心感受，增进情感共鸣和情感交流。这种隐喻表达还体现了人类文化中对疼痛的普遍认知，即疼痛是一种原始的生理现象，具有预警和保护的功能。因此，将悲伤与身体疼痛联系在一起，反映了人们在情感体验中借用生理感觉的方式来理解和表达情感。

“躯体化”和“心理化”是不同文化背景下对情绪表达的两种不同方式。从以上例子中可以看出，汉语在“躯体化”方面比英语更加突出，而英语则更倾向于“心理化”表达。“躯体化”在非西方社会中较为普遍，特别是在中国传统文化中。中国人通常不严格区分躯体和心理，在表达情感时倾向于将身体和心理结合起来，采用混合的方式来表达情感。例如，在表达悲伤时，汉语中常使用“心如刀绞”“痛彻心扉”等表达方式，将悲伤比喻为身体的疼痛，强调了情感的躯体化体验。相反，在西方社会中，个体更倾向于将情感表达放在心理和精神层面，较少关注躯体。尤其是受过教育或地位较高的社会群体，更多地使用直接的情感表达和心理化的方式来应对压力冲突和情感苦痛。因此，在英语中，对悲伤情感的表达更偏向于心理化，强调内心的感受和情感状态。这种“躯体化”和“心理化”两种情绪概念化方式的差异，决定了汉语和英语在“悲伤”隐喻化时的不同表达方式。这种不同文化背景下的情感表达方式，不仅反映了不同文化中人们对情感的认知和表达方式的差异，也造成了人们在情感交流和理解上的差异。在跨文化交流中，人们需要更加了解和尊重不同文化中的情感表达方式，以便更好地与他人建立情感共鸣和理解，并且在语言使用中要注意文化差异，避免产生误解或不适当的表达。

在中国社会，集体主义和强调和谐人际关系的文化价值观影响着个人苦痛的表达方式。传统上，个人苦痛的公开表达被视为不符合集体利益和社会和谐，因此，个体往往倾向于压抑外在的苦痛表达，而通过躯体化的隐喻来间接、微妙地表达内心情感。在中国文化中，个人情感的表达往往受到社会和谐和个人名誉的制约。因此，当个人遭遇苦痛时，他们倾向于寻求一种间接的表达方式，在宣泄内心情感的同时，不至于影响到集体利益或个人名誉。躯体化的隐喻成为一种有效的表达方式，其将苦痛比喻为身体上的痛苦，使人们可以用更具象的方式来表达内在情感，而不会引起过多的注意或负面评价。这种文化思维方式也促成了以躯体化方式表达内在情感的认知模式。在中国文化中，人们习惯于通过身体表现来传递情感信息，将情感体验融入身体动作、面部表情、语言和姿态中。这种表达方式能够维持人际关系的和谐，避免产生过多的冲突或矛盾，同时能够获得社会的认可与接受。然而，随着社会的变迁和文化的交流，这种用躯体化方式表达内在情感的模式也在逐渐演变。现代社会中，个人情感表达逐渐被重视，人们更加开放地表达自己的内心感受。虽然传统文化价值观仍然存在，但在某些情况下，人们也愿意直接表达情感，而不再过于依赖躯体化的隐喻。

4. 恐惧隐喻

恐惧情绪是一种非常原始的生理反应，是人类为求生存保有的本能反应。当人们面临危险或威胁时，身体会自动产生一系列生理变化，如心跳加速、冒冷汗、发抖等。这些生理特征使人感觉到冷，因此在语言中，恐惧往往与冷相联系，成为一种普遍的概念隐喻。英语和汉语中都存在类似的概念隐喻。这些隐喻表达通过使用与冷相关的词汇和表达方式，将恐惧情绪具象化为一种寒冷的感觉，从而使恐惧更加具体和可感知。例如，在英语中常听到类似的表达，如“freeze the world with fear”（恐惧使世界冻结）、“have cold feet”（脚变冷，表示害怕）、“send a chill through”（让寒气穿过身体，表示惊吓）等。而在汉语中，也有类似的表达，如“不寒而栗”（不由自主地发冷）、“胆战心寒”（胆战心惊，感到寒冷）、“骨寒毛竖”（全身发冷，毛发竖起）等。这种恐惧即冷的隐喻表达，不仅揭示了恐惧情绪与身体感受之间的密切联系，还增强了情感表达的力度和形象性。通过将恐惧具象化为冷的感觉，人们可以更好地理解恐惧的本质和感受，使情感更加具体化，也更容易与他人进行交流和产生共鸣。

恐惧是一种存在于人类生活中的普遍的情感，但在不同文化和生活环境中，人们对恐惧的认知和表达方式可能存在差异，这种差异源于人们生活的具体情境、文化背景以及日常经历的不同。[①] 在英国这个岛国，水手们生活在海洋性气候中，对于海洋和天气变化非常敏感。他们的生活与海洋息息相关，因此他们可能更关注与水相关的恐惧，比如担心恶劣的天气影响出船，因而表达恐惧的方式可能会涉及海洋和天气的细微特征。相比之下，在以农业为主的中国社会，人们的生活与大自然和农耕密切相关，因此，他们可能更倾向于将恐惧与日常熟悉的事物或事件联系在一起，比如用“胆小如鼠”“惊弓之鸟”“魂飞魄散”等表达方式来描述恐惧。这些表达方式依赖于人们熟悉的动物和日常场景，使恐惧的感受更具象化和具体化。不同的社会文化也塑造

---

① 曾兴美，识解理论视角下英汉“恐惧”情感隐喻比较研究［D］. 湘潭：湖南科技大学，2021.

了人们对恐惧情感的不同理解。在英国这样的西方社会，个人主义和自主性较强，因此人们在面对恐惧时，可能更倾向于表达个体内心的感受；而在中国这样强调集体主义和和谐人际关系的社会，个人苦痛的公开表达可能被贬抑、压制，因此人们更倾向于使用间接、微妙的方式来表达恐惧，如通过躯体化的隐喻或借用日常熟悉的事物来表达内心情感。

（三）跨语言隐喻的普遍性与差异性

概念隐喻的普遍性与差异性是一个引人深思的问题。从认知语言学的角度来看，隐喻是人类思维和语言表达的重要方式之一，使人们能够将抽象的概念与具体的经验相联系，从而更好地理解和表达复杂的情感、思想和意义。在不同语言和文化中，人们可以看到概念隐喻的共通性和多样性。概念隐喻的共通性源于人类共有的生理构造和感知认知能力。由于人们面对相同的客观世界和共享自然规律，拥有相似的身体器官和感知能力，因此会产生一些基本的概念隐喻，这些隐喻是人类共通的。例如，时间隐喻中的空间映射，用“前”表示过去、“后”表示未来，在不同语言中都有类似的表达方式。然而，尽管有共通的隐喻，但仍然存在大量的非普遍性隐喻，这些特异的隐喻可能是不同的文化、历史和社会背景导致的。不同文化和社会习惯会影响人们对事物的认知和理解，从而导致不同语言中对同一抽象概念的隐喻表达完全不同。例如，在表达爱情这一情感时，不同文化可能使用各种各样的隐喻方式，反映了人们对于爱情的不同理解和文化背景差异。除了文化的影响，不同语言中的空间隐喻和时间隐喻也呈现出差异。汉语独特地将空间的垂直结构映射到时间表达上，如用“上”表达过去时间，用“下”表达未来时间。这种特殊的隐喻方式在英语中是不存在的，体现了不同语言文化对于时间的感知和表达方式的差异。概念隐喻的普遍性和差异性也反映了语言和文化之间的复杂关系。语言是文化的重要组成部分，反映了社会成员的价值观、观念、经验和信仰。通过语言，人们传递文化知识、智慧和情感，形成共同的文化认同和社会共识。因此，概念隐喻的差异也反映了不同文化对于世界的理解和表达方式的不同。在跨文化交流和理解中，了解概念隐喻的普遍性和差异性非常重要。这有助于人们更好地理解不同文化背景下的思维方式和价值观，减少误解和歧视，促进有效的跨文化沟通。这对于语言学习和翻译也具有指导意义，因为不同语言中的隐喻方式可能需要不同的翻译策略。

五、基于认知语言学的隐喻能力与二语习得的关系

认知语言学的研究指出，隐喻在语言中无处不在，并且是人类抽象思维的一面镜子。隐喻所具有的涉身性表明隐喻表达不仅仅局限于大脑中的抽象概念，还深深根植于人类生活的方方面面，包括大脑的生理构造、环境的物理约束、社会的文化特点以及人类的认知机制，这些因素交互作用，影响着隐喻的构建和理解过程。[①] 隐喻的涉身性意味着它是从人们的身体经验中产生的，是人们对现实世界的体验与感知的映射和转化。对二语学习者来说，母语的涉身性对其二语习得产生重要影响。二语习得涉及新的语言和文化体系的学习，学习者需要适应新的思维方式和价值观。文化因素在二语习得过程中发挥着重要的推动作用，而隐喻作为一种文化思维的表现形式，在二语习得中具有显著影响。学习者需要理解和掌握目标语言中的隐喻表达方式，从而更好地融入目标文化，实现有效的交际和沟通。文化因素也对语言输出产生影响。隐喻作为表达抽象概念的有效手段，在外语教学中具有重要作用。二语学习者能否合理地运用、理解和有创造性地使用隐喻，可以反映其语言习得水平高低和对目标文化的理解程度。因此，培养学习者在外语表达中灵活运用隐喻的能力，有助于提高其语言交际效果和语言学习成效。

（一）隐喻能力的厘定

在学界对隐喻能力的探讨中，狭义和广义的隐喻能力是两种常见的分类方式。狭义的隐喻能力主要关注语言使用者在产出或理解修辞隐喻表达方面的能力。修辞隐喻是指将一个概念用另一个概念来进行表达的手段，通过这种隐喻表达，语言使用者可以赋予所描述的概念更多的意义和情感色彩。狭义的隐喻能力主要关注语言使用者在日常语言交流中运用修辞隐喻的能力，如在写作、演讲或诗歌创作中使用隐喻进行形象描绘。相比之下，广义的隐

① 鲁艺杰 . Lakoff 隐喻观下意义建构的涉身层级分析［J］. 科学・经济・社会，2016（2）：17.

喻能力将隐喻的范围扩展到更多的方面。除了修辞隐喻，广义的隐喻能力还涉及跨文化交际、语用意识和隐喻功能等多个领域。跨文化交际中，语言和文化之间存在许多隐喻差异，学习者需要掌握目标文化中的隐喻表达方式，以避免误解和交际障碍；语用意识涉及理解隐喻的语用功能和意图，即在特定语境中理解隐喻的真实含义和目的；而隐喻功能则指隐喻在语言和思维中的功能，如通过隐喻进行概念映射和思维转化。广义的隐喻能力虽然包含了多个领域的内容，但由于其内容繁多，涉及的范围广泛，受缺乏可操作性的理论限制，导致其应用价值并不十分明确。在实际语言教学和语言学习中，过于宽泛的隐喻能力理论可能导致教学目标和学习方法的模糊性。因此，对于广义隐喻能力的研究需要进一步明确其在实际应用中的具体意义和价值。

在语言习得和教学过程中，理解和掌握隐喻能力的重要性不容忽视。隐喻作为一种重要的思维方式和文化表达形式，对于语言学习者来说是必不可少的一部分。培养学习者在语言交流中合理运用、理解和创造隐喻的能力，可以提高他们的语言表达能力和语用意识，使他们更好地融入目标文化，实现有效的交际和沟通。为了提高隐喻能力的教学效果，教师需要综合考虑狭义和广义隐喻能力的相关理论，并将其运用到实际教学中。教师可以通过丰富多样的教学方法和练习活动，帮助学习者掌握修辞隐喻的运用技巧，并提高其在跨文化交际、语用意识和隐喻功能等方面的认知水平。培养学习者对隐喻的敏感性和创造性也是非常重要的，可以通过让学习者参与创造性的语言运用和表达活动来实现。

狭义的隐喻能力指学习者在目标语学习中逐渐培养的对概念进行映射或编码的高级语言能力，这种能力涉及隐喻性结构和其他认知机制，其发展与学习者的概念隐喻能力息息相关。在这个狭义的隐喻能力中，学习者需要学会如何将母语中的概念映射到目标语中，以达到流利、自然地表达的目的。母语和目标语之间的概念映射是学习者在习得目标语过程中的一项关键任务。学习者需要通过接触目标语社会和文化，了解目标语中的隐喻表达方式，并将其运用到实际交际中。这不仅要求学习者具备丰富的语言知识，还需要他们具备广泛的语言输入和输出实践，以逐渐掌握目标语中的隐喻用法。概念能力是必要的，学习者需要构建概念能力的度量标准。学习者不仅要学会映射概念，还要能够在不同语境下自如地运用这些概念进行表达。这对于语言学习者来说是一项挑战，需要不断地练习和实践。学习者对概念的理解和运用能力在语言学习中有着重要作用，与狭义隐喻能力密切相关。学习者需要掌握目标语中的概念，并学会将这些概念进行映射和编码，以实现流利的语言表达。概念能力可分为原形式能力、反射能力和联想能力三个子能力。原形式能力是指学习者对基本概念的理解和运用能力，是隐喻能力的基础；反射能力是指学习者对隐喻表达进行反思和分析的能力，有助于学习者更好地理解和运用隐喻表达；联想能力是指学习者将不同的概念进行关联和联想的能力，有助于学习者更加灵活地运用隐喻表达，实现多样化的语言表达。隐喻能力不仅是知识化的表征，还涉及人们对现实世界的适应、塑造和选择的心智活动，可以将隐喻能力视为一种在实际交际中应对新要求和信息处理自动化的能力，这与语言学习者在语言习得过程中需要逐渐适应目标语社会和文化的要求紧密相关。学习者需要不断地调整自己的语言表达方式，以适应不同的交际环境和语境需求。

隐喻能力在语言学习中的重要性日益受到学者的关注，他们将隐喻能力引入二语习得研究领域，探索隐喻对于语言产出和理解的影响。研究发现，外语环境下的隐喻能力可以通过学习者理解和运用隐喻性表达的能力来反映，包括学习者在阅读和听力中识别隐喻性表达的能力，以及在口语和写作中运用隐喻性表达的能力和对隐喻概念的理解能力。隐喻能力被视为影响二语学习者个体差异的智力因素之一。国内学者的研究也强调了隐喻能力的重要性。他们认为学习者隐喻能力的提高有助于提高其语言表达的流利性与地道性，进而影响其交际能力的发展。隐喻性表达被认为是语言交际中普遍且功能强大的一种表达方式。二语学习者的目标语隐喻能力可能会受到其母语思维的干扰。母语和目标语之间的隐喻表达方式可能存在差异，这会影响学习者在目标语中理解和运用隐喻性表达的能力。因此，在二语教学中，教师需要关注学习者的隐喻性思维培养，以提高学习者语言表达的自然性和地道性。隐喻能力在语言学习中的作用不只局限于修辞手段，它涉及更广泛的语言能力和认知过程。隐喻能力不仅影响语言表达的准确性和流利性，还影响学习者对目标语社会和文化的适应和理解。隐喻在语言学习中是一面重要的镜子，反映学习者对概念的映射和编码能力，同时反映学习者对目标语社会和文化的理解和融入能力。为了提升学习者的隐喻能力，教育者可以采取多种教学策略，如提供丰富的语言输入和输出实践，让学习者在真实交际中接触和运用隐喻性表达；通过文化背景的介绍和讨论，帮助学习者理解目标语社会和文化中隐喻的用法和意义；还可以鼓励学习者进行创造性的语言表达，引导他们发展独特的隐喻思维。

隐喻在语言学习中的重要性不仅在于丰富语言表达和理解的手段，更在于其反映了一种深层次的认知模式和思维方式。对于外语学习者而言，要获得本族语这样的隐喻式思维，必须掌握目标语中的隐喻机制。学习者需要了解目标语中隐喻的用法和意义，能够识别和理解其中的隐喻性表达，还要有能力在口语和写作中自如地运用隐喻性表达。隐喻意识的缺失和直白表述的过度使用是制约二语学习者达到本族语者流利性的根本原因。隐喻意识是指学习者对隐喻性表达的识别和理解能力，以及在交际中恰当运用隐喻的能力。缺乏隐喻意识会导致学习者在表达和理解中过度依赖直白表述，无法在语言交际中灵活运用隐喻，从而限制了他们的语言表达能力。因此，培养学习者的隐喻意识是提高语言学习者整体语言能力的关键。

教师在培养学习者的隐喻意识时，需要按照目标语的隐喻组织方式进行有针对性的培养。不同语言文化中隐喻的组织方式可能存在差异，学习者需要理解和适应目标语的隐喻机制。这可以通过丰富的语言输入和输出实践来实现，让学习者在真实交际中接触和运用隐喻性表达。引导学习者对目标语社会和文化中隐喻的用法和意义进行讨论和理解，有助于增强学习者的隐喻意识。随着学习者语言能力的提升，培养学习者具有本族语者隐喻性思维的能力成为二语学习的重要目标。本族语者隐喻性思维是指学习者在目标语中具有与本族语者类似的隐喻思维能力，能够自如地理解和运用隐喻性表达。这需要学习者在语言学习过程中逐渐掌握目标语的隐喻机制，从而突破二语能力发展的瓶颈。

（二）隐喻与母语和二语的关系

隐喻和二语习得是语言认知领域的两个重要研究方向，隐喻迁移理论的应用在二语习得中具有重要意义，因为隐喻是语言中的隐性知识，单纯的显性结构和特征描述不足以帮助学习者在视、听、动觉脑区建立与物质文化世界密不可分的辨认规则。[①] 隐喻作为学习者语言基本知识和生活体验概念框架博弈的结果，涉及知识重构和附带规则的传递过程。在二语习得中，学习者面临着从母语向目标语的转换，其中涉及语言和文化之间的差异。隐喻作为一种跨文化的语言现象，在不同语言和文化中可能有不同的表达方式和认知方式。因此，探讨与隐喻相关的学习者言语和非言语行为对于揭示隐喻内涵的社会和文化因素具有重要意义。教师应观察学习者在目标语环境中的隐喻表达，从而了解他们如何理解和运用目标语中的隐喻，以更好地帮助他们适应新的语言和文化背景。隐喻迁移理论还可以帮助揭示隐喻概念的系统投射和推论结构。隐喻是一种用一个概念来理解另一个概念的方式，而迁移理论可以研究不同语言和文化中的隐喻如何相互影响，以及学习者如何在目标语中迁移母语的隐喻概念，帮助人们更好地理解不同语言之间的关系，以及学习者在学习过程中是如何对概念进行转化和迁移的。隐喻迁移理论还为研究隐喻认知的意象构建和解读路径提供了启发。在语言学习过程中，学习者需要通过语言输入和输出来构建和解读隐喻概念的意象。研究学习者在目标语环境中对隐喻的理解和运用，可以了解他们如何通过语言输入来建构目标语中的隐喻概念，以及在语言输出中如何表达这些隐喻概念，进而更好地理解学习者在语言习得过程中的认知机制和意识活动。

传统的语言学习模式主要侧重于词汇、句型、语义和句法等表面性语言知识的学习，学习者通常通过扩大词汇量和熟记语法规则来提高语言水平。然而，这种表面性知识的学习往往导致学习者在语言表达上虽然没有语法错误，却缺乏传神、形象的表现力。以英语学习为例，许多非本族语的学习者在学习单词时，只是简单地记住其表面意义，而没有深入理解其语义和隐含的文化内涵。例如，学习者可能知道“shrimp”是指虾，却没有建立其与“个

① 郑竹群 . 语言学习中的隐喻语际迁移［J］. 福建金融管理干部学院学报，2013（4）：55.

子矮小”或其他与虾相关的隐喻联系。同样，学习者可能了解“rock”是指岩石，但对于其与“关系亲密”“团结一致”等隐喻意义的联系并不熟悉。这种局限性导致学习者在表达时无法充分运用隐喻和比喻等表达手法，从而影响其表现力和语言的美感。非本族语学习者在听力理解中通常会依赖于语境信息或使用母语图式来猜测词汇的意义，可见，他们缺乏对于隐喻的评价性功能的注意。隐喻在语言中不仅仅是表达意义的方式，还具有评价和表达情感的功能，能够丰富语言表达的层次和情感色彩。然而，由于缺乏对隐喻的深入理解，学习者可能无法准确地理解和运用隐喻表达，从而使语言表达显得生硬和平淡。

为了提高学习者的语言表达能力和其对隐喻的评价性功能的注意，教师需要打破传统的语言教学模式，注重培养学习者的隐喻意识和文化意识。学习者不仅要关注表面性的词汇和语法，还要深入了解词汇背后的文化内涵和隐喻意义。在学习词汇和表达时，学习者应该注意将单词与其隐喻意义联系起来，理解它们在不同语境下的使用和含义。如此，学习者才能在语言表达中更加自如地运用隐喻和比喻等表达手法，表现出更丰富多彩的语言风采。教师在语言教学中也应该重视隐喻的教学，帮助学习者理解和运用隐喻表达。教师可以通过多样化的教学方法和教材，引导学习者深入了解词汇的隐喻意义，培养学习者的语感和文化意识。教育者还可以通过提供丰富多样的语言素材，让学习者在真实语境中感知和运用隐喻表达，从而有效提高他们的隐喻意识和表达能力。

1. 隐喻密度

隐喻密度作为衡量隐喻能力的指标，对于语言学习者的隐喻能力培养至关重要。研究发现，普通英语母语者平均每周使用约 3 000 个隐喻，而对于二语学习者来说，隐喻密度较低往往是因为隐喻输入不足。因此，教师和教科书编写者应该充分考虑隐喻概念表达的覆盖比例，以促进学习者对目标语隐喻系统的掌握，并在学习者语言水平逐渐提高的过程中，培养其隐喻能力。隐喻是语言中常见的修辞手法，也是丰富语言表达的重要手段，通过比较不同事物之间的相似性，抽象的概念变得具象化，从而使语言更富有表现力和生动性。然而，对于二语学习者来说，隐喻的理解和运用往往是一个具有挑战性的过程。由于不同语言和文化之间存在差异，学习者可能会面临理解和运用隐喻的困难。教育者在编写教科书时应该注意将隐喻概念表达纳入教学内容，并提供足够的隐喻输入。教科书应该覆盖不同主题和语境下的隐喻表达，以帮助学习者建立对目标语隐喻系统的感知和理解。教师提供多样化的教学材料和例句，可使学习者接触到更多真实的隐喻用法，从而增加隐喻密度。此外，教师还可以通过教学活动和练习，引导学习者主动运用隐喻表达，从而加深其对隐喻的理解和记忆。

随着语言水平的提高，学习者语言运用的隐喻密度往往会逐渐增加，这是因为隐喻能力的提高是一个逐步发展的过程。随着学习者对目标语的熟悉程度和语言运用能力的提高，其隐喻能力也会得到增强。学习者通过不断接触和运用隐喻表达，逐渐建立起对目标语隐喻系统的认知和掌握，从而使得隐喻在其语言表达中的运用更加自然和流利。然而，学习者隐喻密度的增加并不是一蹴而就的，而是需要长期的语言学习和实践。因此，教师在教学中应该给予学习者足够的时间和机会来接触和运用隐喻表达，还要对学习者的努力和进步给予肯定和鼓励。在学习者面对隐喻困难时，教师可以采取启发式的教学方法，引导学习者主动思考和探索隐喻的意义和用法，从而激发其学习兴趣，增强其学习动力。

2. 隐喻新奇度

新奇隐喻指的是在具体情境下，使用者发现和使用的一种新奇的类比关系，也可能包含全新的概念投射方式，这种隐喻表达在语言使用中起到丰富和创新语言表达的作用。[①]然而，对于中国英语学习者在目标语写作中的隐喻使用情况进行研究时，研究者徐莹与田苗发现新奇隐喻的出现频率很低，即便出现新奇隐喻，也主要是汉语隐喻表达成功迁移的结果。这个发现引发了研究者对学习者隐喻能力以及跨文化隐喻迁移的进一步思考。一方面，学习者隐喻能力的培养是一个渐进的过程。在语言习得的早期阶段，学习者的注

① 王俊超，邓薇，曾利沙．语境参数视角下商务新奇隐喻汉译新探索——兼论隐喻解析过程的理据性及建构性［J］．西安外国语大学学报，2017（1）：101.

意力主要集中在掌握基本的词汇、句型和语法规则方面，因此对于新奇隐喻的理解和运用可能相对较少。随着语言水平的提高，学习者逐渐接触到更多的语言表达方式和隐喻用法，才有可能在目标语写作中尝试使用新奇隐喻。因此，教师在教学过程中应该注重培养学习者的隐喻意识和创造性思维，为其未来的隐喻表达打下坚实基础。另一方面，隐喻迁移涉及跨文化的语义转换。不同语言和文化之间存在差异，同一个概念在不同语境中可能会被隐喻化为不同的表达。对于中国英语学习者来说，母语中的隐喻系统与英语中的隐喻系统并不完全相同，这就导致在学习英语写作时，学习者更倾向于使用汉语隐喻表达成功迁移的结果。因此，教师在教学中应该帮助学习者意识到跨文化隐喻迁移的问题，并引导他们积极探索和运用英语中的隐喻表达方式，以提升其语言表达能力。语言教材的编写也应该充分考虑新奇隐喻的引入，提供更多具有创意和创新性的语言材料，这样一来，学习者将有更多机会接触到新奇隐喻，并逐渐习得其使用方法。教材内容的多样性和趣味性可以激发学习者对语言学习的兴趣，从而促使其积极学习和探索新奇隐喻的意义和运用方式。

3. 隐喻误用

语言发展的关键部分是词汇能力的发展，这是因为词汇是语言的基本组成单元，学习者需要通过积累大量的词汇来建立起丰富的语言知识储备。然而，词汇能力并不仅仅是简单的词汇量的积累，还涉及词汇语义场的延伸和概念整合网络的构建。在微观层面上，词汇能力的发展包括学习者对单词的掌握和理解。学习者需要不断积累新的词汇，并学会将这些词汇与形式和意义进行联系，从而建立起词汇语义场的关联网络，这种概念整合的过程是学习者对语言和概念进行深入理解的基础。而在宏观层面上，理解词汇背后的语义形成机理则需要学习者了解相关的文化背景知识，并运用个体经验对概念进行组合和完善。语言是文化的载体，每个词汇都承载着特定文化背景下的特定含义。因此，学习者在学习和使用词汇时，必须考虑文化因素的影响。认知差异也会对概念整合产生重要影响，不同的个体可能会对同一个概念产生不同的理解和表达，这进一步加深了词汇学习的复杂性。

隐喻误用是词汇学习中的一种常见现象，可能是由于学习者对目标语文化和认知方式不了解而导致的。隐喻作为语言的重要特征，使得同一概念在不同语言和文化中可能会有不同的表达方式。因此，学习者在学习新词汇时需要注意其潜在的隐喻意义，以免出现误用情况。研究者在汉语母语学习者和中国英语学习者语料库中对比考察了两种语言中空间概念表达的词汇隐喻化拓展策略，发现词汇的隐喻化加工有助于学习者更加高效地习得词汇，这进一步印证了隐喻在词汇习得中的重要作用。因此，教师在教学中应该鼓励学习者发掘隐喻的潜在意义，并帮助他们理解和运用隐喻表达，从而有效提高其词汇学习的效率和准确性。

概念整合理论通过构建一个个心理概念包，形成更为复杂的概念整合网络，展示一个动态且更为全面的隐喻加工模型。[①]概念整合理论为研究第二语言中具有语义新颖性和不可预测性义项的习得机制和心理过程提供了一种新的视角。学界通过借助隐喻性特征，探究学习者的语义认知过程，从而提出了二语习得的隐喻性路径，并为评估和预测学习者二语能力的发展提供了方法论指导。研究者 Maryam 和 Vahid 以波斯语母语者为研究对象，对其英语议论文写作语料库中的开放型和闭合型隐喻使用情况进行研究。他们发现，随着学习者语言水平的提高，闭合型隐喻的使用频次逐渐增加。闭合型隐喻是指在目标语中有明确对应概念的隐喻，这种隐喻的使用对于学习者来说是相对容易的，因为它们与学习者的母语概念有明确的对应关系。然而，值得注意的是，开放型隐喻的使用频次并没有随着学习者语言水平的提高而增加，反而成为学习者语言能力进一步发展的桎梏。开放型隐喻是指在目标语中没有明确对应概念的隐喻，学习者需要进行更深层次的概念整合和认知跨越，才能理解和运用这种隐喻。因此，对于学习者来说，开放型隐喻的使用要求学习者具备更高的语义认知能力和隐喻性思维。

这一发现启示人们，随着语言水平的提高，学习者对于闭合型隐喻的掌握逐渐增强，但同时他们可能面临开放型隐喻运用的难题。这也意味着在教学过程中，教师应该注重培养学习者的隐喻性思维和语义认知能力，以帮助

---

① 孙毅，李丹阳．概念整合理论界域中的隐喻机制新探［J］．外语与翻译，2022（1）：42.

他们更好地理解和运用隐喻表达。隐喻性路径的研究为二语习得的评估和预测提供了新的方法论指导。观察学习者在语义认知中的隐喻特征，可以更准确地预测学习者的语言水平和发展趋势。隐喻性路径的研究也有助于人们更好地了解学习者在语义认知过程中的认知机制和习得规律，为语言教学提供更科学有效的方法。

第二节　二语习得中的隐喻研究及应用

隐喻理论在语言教学领域发挥着积极的指导作用，为教师和学习者提供了更深入地理解和认识语言意义的变化与发展的角度。通过深入研究隐喻现象，学者认识到培养学习者的概念隐喻意识和能力对其语言学习的重要性，这为语言教学提供了新的教学理念和方法。隐喻理论能够帮助教师更清晰地解释语言意义的变化发展和词汇意义之间的关系，语言中的隐喻现象使得词汇和表达在不同语境下产生不同的含义和意义。教师可以通过引入隐喻理论，帮助学习者理解语言使用背后的概念整合和意义延伸过程。例如，教师可以用隐喻来解释一些抽象概念，使学习者更容易理解和记忆，从而提高学习效果。学习者通过这种方式不仅能够掌握语言的表面意义，还能深入理解词汇和表达背后的隐含意义，从而提升语言的表达能力。隐喻研究对二语习得研究作出了重要贡献。在学习第二语言的过程中，学习者需要逐渐掌握目标语言的隐喻系统。隐喻能力不仅能帮助学习者理解词汇和表达，还涉及更广泛的语言运用和交际能力的提升。通过研究隐喻习得的机制和过程，学者可以更好地了解学习者在语义认知过程中的认知机制和习得规律，为语言教学提供更科学有效的方法。培养学习者的概念隐喻意识和能力，可以帮助他们更好地理解和运用目标语言，提升语言表达的自然性和地道性。隐喻理论还为语言教学提供了更丰富的教学资源和内容，教师可以通过引入隐喻性表达来丰富课堂教学内容，让学习者更加深入地了解目标语言的文化和社会背景。隐喻是文化和社会背景的体现，反映了不同文化背景下人们对于事物的理解和表达方式。通过学习隐喻，学习者可以更好地了解目标语言所处的文化背景，进而增进对于目标文化的认识和理解。

一、从隐喻的工作机制分析隐喻的二语习得

认知语言学的核心理念是将形式和意义紧密联系起来，强调以语义为研究中心来探索形式与意义之间的内在联系。在这一学科中，隐喻作为连接形式和意义的基本方式，占据着突出的地位。无论是在控制性意识状态下还是自动化意识状态下，隐喻都贯穿于语言和交际的全过程，其影响不可忽视。隐喻不仅是一种语义现象，更是人类思维的基础。隐喻在语言学习者的语言认知中发挥着关键作用，是语言意义的重要表达方式，与人类文化系统紧密相关。隐喻的理解和产出反映着语言使用者潜在的总体认知过程。因此，对于二语学习者而言，隐喻能力的提高不仅意味着其交际能力的提高，还代表着其核心语言能力的提高。培养学习者的隐喻意识和能力，可以帮助他们更好地理解和运用目标语言，提高语言表达的自然性和地道性[①]。

在隐喻的研究中，学者开始关注隐喻在语言中的普遍性和重要性。隐喻不仅存在于个体语言表达中，更是一种普遍的认知现象，深深植根于人们的思维和文化背景之中。通过研究隐喻的普遍性，人们可以更好地理解语言和认知之间的紧密联系，为语言学习和教学提供更深入的认识和指导。在二语学习者的语言习得过程中，隐喻能力的提高具有重要意义。随着语言水平的提高，学习者逐渐能够更深入地理解和运用隐喻，从而提升自身语言表达的能力。因此，隐喻能力的培养应该成为语言教学的重要目标。教师可以通过引入隐喻理论和隐喻性表达，帮助学习者更深入地理解和掌握目标语言的意义和用法，从而提高其交际能力和语言表达能力。

隐喻工作机制对于二语习得中的隐喻能力培养有着十分重要的启发意义，具体包括以下几方面。

---

① 陈万会．中国学习者二语词汇习得研究——从认知心理的视角［M］．青岛：中国海洋大学出版社，2008：268.

（一）并存理论

并存理论作为基本隐喻理论的基础，主要涉及主观经验和感觉运动经验的相互联系。根据这一理论，个体处于儿童阶段时，其主观经验和感觉运动经验在语言形成的最初阶段是共存的，相互之间没有明显的区别。随着个体认知能力的发展，这两种经验逐渐得以区分，但仍保留着较为持久的联结性。从神经科学的视角来看，主观经验和感觉运动经验可以看作两个概念域，而它们之间的联结则可视为概念隐喻的跨域映射。隐喻在人类语言和认知中起着至关重要的作用，并存理论的提出则为我们理解隐喻产生的起源和形成提供了一种新的视角。根据并存理论，儿童在语言发展的早期阶段，对于主观经验和感觉运动经验的体验是混合在一起的，这也就为隐喻的产生和形成提供了基础。例如，当儿童说“我感觉很沮丧”时，其实是将“感觉”这一感官经验和“沮丧”这一情感经验进行联结，形成了隐喻的表达方式。

随着儿童认知能力的发展，他们开始逐渐区分和理解主观经验和感觉运动经验之间的差异，但这种联结性仍然保留在语言认知中，使得隐喻能够在日常交流中得以保留并获得广泛应用。隐喻不仅是修辞手段，更是人们思维和表达的基础。通过隐喻，人们能够将抽象的概念映射到具体的经验和感知中，从而更加形象地表达自己的思想和情感。从神经科学的角度来看，并存理论为我们理解隐喻的神经基础提供了一种解释。随着神经科学研究的发展，人们逐渐认识到：隐喻的理解和产生与大脑的概念网络和联结有关。主观经验和感觉运动经验可以视作两个概念域，它们之间的联结是一种概念隐喻的跨域映射。这种跨域映射在人类大脑中形成了一种对应关系，使得人们在面对某种感觉或经验时，能够联想到相关的抽象概念，从而产生隐喻式的表达。

（二）基本隐喻理论

基本隐喻，也被称为原子隐喻，指的是人们在日常生活中自然、自动、无意识产生的，具有最简单结构的隐喻。[①] 这些基本隐喻来源于早期人类普遍的并存现象，即早期经验的普遍性。普遍性的经验为不同语言中的基本隐

① 崔艳辉．隐喻与认知——乔治·莱考夫语言哲学研究［D］．长春：吉林大学，2015.

喻赋予了跨语言相似性。基本隐喻被认为是复杂隐喻的构成基础，因为通过理解和掌握基本隐喻，人们可以更好地理解和解析更为复杂的隐喻结构。基本隐喻理论在语言研究中具有重要的意义，为人们理解隐喻的普遍性和语言特异性提供了理论支持。对基本隐喻的研究，可以使人们发现不同语言中相同的隐喻模式，这有助于揭示人类思维和认知的普遍规律。基本隐喻的概念可以帮助人们区分隐喻的普遍性和特异性，从而更好地理解隐喻在不同语言和文化中的运用。基本隐喻理论对于跨语言隐喻习得也具有重要的启示作用。随着经济全球化的发展，语言学习和交流在不同文化之间变得越来越普遍。在跨语言交际中，隐喻作为重要的语言现象，往往具有特殊的文化背景和语言特点。通过研究基本隐喻，人们可以发现在不同语言中存在共通的基本隐喻结构，这为跨语言隐喻习得提供了重要的理论支持。通过对基本隐喻的学习和理解，学习者可以更好地掌握目标语言中的隐喻用法，从而提高语言交际的准确性和流利性。

（三）隐喻神经理论

隐喻神经理论是一种从神经科学视角出发对隐喻概念的认知过程进行阐释的理论，该理论关注隐喻概念从“源域”（即隐喻的比喻来源）到“目的域”（即隐喻的被比喻对象）的激活过程，以及在这一过程中跨域联结如何在大脑神经网络中形成和实现。[①] 在隐喻的神经激活过程中，源域和目的域之间的联结起着关键作用。隐喻的构建和理解涉及大脑中多个区域之间的交互作用，这些区域涉及感知、情感、运动和语言处理等多个方面。当人们理解隐喻表达时，大脑会在源域的概念激活的基础上，将相关联的目的域概念一并激活，从而形成隐喻的意义。这种联结过程在神经网络中是横跨多个脑区的，形成了一个复杂的神经联结网络。隐喻神经理论对于揭示隐喻习得的心智过程和神经机制具有重要意义。隐喻神经理论的研究还为隐喻的教学和习得提供了新的思路，人们了解隐喻的神经基础后可以更好地设计有效的教学方法，帮助学习者更好地理解和运用隐喻表达。隐喻作为一种重要的语言现象，其在

① 崔艳辉. 隐喻与认知——乔治·莱考夫语言哲学研究［D］. 长春：吉林大学，2015.

语言学习和交际中的应用具有广泛的影响。因此，深入研究隐喻神经理论对于优化语言教学和提高学习者语言能力具有重要的意义。随着神经科学的发展，隐喻神经理论将为我们揭示隐喻认知的更多细节。隐喻作为复杂的认知现象，其在大脑中的神经反应机制和网络结构还有待进一步研究。随着神经科学技术的不断进步，人们有望更全面地了解隐喻的神经基础，从而深刻揭示人类思维和语言能力的奥秘。

（四）概念整合理论

概念整合理论着重研究人们在语言运用过程中进行的高级、复杂的心理运算。在该理论中，隐喻起着重要作用，依赖于两个输入空间，即喻体和本体，跨域映射实现语言和概念之间的相互连接，成为一种普遍的认知过程。[①]概念整合的过程涉及喻体和本体所在的概念域被共同激活，并通过跨域联结将部分元素投射到合成空间形成的层创结构上。这种整合既可以是约定俗成的，即人们在日常交流中习惯性使用的，也可以是全部新创的，即人们在特定语境下创造性地构建的。概念整合理论的独特之处在于将语言视为一组强有力的提示，能够在意义构建过程中对语言现象和意义进行动态整合，符合认知规律并使其在竞争性优先原则制约下得到合理解释。跨域联结使人们能够在不同概念域之间建立关联，形成新的意义。这种认知过程使得语言具有了丰富多样的表达能力，能够传达更加抽象和复杂的概念。

隐喻在概念整合理论中是连接喻体和本体的桥梁，通过喻体的概念来投射和解释本体的概念，从而形成新的意义。隐喻的运用使得语言表达更具有表现力和感染力。在语言学习过程中，理解隐喻的意义和运用对于提高语言水平和交际能力至关重要。概念整合理论的提出为语言学习和交际研究提供了新的视角和方法。在语言教学中，教师可以通过引导学习者进行概念整合，培养其跨域联结的能力，帮助他们更好地理解和运用语言。对语言中存在的现象进行整合和解释，可以使学习者更深入地理解语言的本质和意义。

---

① 张玉立．概念整合理论下广告语的认知研究［J］．唐山师范学院学报，2022（1）：50.

二、二语教学中有效培养隐喻能力

（一）国外二语隐喻能力的研究

近年来，国外隐喻能力研究的数量持续增多。学者对隐喻理解和产出的过程进行了深入研究，认为隐喻能力是识别与某个概念相关的其他概念的能力。这种能力在语言学习和使用中有着重要作用：人们能够通过类比思维将不同认知域之间的相似性进行映射。类比思维被认为是隐喻理解的核心，使人们能够将一个概念与另一个概念联系起来，从而产生新的意义和理解。人们可以通过类比思维，将抽象的概念转化为更具体、更易理解的形象，并在不同语境中灵活运用。在隐喻能力的研究中，认知风格连续统的概念也引起了学者的关注。这一理论描述了联系相关知识、阐释新话题的能力，它在隐喻理解中发挥着重要作用。不同的认知风格连续统可以影响个体在隐喻理解过程中的表现，一些人可能更擅长使用隐喻进行创造性表达，而另一些人则可能更倾向于借助类比思维来理解隐喻。

为了更好地理解和评估隐喻能力，有研究者通过操作性界定隐喻能力，关注隐喻创造者和使用者在隐喻概念上的深层加工水平，这有助于揭示个体隐喻能力的差异和隐喻能力在个体间的变异，为教师提供指导，以使其更好地培养学习者的隐喻能力。研究者强调实际交际中的隐喻分析应涉及理论、心理和神经机制三个层次，此种综合性的研究方法能够帮助人们更全面地探讨隐喻在语言和认知中的作用。理论层面的研究为人们提供了框架和指导，心理层面的研究揭示了个体在隐喻理解中的认知过程，而神经机制的研究则深入探究隐喻在大脑中的神经基础，为人们理解隐喻的产生和理解提供了生物学依据。隐喻能力的培养对于学习者的二语产出、交际能力提升和话语理解具有重要意义。随着隐喻能力的提升，学习者能够更准确地表达自己的想法和意图，更加灵活地运用语言进行交流。隐喻能力的发展也使得学习者更加敏感地捕捉他人的表达方式，从而更好地理解别人的意图和情感。

1. 隐喻能力提升有利于二语词汇习得成果的提高，能更好地培养学习者的创造性思维

近年来，隐喻研究的重点聚焦于词汇隐喻化拓展策略。学者广泛认可“词汇实质上具备更多内涵意义而非指称意义”的观点。这意味着词汇不仅仅有字面意义，其背后包含着更深层次的含义和内涵。隐喻性思维过程能使学习者在理解词汇的基本义和内涵义之间进行流畅联想和类比推理，从而更有效地习得词汇构造。隐喻在语言学习中的作用已被研究证实，学习者通过隐喻性思维，将一个概念或事物与另一个概念或事物进行联系，从而丰富了对词汇的理解和应用。学习者采用类比思维，可以将已知的词汇概念扩展到未知的情境中，从而在语言学习过程中更好地适应新的语境和语言使用情景。隐喻思维和概念隐喻思维之间存在着关联。概念隐喻思维指通过将一个概念投射到另一个概念上，从而产生新的理解和认知。教师应重视通过概念隐喻对学习者批判性思维能力进行培养，因为这种思维方式能够帮助学习者更好地理解抽象的概念和复杂的语言结构。在教学中，教师可以积极寻求有利于培养学习者的比喻思维能力的途径，帮助学习者在二语习得和交际能力方面协同发展。比喻思维能力不仅有助于学习者的词汇习得，还可以提高学习者的创造性思维能力和灵活性。教师可以通过引导学习者进行比喻和类比推理，让他们在语言学习中更加自主和积极地参与，从而提高学习的有效性。同时，教师应将创造性思维能力纳入教学目标，在教学过程中培养学习者的创造性思维能力同样重要。教师可以引导学习者进行创新性的表达和思考，激发学习者的思维潜能，促进他们对语言的深层理解和应用。

2. 隐喻能力与学习者母语、二语语言水平相关

隐喻能力在母语和二语学习之间的关联是一个引人注目的研究领域，学者发现，母语隐喻能力强的学习者通常也表现出较强的二语隐喻能力。这表明隐喻能力在一定程度上是可转移的，在从母语到二语的习得过程中起到积极的影响。研究还发现隐喻能力强的学习者通常具有较高的语言水平，这进一步证实了隐喻能力与语言能力之间的密切关系。隐喻能力是多维度的，包含不同的层面。因此，对隐喻能力的测量需要结合母语、二语以及两种语言

的叠合进行考虑。综合测量可以更准确地反映学习者的隐喻能力水平，并揭示不同语言之间的关联和差异。

学者普遍认同隐喻能力的认知普遍性，将其视为预测个体差异性的稳定指标。这意味着隐喻能力在不同的语言学习环境中都具有普遍的作用，而且在预测学习者的语言学习能力和表达能力方面具有一定的稳定性。尽管隐喻能力在母语和二语之间存在差异，但它们之间仍然存在显著的相关性。语言水平是影响隐喻能力发展的主要因素，因此，随着学习者语言水平的提高，隐喻能力也会得到提升。关于隐喻能力对二语能力发展的影响程度，研究显示隐喻能力与二语水平成正相关，所以二语水平较高的学习者在语言产出中使用隐喻的频率也较高。此种发现揭示了隐喻在语言和交际过程中的普遍作用，以及隐喻的使用与词汇习得模式、学习风格、母语和二语能力之间的紧密联系。因此，对于语言教学和二语习得而言，隐喻能力的培养是至关重要的。教师应该意识到隐喻能力与语言能力之间的紧密联系，并将隐喻能力作为语言教学的重要内容。

（二）国内隐喻能力的研究

我国隐喻能力研究的发展经历了多个阶段，从起步期到高潮期，这一历程见证了我国学者对隐喻能力的逐步认识和研究深度的不断拓展。对我国隐喻能力研究进行总结，可将其分为四个阶段，包括起步期、摸索期、发展期和高潮期。在起步期，我国的隐喻能力研究处于初始阶段，学者主要对隐喻的基本概念和理论进行探讨。他们探索了隐喻在语言中的普遍性和重要性，认识到隐喻是与语言和思维密切相关的重要现象。然而，在起步期，对隐喻能力的研究还比较简单，缺乏深入的实证研究和理论分析。随后进入摸索期，学者开始尝试将隐喻能力与认知能力进行关联研究。他们探讨了隐喻与认知过程之间的联系，发现隐喻能力在人类的认知活动中扮演着重要角色。这一阶段的研究为后续对隐喻能力的深入探讨奠定了基础。发展期是我国隐喻能力研究的重要阶段，学者开始深入研究隐喻在二语习得中的认知加工过程。他们通过实证研究和实践探索，发现隐喻在二语学习中起到了促进语言习得和交际能力发展的积极作用。这一阶段的研究为进一步探讨隐喻能力的发展提供了重要依据。隐喻能力的研究进入高潮期，学者开始将研究重点聚焦在外语教学实践中。他们探讨了如何将隐喻能力融入语言教学，以提高学习者的语言能力和表达能力。隐喻在外语教学中的应用成为研究的热点，学者积极寻求有效的教学方法，以促进学习者的隐喻能力发展。

1. 在词汇中展开教学，促进词汇认知系统构建

隐喻意识是指学习者对隐喻的认知和理解。隐喻在语言中起着重要的作用，是一种语义转移的方式，通过将一个概念映射到另一个概念来表达意义。在语言学习过程中，学习者需要不断地扩展和丰富词汇量，同时理解和掌握词汇的深层次意义。隐喻意识对促进二语学习者词汇认知能力发展的重要作用，尤其是在二语学习者词汇认知能力从初级到中级水平的过渡阶段的重要作用，是备受关注的研究领域。[①] 加强学习者对隐喻形式和功能的理解，可以提升他们对词汇深层概念的感知和敏感度，并优化其二语词汇网络的形成。隐喻式教学法尤其在处理语义隐晦表达的学习方面，如短语动词和习语，显示出显著的效果。综合来看，隐喻式教学是适合成人外语学习的认知模式，能有效提高学习者的词汇认知和语言加工能力。

隐喻意识在学习者从初级到中级水平的过渡阶段尤为关键。在初级水平，学习者主要关注词汇的表面意义，即字面意义，而隐喻意义往往被忽视；在中级水平，学习者开始接触更多的复杂语言材料，需要理解和运用更多的习语和短语动词等隐喻表达方式。因此，隐喻意识的提高在这个阶段显得尤为重要。引入隐喻意识的教学内容，学习者可以更深入地理解词汇的多样含义和用法。隐喻式教学法强调通过实际语境和例句来展示隐喻表达方式，帮助学习者在真实的语言环境中进行学习和实践。这种教学方法能够激发学习者的学习兴趣，提高他们的学习动机，并促使他们积极运用隐喻意识来理解和运用词汇。隐喻意识的提高对于二语学习者的语言加工能力也有积极的影响。在二语隐喻加工过程中，学习者需要运用强化和抑制来调节概念属性的激活。这种认知过程能够帮助学习者更好地理解和处理语义上的隐喻表达，从而加

① 徐锦芬 . 认知语言学在外语教育学中的融合运用：现状与展望［J］. 解放军外国语学院学报，2023（6）：83.

深对词汇意义的理解。隐喻意识的提高还可以弥补学习者句法信息加工能力的不足，帮助他们更好地应对复杂的语言表达。

自然的、隐喻密度较大的文本阅读是提高隐喻意识的有效方法之一，通过阅读含有大量隐喻表达的语言材料，学习者可以更好地掌握目标语言的隐喻概念体系。隐喻在自然语言中广泛存在，因此通过大量的隐喻性文本阅读，学习者可以更深入地了解隐喻的运用方式和意义，从而提高概念的流利性和语言表达的准确性。除了文本阅读，隐喻意识的提高还可以通过其他教学方法来实现。教师可以运用隐喻式教学法，以真实的语言环境和例句展示隐喻表达方式，帮助学习者理解隐喻的意义和用法。教师还可以引导学习者进行词汇关联练习，通过类比思维和概念整合来加深对隐喻的理解和应用。

2. 隐喻能力发展因学习风格、学习方式不同呈现出个体差异

隐喻解释视角的多样性是隐喻研究中的一个重要现象，不同学习者在对隐喻的理解和运用上可能存在显著差异，这受到多种因素的影响，如学习者的认知风格和语言文化背景等。在隐喻的理解过程中，分析性认知风格的学习者更倾向于进行类比关照，将一个概念映射到另一个类似的概念来理解隐喻表达；而整体性认知风格的学习者则更倾向于进行概念整合，将多个相关概念进行联结来理解隐喻的意义。[①] 学习者的语言文化背景也对隐喻表达的丰富度和概念映射与整合机制产生影响。不同语言和文化中的隐喻表达方式可能存在差异，这反映了不同文化间的认知体验和语言特点。例如，不同语言中对时间和空间概念的表达可能存在差异，这会影响学习者在学习新语言时对这些概念的理解和运用。

（三）根据强化涉身认知水平推动二语隐喻能力提升

体验哲学是一种强调人类身体的中心地位和基于体验形成的认知结构的哲学观。在隐喻表达研究中，体验哲学提供了一种新的视角，其认为隐喻不仅是一种抽象的语言现象，更是人类基于身体经验而产生的认知结构。在二

① 张晨晨，甄长慧 . 认知风格和语言水平对非英语专业学生隐喻理解的影响研究［J］. 成都师范学院学报，2017（11）：64.

语习得中，隐喻能力被认为是一个重要的认知指标，对于提高词汇认知能力和语言水平具有积极影响。隐喻作为一种认知现象，反映了人类对于世界的体验和理解。体验哲学认为，人类通过身体感知和感觉运动经验来构建认知结构，这些身体经验在语言习得和使用中起着关键作用。隐喻表达就是一种将抽象的概念映射到身体经验的认知过程，这种映射可以让人更深入地理解抽象概念并进行丰富的表达。

在二语习得中，隐喻能力是一个重要的认知指标，涉及学习者对隐喻的理解和运用。研究表明，隐喻能力与词汇认知能力和语言水平之间存在密切关系。隐喻能力强的学习者通常也具有较高的语言水平，他们能够更灵活地运用词汇并表达自己的意思。隐喻能力还与学习者的认知风格和语言文化背景等因素相关，不同学习者在隐喻理解上可能存在差异。不同语言和文化之间存在隐喻表达的趋同性和差异性。研究发现，尽管不同语言和文化可能有不同的隐喻表达方式，但隐喻作为一种认知现象，在不同语言和文化中具有普遍性。可见，隐喻能力在二语习得中应该是可迁移的，学习者在掌握目标语言隐喻时，可能会借鉴母语和其他语言中的隐喻表达方式。涉身认知是重要的二语隐喻教学手段，强调通过让学习者直接参与到学习活动中，使其亲身体验和感知隐喻的工作机制。通过涉身认知的教学方法，学习者可以更加深入地理解外语隐喻的意义和运用方式，从而改善二语学习效果。涉身认知教学可以通过多种方式实现，例如，教师可以设计有趣的游戏和活动，让学习者在游戏中体验隐喻的运用，或者通过情景模拟让学习者身临其境地感受隐喻表达的效果[①]。

① 于翠红．认知语言学视角下的二语习得研究范式：理论与实践［M］．青岛：中国海洋大学出版社，2018：167.

第三节　我国学生隐喻习语认知的实证研究

一、教学实验安排

（一）教学步骤

先确定实验组和对照组，选择一组学生作为实验组，另一组作为对照组。本实验以江西理工大学22级财务管理专业2班（CC）和3班（EC）二年级共68名学生为研究对象，其中2班35人，3班33人，属两个平行班。两个班的入学测试英语成绩 t 检验无显著差异（$p < 0.05$）。在此实验中，2班（CC）为控制班，3班（EC）为实验班。两个班学生的词汇、阅读以及写作技能较好，大部分学生（88%）已通过CET4（大学英语四级）考试，学生对提高英语语言知识和技能应用均有较强要求。实验组将接受基于实验班教学方法的隐喻教学，对照组将接受传统的控制班教学。在实验开始前，对实验组和对照组进行相似水平的隐喻习语认知水平预测试，以了解他们在隐喻习语方面的起始水平。实验组将接受实验班的隐喻教学，教师将侧重解释隐喻的内涵和外延知识，强调文化和思维背景。对照组将接受传统的控制班隐喻教学，学习者按照与词汇相同的认知模式学习隐喻习语，即通过字面意思来理解其意义。在实验结束后，对实验组和对照组进行后测试，评估他们对隐喻习语的理解和运用能力的提高程度。分析实验组和对照组的前后测试数据，比较两组学生在隐喻习语认知方面的差异。着重考察实验组学生是否在理解隐喻背后的文化和认知模式上有显著提高，在实验组中，进一步分析个别隐喻的跨语相似特征或文化独特性，以检查学生是否能更好地理解这些差异。向实验组学生收集关于教学方法的反馈，了解他们对实验班教学方法的看法和认知。总结实验结果，讨论实验组和对照组在隐喻习语认知方面的差异，以及实验班教学对学生的影响。基于实证研究结果，提出改进隐喻教学方法的建议，以更有效地提升学生对隐喻习语的理解和运用能力。

（二）教学内容

在语言学习和教学中，隐喻习语的掌握和理解是提高学习者语言水平和交际能力的重要方面。传统的控制班教学通常会通过词条识记的方式来学习隐喻习语，这虽然可以帮助学习者记住词汇表面的意义，却很难使其真正理解隐喻背后的文化和认知内涵。在实验班的教学中，教师采用了更为拓展和综合的教学方法，以培养学习者的隐喻意识和隐喻能力。在实验班的教学中，教师选择了一些经典的文化阅读材料，例如《圣经》《希腊罗马神话》和《伊索寓言》等，这些材料中通常充满着丰富的隐喻性表达。学习者在阅读过程中有意识地找寻并收集这些隐喻性表达，能够更深入地了解隐喻的运用方式和表达方式，进而理解其中蕴含的文化和社会背景。除了阅读材料本身，教师还引导学习者在阅读过程中主动查找相关的社会历史、经济文化以及生活习俗。通过深入了解隐喻背后的文化和社会背景，学习者可以更好地理解隐喻的产生和使用原因，从而更自然地运用这些表达方式。这样的教学方法不仅有助于学习者理解隐喻的文化内涵，还能培养他们对目标语文化的兴趣和热爱。通过阅读经典文化材料，学习者可以感受到不同文化之间的差异和共通之处，增加对文化多样性的认知。这对于促进跨文化交际和理解具有重要意义。隐喻意识的提高对于学习者词汇认知能力的提升至关重要，通过阅读具有隐喻性表达的文化材料，学习者能够更好地掌握目标语概念体系，并提高概念的流利性。隐喻式教学法在处理语义隐晦表达的学习中，如短语动词和习语，也表现出显著的效果。

（三）策略指导

在实验班中对学习者进行隐喻识解策略的指导是十分必要的，有助于提高学习者的隐喻意识和隐喻能力，从而使其更好地理解和运用隐喻习语。通过对比隐喻习语的意义与单个词汇的意义之间的关系，学习者能够更加清楚地认识到隐喻习语的特殊性和复杂性。在实际交际中，隐喻习语往往与其单个词汇意义有很大的差异，这就需要学习者意识到在理解隐喻习语时需要进行更深层次的思考和联想。语境和上下文对于隐喻习语的理解也起着关键作用。实验班的教师可以引导学习者通过阅读材料中的具体语境和上下文来推断隐喻习语的意义。隐喻习语往往是基于具体的文化和社会背景的，因此理解隐喻习语需要结合上下文进行综合考虑。这样的指导有利于学习者逐渐培养起对隐喻习语的敏感度和理解能力，从而在实际交际中更加自如地应用隐喻习语。

然而，对于控制班学习者，目前的教学步骤按照常规进行，没有专门进行隐喻习语识解策略的讲解，这可能导致控制班学习者在面对隐喻习语时较为被动和困惑。在传统的课堂教学中，很少有针对隐喻习语的深入讲解，而更多地侧重于对词汇的认知和对语法的掌握。因此，控制班学习者可能对隐喻习语的理解和应用能力相对较弱。对于控制班学习者，引入一些隐喻识解策略的讲解可能会有所帮助。虽然无须如实验班一样进行深入的隐喻教学，但教师可以适度地介绍一些基本的隐喻概念和表达方式。比如，教师可以简单地解释隐喻习语与单个词汇意义之间的关系，让学习者意识到隐喻习语的非字面意义，并且可以引导学习者在阅读中留意隐喻习语的语境和上下文，帮助他们更好地理解隐喻习语的意义。随着学习者语言水平的提高，教师可以逐渐增加对隐喻识解策略的讲解和指导。教师通过提供适当的教学材料和练习，帮助学习者逐步提高隐喻意识和运用能力。此外，教师还可以组织一些有趣的活动和讨论，让学习者在实际交际中尝试运用隐喻习语，从而更好地掌握和运用这一重要的语言表达方式。

二、数据分析与讨论

表 6-2　CC、EC 习语测试总成绩分布描述性统计结果

班级	91～100分/人	81～90分/人	71～80分/人	61～70分/人	51～60分/人	0～50分/人
CC N=35	1	3	12	8	5	6
EC N=33	6	9	10	5	3	0

隐喻式教学的有效性在实验班和控制班的对比中得到初步证实。调查结

果显示了控制班和实验班在分数分布上的差异（表6–2），此差异在91至100分区间的高分段中，实验班6人，控制班1人；在81至90分区间中，实验班9人，控制班3人；在0至50分区间的低分段中，实验班0人，控制班6人。实验班成绩明显高于控制班，该差异在高分段和低高段上体现得更加明显。控制班学生的隐喻理解成绩明显低于实验班，这表明隐喻式教学在提高学习者的习语理解和认知方面具有积极作用，这一发现为进一步探索语言教学中的认知引导和教学方法提供了新的视角和启示。隐喻式教学作为一种认知导向的教学方法，强调通过激活学习者的隐喻能力和意识来促进学习。在实验班中，教师通过引导学习者积极阅读有关隐喻表达的文本，并在课堂上进行有意识的讲解和解释，帮助学习者理解隐喻的形式和功能。针对性的教学方法使学习者能够更好地认识到隐喻的存在和重要性，并在实际交际中更加灵活地运用隐喻表达。相比之下，控制班采用传统的常规教学方法，没有对隐喻进行专门的识解策略讲解。这导致控制班学生在面对隐喻习语时相对被动和困惑，对隐喻的理解和应用能力较弱，这也说明了教师在教学过程中的认知引导在促进学习者习语理解和认知方面的重要性。教师在教学中起到了知识传授者和引导者的作用，可以通过有意识地引导学习者关注和理解隐喻，提高学习者的学习效果和增加学习者的学习动力。

隐喻式教学的有效性可以归因于其针对性和参与性。隐喻式教学针对学习者的认知能力和隐喻意识，帮助学习者理解隐喻的内涵和运用方式。隐喻习语往往具有较强的文化和社会背景色彩，通过对这些背景知识的学习，学习者可以更好地理解隐喻的意义和功能。隐喻式教学强调学习者的主动参与，通过结合阅读材料和参与课堂讨论，学习者可以积极地探索和应用隐喻，提高其习语理解和认知水平。然而，需要指出的是，教学方法的有效性也受到学习者个体差异的影响。尽管隐喻式教学在实验班中取得了良好的效果，但在控制班中可能并不适用于所有学习者。有些学习者可能更适应传统的常规教学方法，而对于隐喻式教学则可能存在一定的接受度和适应性差异。因此，在教学中需要根据学习者的个体差异和学习特点，灵活选择适合的教学方法。

表 6-3　CC、EC 对隐喻习语不同认知策略选择的描述性统计结果分析

类别	班级	频率 /%	T 值
BK（背景知识）	CC	28.6	8.756
	EC	57.2	
LM（字面意义）	CC	55.3	6.523
	EC	30.4	
OS（其他策略）	CC	16.1	1.287
	EC	12.4	

在比较控制班和实验班在背景知识（BK）和字面意义（LM）两种策略使用频次上的显著性差异后（表 6-3），可以看到，隐喻式教学中的背景引导和文化渗透对于实验班学习者更好地理解英语隐喻习语的社会背景知识起到了积极的作用。通过对隐喻习语所涉及的文化、历史、社会等方面的知识进行深入学习，学习者在实验班中能够更加全面地理解隐喻的意义和用法，从而提高对隐喻习语的认知水平。在教学过程中，背景知识的输入是非常重要的，特别是对于习语这种在语言中具有文化特色的表达方式。隐喻习语通常携带着丰富的文化内涵和社会背景，仅仅依靠字面意义往往无法完全理解其真正含义。因此，通过教师的背景引导，学习者可以更好地了解隐喻习语的来源和用法，从而在实际语言运用中更加得心应手。另外，实验班学习者在背景知识的使用频次上表现出显著性的提高，这也体现出隐喻式教学中文化渗透的有效性。在实验班中，教师不仅仅局限于教授隐喻习语的字面意义，而是将其置于更广阔的文化背景中进行讲解。涉身认知和对相关文化背景的深入了解，能使学习者更加全面地理解隐喻习语的内涵和用法。此种文化渗透不仅拓宽了学习者的视野，还使他们更加愿意去探索和运用隐喻习语，从而加深了对隐喻的认知和理解。除了背景知识的输入，隐喻式教学还注重对隐喻习语的具体使用策略进行指导。例如，通过对比隐喻习语意义与单个词

汇意义的关系、语境和上下文与隐喻习语意义的关系等，学习者能够更好地掌握隐喻的运用规律和应用技巧。这种针对性的指导使学习者能够更加灵活地运用隐喻表达，并在实际交际中应用得当。

隐喻习语在语言学习中扮演着重要的角色，但仅仅从词汇角度进行记忆和学习，并不能有效提升学习者对隐喻习语的识解能力。词汇角度的记忆固然是学习习语的基础，但要理解隐喻习语的真正含义，则需要从更广泛的词源和社会关系角度进行学习。从词源的角度来看，隐喻习语的含义往往是与其词源相关联的。学习者如果能够自觉地运用背景知识和语用知识，分析隐喻习语的内在含义，就能更好地理解其真正的意思。例如，如果人们了解到“打破冰”这一习语的词源是冰封江河的状态，代表着突破障碍和开始新的事物，那么则能更好地理解这一习语在表达上的含义。隐喻习语的理解还需要关注其社会关系，许多隐喻习语的意义是在特定社会文化和历史背景下形成的。在语言的使用过程中，隐喻习语往往承载着特定社会经验和共识，因此了解其社会关系对于理解隐喻习语非常重要。例如，在某些文化中，“猫的爪子”可能代表温柔和关怀，而在另一些文化中则可能代表狡猾和狡诈。因此，学习者需要通过加深对社会背景的了解，来把握隐喻习语的真正含义。对于隐喻习语的学习和理解，并不仅仅依赖教师的教导，学习者也需要积极主动地进行积累和扩大习语储备。只有通过积极积累，学习者才能在实际交际中更加自如地运用隐喻习语，进而提高对其内涵的理解。在实际语境中，学习者应该学会如何灵活运用隐喻习语，从而更好地融入目标语言的交际中。尤其是对于那些不透明语义的隐喻习语，这种基于词源和社会关系的隐喻学习策略尤为重要。不透明语义隐喻习语的意义可能与其字面意义相去甚远，如果仅仅从词汇角度进行记忆，学习者就可能很难理解其真正含义。学习者深入了解不透明语义隐喻习语的背景知识和社会关系，能够更好地理解这类隐喻习语的真实意义，从而走出语义理解的困境。

参考文献

[1] 刘正光，施卓廷．认知语言学与外语教学新思考新实践［M］．上海：上海外语教育出版社，2022.

[2] 克罗夫特，克鲁斯．认知语言学［M］．邵军航，译．北京：商务印书馆，2022.

[3] HOLME R. Cognitive linguistics and language teaching［M］. Beijing：Foreign Language Teaching and Research Press，2021.

[4] VANPATTEN B，WILLIAMS J. Theories in second language acquisition：An introduction［M］. Seced New York：Routledge，2020.

[5] ELLIS R. Understanding second language acquisition［M］. Oxford：Oxford University Press，2015.

[6] ELLIS R，SHINTANI N. Exploring language pedagogy through second language acquisition research［M］. New York：Routledge，2013.

[7] 欧阳偶春．英语水平与专业对研究生语言学习策略的影响［D］．南昌：江西师范大学，2008.

[8] YANG L，XIONG Y，CHEN Q. The role of linguistic and cognitive skills in reading Chinese as a second language：A path analysis modeling approach［J］. Frontiers in Psychology，2023（14）：1–14.

[9] 徐锦芬，杨嘉琪．国内外外语教育实证研究对比分析［J］．当代外语研究，2023（2）：113–123.

[10] 徐锦芬，杨嘉琪．双语者及其幸福感提升：二语学习研究新动态［J］．外语教学理论与实践，2023（2）：54–61.

[11] 李文，郭建辉．二语概念语法隐喻的前沿研究与展望［J］．现代外语，2023，46（3）：424–434.

[12] ANDREAS W，LI Y N，ZHANG B. Applying cognitive linguistics to foreign language teaching and learning［J］. Cognitive Linguistic Studies，2022（9）：185–201.

[13] 刘键．学习者年龄对二语习得影响的研究综述［J］．品位·经典，2022（24）：65–67.

[14] 杨启伟，罗少茜．国际二语词汇附带习得研究热点和趋势（2000—2021）：基于 SSCI 期刊的可视化分析［J］．外语界，2022（6）：74–80.

[15] DIANA P. Cognitive predictors of child second language comprehension and syntactic learning［J］. Language Learning，2021，71（3）907–945.

[16] BI Z W. Cognitive processes of ESL learners in pragmatic role-play tasks in academic settings［J］. Frontiers in Psychology，2021（12）：1–12.

[17] 徐锦芬，杨柳．二语习得的超学科框架及其对我国外语教学的启示［J］．上海交通大学学报（哲学社会科学版），2021，29（3）：137–144.

[18] 吴思娜，李丹悦，赵羚．汉语二语学习者隐喻理解策略研究［J］．汉语学习，2021（3）：74–82.

[19] 张超，马蓉．文本注释类型对二语词汇习得效应的元分析［J］．外语与外语教学，2021（4）：79–91.

[20] 张辉，纪晓丽．母语与二语神经认知的个体差异及其影响因素研究［J］．外语教学与研究，2021，53（2）：212–223.

[21] 蔡金亭，曾慧慧．母语类型对二语学习者使用英语动词论元构式的影响［J］．山东外语教学，2021，42（5）：43–53.

[22] 黄曼．汉英隐喻习语的文化内涵研究［J］．中州学刊，2020（11）：151–155.

[23] 徐承萍．二语论元构式习得的发展动态性问题［J］．现代外语，2020，43（1）：69–80.

[24] 蔡金亭，王敏．基于使用取向的二语习得研究：理论、实证与展望［J］．外语与外语教学，2020（2）：1–15.

[25] 康建东，马志刚．英语及物心理动词的二语语义 — 句法界面实现机制研究［J］．外语研究，2020，37（6）：16–22.

[26] ALBERTO HIJAZO–GASCÓN，REYES LLOPIS–GARCÍA. Applied cognitive linguistics and foreign language learning：Introduction to the special issue［J］. International Review of Applied Linguistics in Language Teaching，2019，57（1）：1–20.

[27] 文秋芳．新中国外语教学理论 70 年发展历程［J］. 中国外语，2019，16（5）：14–22.

[28] 文秋芳．新中国外语教育 70 年：成就与挑战［J］. 外语教学与研究，2019，51（5）735–745.

[29] 文秋芳．从英语国际教育到汉语国际教育：反思与建议［J］. 世界汉语教学，2019，3（3）：291–299.

[30] 陆军．母语影响下的二语语义趋向知识隐性、显性学习研究［J］. 外语界，2019（5）：80–88.

[31] 徐知媛，王小潞．中国英语学习者隐喻表达策略研究［J］. 现代外语，2019，42（4）：552–564.

[32] 欧阳偶春．U 校园平台下外语合作学习对学习者非智力因素的影响［J］. 内蒙古师范大学学报（教育科学版），2019，32（4）：113–118.

[33] WONG I H M，ZHAO H，MACWHINNEY B. A cognitive linguistics application for second language pedagogy：The English preposition tutor［J］. Language Learning，2018，68（2）：438–468.

[34] 石进芳．二语隐喻能力及其可学性和可教性：回顾、分析与启示［J］. 外语教学理论与实践，2018（2）：44–50.

[35] 倪锦诚．二语词汇能力与词汇工作记忆容量及其保持量关系研究［J］. 解放军外国语学院学报，2018，41（3）：100–107.

[36] 易保树，倪传斌．工作记忆容量对二语者隐喻性语言理解的影响［J］．外语教学，2017，38（6）：58-64.

[37] 高航．从构式语法视角看语块在二语习得中的作用［J］．解放军外国语学院学报，2017，40（2）：86-94.

[38] 欧阳偶春．CBI 对中国英语学习者动机和英语应用能力的影响研究［J］．漯河职业技术学院学报，2014，13（5）：125-127.

[39] 胡璇．从关联理论到“广义认知语用学”——近 20 年国内认知语用学研究回顾与思考［J］．外语学刊，2013（3）：60-65

[40] 于翠红，张拥政．关联语境视角下的二语词汇习得——一项基于词汇语义认知的实证研究［J］．现代外语，2012，35（3）：270-277.

[41] 于翠红．关联理论框架下的二语习得研究：回顾、思考与展望［J］．解放军外国语学院学报，2011，34（2）：56-60.

[42] 张萍．二语词汇习得研究：十年回溯与展望［J］. 外语与外语教学，2006（6）：21-26.

[43] 王建莉．语言产业助力中国语言学创新发展［N］．中国社会科学报，2023-05-16（4）.

[44] CROFT W. Radical construction grammar：syntactic theory in typological perspective［M］. Oxford：Oxford University Press，2001.

[45] 欧阳偶春，雷淑华．外语教学新思路——心理语言学视角［M］．长沙：中南大学出版社，2021.

[46] LAKOFF G. Women, fire and dangerous things：what categories reveal about the mind［M］.Chicago：The University of Chicago Press，1987.

[47] LANGACKER R W. Foundations of cognitive grammar（Volume I）Theoretical prerequisites［M］. Redwood City，CA：Stanford University Press，1987.

[48] SPERBER D，WILSON Dl Relevance：Communication and cognition［M］. Oxford：Blackwell，1986/1995.

[49] TERENCE O. Language transfer：Cross-linguistic influence in language learning［M］. Cambridge University Press，1989.
[50] LADO R. Linguistics across cultures：Applied linguistics for language teachers［M］. Michigan：University of Michigan，1957.
[51] CORDER P. The significance of learner's errors［J］International Review of Applied Linguistics，1967.
[52] 蓝纯 . 认知语言学与隐喻研究［M］. 北京：外语教学与研究出版社，2007.
[53] 赵艳芳 . 认知语言学概论［M］. 上海：上海外语教育出版社，2001.
[54] 王寅 . 认知语言学［M］. 上海：上海外语教育出版社，2006.
[55] 束定芳 . 认知语义学［M］. 上海：上海外语教育出版社，2008.
[56] 邵军航，杨波 . 认知语言学基础［M］. 上海：上海译文出版社，2002.
[57] 程琪龙 . 概念框架和认知［M］. 上海：上海外语教育出版社，2006.
[58] ELLIS R The Study of Second Language Acquisition.［M］. 上海：上海外语教育出版社，2001.
[59] 杨朦萌 . 汉语二语学习者的词汇附带习得研究［D］. 上海：华东师范大学，2018.
[60] 李兰香 . 高中生英语语用能力调查研究［D］. 广州：广州大学，2022.
[61] 高媛媛 . 言语交际中认知语境的关联理论分析［D］. 重庆：西南大学，2013.
[62] 王鑫 . 汉英双语者隐喻认知加工的神经机制研究［D］. 西安：西安外国语大学，2021.
[63] 崔艳辉 . 隐喻与认知——乔治・莱考夫语言哲学研究［D］. 长春：吉林大学，2015.
[64] 张丽 . 汉维语中“悲伤”情感概念隐喻对比研究［D］. 乌鲁木齐：新疆师范大学，2022.
[65] 曾兴美，识解理论视角下英汉“恐惧”情感隐喻比较研究［D］. 湘潭：湖南科技大学，2021.

[66] TALMY，陈瑶，姜英，LEONARD. Force dynamics in language and cognition ［J］. Cognitive Science，1988，12（1）：49-100.
[67] 王寅 . 认知语言学的哲学基础：体验哲学［J］. 外语教学与研究，2002（2）：82-89.
[68] 王寅 . 认知语言学的翻译观［J］. 中国翻译，2005，26（5）：15-20.
[69] 王寅 .Lakeoff &Johnson 笔下的认知语言学［J］. 外国语，2001（4）：15-21.
[70] 刘瑾 . 意义的百科知识观——兼谈认知语义学的原则和主张［J］. 外国语文，2018（6）：86-91.
[71] 武金锁，王艳 . 大学英语课堂语用习得能力培养探究［J］. 黑龙江教育学院学报，2014（10）：173-175.
[72] 任伟，李思萦 . 二语语用习得国际研究热点及趋势［J］. 外语教学，2018（4）：18-23.
[73] 张绍杰 . 近十年语用能力研究的前沿趋势［J］. 现代外语，2023（4）：563-575.
[74] 乐眉云 . 自然发生论：语言习得新理论［J］. 外语研究，2003（4）：65-68.
[75] 高立群 . 儿童语言习得的经验论和先天论［J］. 中国听力语言康复科学杂志，2019（2）：154-157.
[76] 王初明 . 解释二语习得，连接论优于普遍语法［J］. 外国语，2001（5）：1-17.
[77] 彭玉海 . 俄语动词隐喻的意象图式——俄语动词多义性的研究［J］. 外国语文，2012（4）：69-74.
[78] 史凡 . 浅析当前框架语义学研究与应用中存在的几方面问题［J］. 时代文学（上半月），2012（10）：221-222.
[79] 潘艳艳 . 框架语义学：理论与应用［J］. 外语研究，2003.（5）：14-18，80.
[80] 邱泽奇 . 认知域：从习以为常到人机互生［J］. 学术前沿，2023（6）：12-27.
[81] 王涛 . 从二语习得到二语发展：一个动态的观点［J］. 外语教学与实践，2020（4）：1-7.
[82] 马俊波 . 社会文化理论及二语习得研究的社会文化视角［J］. 天津外国语学院学报，2008（5）：9-15.

[83] 雷淑华，李桦．动机与英语学习探析［J］．科技资讯，2006（35）：214–215.
[84] 张萍．二语词汇习得研究：回溯与展望［J］．外语与外语教学，2006（6）：21–26.
[85] 戴曼纯．论第二语言词汇习得研究［J］．外语教学与研究，2000（3）：138–160.
[86] 吴建设，郎建国，党群．词汇附带习得与“投入量假设”［J］．外语教学与研究，2007（9）：360–366.
[87] 徐晓莹．英语词汇学习策略心理学探讨［J］．东北农业大学学报（社会科学版），2010（6）：56–58.
[88] 訾华东．影响言语听辨中词汇提取的因素一项实例分析考查［J］．外语交流，2023（11）：39–40.
[89] 胡爱梅，刘绍龙．心理词汇网络表征下的译语词汇提取模型研究——基于双语信息加工记忆系统的思考［J］．外语与外语教学，2013（6）：49–53.
[90] 姚晓菲，陈瑶，姜英，等．多语者言语产生中的词汇提取机制［J］．心理研究，2021，14（1）：13–19.
[91] 刘春燕．语言产出任务对提高学习者书面中介语流利度、准确度和复杂度效果的研究［J］．中国海洋大学学报（社会科学版），2009（6）：53–57.
[92] 雷淑华．中学生英语学习观念和策略的调查分析［J］．江西教育科研，2006（3）：55–58.
[93] 李红，田秋香．第二语言词汇附带习得研究［J］．外语教学，2005，26（3）：52–56.
[94] 韩效伟．语言习得的自然发生观［J］．文教资料，2008（3）：37–39.
[95] 尹洪山，孟丽．《二语语音学习：理论与实证进展》述评［J］．外国语言文学，2023（5）：128–132.
[96] 张克定．认知语言学中的构式观［J］．语言教育，2022（1）：66–78.
[97] 许睿可，高顺全．构式语法在二语习得中的应用献疑［J］．外语教学与研究，2023（5）：678–689.

[98] 徐晓琼，熊丽君 . 构式习得序列发展与大学英语写作输出研究［J］. 鄂州大学学报，2013（1）：52–55.
[99] 许睿可，高顺全 . 构式语法在二语习得中的应用献疑［J］. 外语教学与研究，2023（5）：678–689.
[100] 胡丹娟，欧阳偶春 . 基于原型范畴理论的大学英语词汇教学［J］. 校园英语，2019（14）：24–25.
[101] 王丹，王晓红 . 关联理论及其应用［J］. 齐齐哈尔大学学报（哲学社会科学版），2005（1）：104–106.
[102] 尹洪山 . 关联理论视角下的二语习得研究［J］. 中国海洋大学学报（社会科学版），2009（3）：50–52.
[103] LISZKA S. Exploring the effects of first language influence on second language pragmatic process deficit perspective［J］. Second Language Research，2004（20）：212–231.
[104] 刘方圆 . 关联理论在对外汉语词汇教学的应用及词汇推理心理模型的构建［J］. 品位 · 经典，2022（19）：40–42.
[105] 杨波，庞超伟 . 基于三大模式的比喻语言加工时间进程研究综述［J］. 外语研究，2015（6）：28–33.
[106] 孙毅，张子龙 . 隐喻认知机制与心理语言学研究发微［J］. 浙江外国语学院学报，2023（6）：47–57.
[107] 赵茹梦 . 隐喻相似性问题的探讨［J］. 现代英语，2021（9）：111–113.
[108] 王倩 . 不同二语水平双语者对权力词的具身认知加工及表征差异研究［J］. 解放军外国语学院学报，2016（6）：86–93.
[109] 宋雪茹 . 英汉愤怒情绪的概念隐喻对比研究［J］. 现代交际，2021（22）：89–91.
[110] 陈伶俐，刘思危 . 英汉语中关于“快乐”的情感隐喻对比［J］. 中国多媒体与网络教学学报，2019（5）：208–209.
[111] 鲁艺杰 . Lakoff 隐喻观下意义建构的涉身层级分析［J］. 科学 · 经济 · 社会，2016（2）：16–20.

[112] 郑竹群 . 语言学习中的隐喻语际迁移［J］. 福建金融管理干部学院学报，2013（4）：55–60.

[113] 王俊超，邓薇，曾利沙 . 语境参数视角下商务新奇隐喻汉译新探索——兼论隐喻解析过程的理据性及建构性［J］. 西安外国语大学学报，2017（1）：100–104.

[114] 孙毅，李丹阳 . 概念整合理论界域中的隐喻机制新探［J］. 外语与翻译，2022（1）：41–48.

[115] 张玉立 . 概念整合理论下广告语的认知研究［J］. 唐山师范学院学报，2022（1）：49–53.

[116] 徐锦芬 . 认知语言学在外语教育学中的融合运用：现状与展望［J］. 解放军外国语学院学报，2023（6）：79–86.

[117] 张晨晨，甄长慧 . 认知风格和语言水平对非英语专业学生隐喻理解的影响研究［J］. 成都师范学院学报，2017（11）：63–69.

[118] 于翠红，张拥政 . 中国学生隐喻习语认知实证研究［J］. 山东工商学院学报，2006（5）：114–117.